생명경제로의 전환

유럽 최고 석학 자크 아탈리,
코로나 비극에서 인류를 구하는 담대한 비전과 전망

생명경제로의
전환

자크 아탈리 지음
양영란 옮김

한국경제신문

눈에 보이든 보이지 않든,

우리 모두를 살아남도록 해주고,

앞으로 닥쳐올 일을 준비하고,

새로운 미래를 만들어갈 수 있도록 해주는 모든 사람에게

"나는 죽음에 대해 말하고 싶었는데,

삶이, 언제나처럼, 갑자기 끼어들었죠."

버지니아 울프,

1922년 2월 17일에 쓴 편지

들어가며

불확실한 면이 아직 너무도 많은 최근 사건에 대해 글을 쓰는 건 시기상조일까? 하루가 멀다 하고 새로운 차원을 발견하게 되는 질병에 대해 이러니저러니 언급하는 건 과연 합리적이라 할 수 있을까? 앞으로 닥쳐올 일에 대해선 어떻게 대비해야 할까? 중국이며, 유럽, 또는 다른 지역에서 자행된 크고 작은 많은 실수를 이해하는 것으로 충분할까? 우리는 그 실수들로 인해 어떠한 대가를 치르게 될까? 이 모든 일이 시작된 이후 줄곧 홍수를 일으켜 우리를 쓸어버리고 있는 정보의 강에 한 권의 책을 더한들 무슨 소용이 있을까? 위기는 이제 겨우 시작되었을 뿐인데, 우리가 벌써부터 그 위기로부터 교훈을 끌어내려는 건 너무 성급한 게 아닐까? 우리가 살고 있는 이 순간을 생각한다는 게 가능하긴 한 걸까? 이번 위기와 관련해 고작 과거의 강박

관념만 곱씹어보는 것으로 그치는 건 아닐까? 그러느니 차라리 소설이나 희곡, 시를 한 편 쓰는 편이 낫지 않을까? 아니, 아예 아무것도 쓰지 않고 그저 침묵을 지키는 편이 최선이 아닐까? 아무것도 하지 않기. 아니면 이제껏 읽지 않고 제쳐뒀던 책들을 전부 읽고, 지금까지 듣지 않고 미뤄뒀던 음악들을 들으면서 새로운 작품을 발견하거나 명상을 하는 건 어떨까.

그럼에도 이 책을 썼다. 우리가 처한 이 믿기 어려운 상황에 대해서는 앞으로도 많은 책들이 쏟아져나올 터인즉, 이 책도 그 많은 책들 가운데 하나다. 이 책은 격리일지가 아니다. 다른 곳에 발표했던 글들을 모아 짜깁기한 모음집도 아니다. 이 책은 지금까지 관찰된 사실들의 종합이며, 무엇보다도 앞으로 우리가 살아가게 될 세계에 대한 전망이고자 한다.

왜냐하면 내가 보기에 이 전투의 전반전이 끝났다 싶은 현 시점에서 상황을 전체적으로 종합해보는 것은 유익하다고 생각되기 때문이다. 다급하게 처리해야 할 문제들을 뛰어넘어 그 이상의 것을 보고자 하는 종합, 우리 모두에게 너무도 자주 쏟아지던 거짓과 어림짐작과는 거리를 두고서, 바라건대 최대한 설득력 있는 방식으로, 우리가 더 잘할 수도 있었을 일들을 차분히 되짚어보는 과정으로서의 종합은 더할 나위 없이 유익하다.

그리고 전망. 앞으로 닥쳐올 일들에 대비하기 위해서는, 우리에게 지금 남은 할 일이 무엇인지 명확하게 드러내 보이기 위해서는 우리가 나아가야 할 방향을 알아야 할 것이다. 어림잡아 자칭 전문가 수준에 지나지 않는 사람들이 벌이는 영양가 없는 논쟁, 남들에게 불안을 팔아 자기 주머니를 불리는 이들의 독설, 진심으로 어떻게 하면 유토피아의 도래를 현실로 만들 수 있을지 고민하기보다 자기들만의 허울뿐인 유토피아에 대해서만 지루하게 반복하려 드는 주술적 태도와는 거리를 둔 전망이 반드시 필요하다.

나아가, 이 모든 것은 지금 이 순간부터 벌써 새로운 방식으로 살고자 노력하는 모든 사람들―그들은 헤아릴 수 없을 만큼 다수다―도 함께 공유할 수 있어야 한다. 나는 이 책을 쓰기 위해 가장 공고한 지식, 전 세계에서 가장 정설로 인정받고 있는 지식만을 활용하려 노력했다. 그러기 위해 나는 최소한 20개국의 의사, 전염병 전문가, 역사학자, 경제학자, 사회학자, 철학자, 소설가, 제조업자, 연구가, 노동조합원, 시민 단체 책임자, 정부 관계자, 야당 인사, 작가, 기자들에게 묻고 답을 들었다. 그 외에도 많은 익명의 인사들―솔직히 이들의 지혜는 우리 사회에서 지나치게 소홀히 취급되는 경향이 있다―의 의견도 들었다. 그들은 이 특별한 시기에, 기꺼이 그들이 가진 지식을 나와 나눴으며, 그들이 품고 있는 지식보다 더 많은 불확실성 또한 우리는 공유했다. 나는 그들에게 감사한다.

나는 또한 공상과학 소설에서나 다뤄지는 가장 말도 안 된다 싶은 황당한 가설까지도, 내 마음대로 배제하는 독단은 피했다. 어떤 의미에서는 현실이 이미 그와 같은 가설을 넘어섰다고도 할 수 있으니까. 내가 나의 대담자들과 토론한 문제들이란 사실 모든 사람들이 제기하고 있는 문제들이었다. 가령 우리는 지나간 과거의 팬데믹에서 어떤 교훈을 얻을 수 있는가? 앞으로 얼마나 많은 사람들이 팬데믹으로, 기아로 목숨을 잃게 될 것인가? 어떻게 해야 이러한 대유행병을 물리칠 수 있는가? 우리는 언제가 되어야 마침내 치료제 또는 백신을 사용할 수 있게 될 것인가? 더는 일을 할 수 없게 된 사람들이 실질적으로 제일 크게 위협을 받고 있는 마당에, 우리는 기어이 세계 경제를 멈춰 서게 했어야 했던 걸까? 앞으로 얼마나 많은 실직자들이 나올 것이며, 이들은 얼마나 오랜 기간 실직이라는 고난을 겪게 될 것인가? 우리는 이전의 생활수준, 이전의 생활 방식, 이전의 소비 방식, 이전의 노동 방식, 이전의 사랑 방식을 회복할 수 있을 것인가? 회복할 수 있다면 그건 언제쯤이 될까? 누가 실업자가 될 것인가? 어떤 직업군이 사라지게 될 것인가? 어떤 직업군이 새로이 출현하게 될 것인가? 또한 여자와 어린이를 비롯한 사회적 약자를 위한 다른 종류의 투쟁이, 팬데믹과의 투쟁에 묻혀 망각되는 일이 없으려면 어떻게 해야 하는가? 어떤 나라가 승자가 되고, 어떤 나라가 패자가 될 것인가? 우리는 민주주의를 지킬 수 있을 것인가? 우리는 각자가 자신의 건강 상태에 대한 모든 사실을 숨김없이 말해야 하는 판국에, 개인의 자유를 온전히 지켜낼 수 있을 것인가? 각자 나름의 선입견이나 편견, 예전부터 지녀온 욕망, 이미 폐기물이 되어버린 각자의 계획 등을 지금 우리가 처한 이 전대미문의 새로운 상황 탓으로 돌리지 않으려면 어떻게 해야 할 것인가? 어떻게 해야 사회에 가장 유익하게 행동할 수 있을까? 어떻게 해야 우리가 자신과, 타인과, 세상과, 죽음과 맺고 있는 관계들을 변화시킬 수 있을까?

그렇다. 지금 다른 무엇보다도 문제되는 건 죽음이다. 망각되고, 부정되는 죽음. 지나치게 자주 사고로 인한, 다시 말해 완벽하게 피할 수 있었던 것으로 간주되는 죽음. 사회 전체가, 모든 종교가, 모든 이념이 그저 통계 숫자로서의 의미만을 부여하는 죽음 말이다.

우리가 현재 일어나고 있는 일에 의미를 부여하고, 이 상황에서 무사히 살아남고자 한다면, 위에 열거한 모든 질문에 답해야한다. 위기 이전보다 더 사람답게 살아가기 위해. 진정한 의미에서 사는 듯이 살아가기 위해.

인류는 현재 거대한 악몽을 가로지르고 있는 것처럼 보인다. 그리고 그렇기 때문에 그 악몽이 어서 끝나서 하루 바삐 이전 세상으로 돌아가고 싶다는 단 하나의 욕망, 단 한 가지 야심, 단한 가지 소원만 가지고 사는 것 같다.

그런데 나는 이와 같은 무분별함 앞에서 분노를 느낀다. 왜냐하면 팬데믹이 자연스럽게 저절로 잦아들어도, 아니면 백신이나 치료제의 발명 덕분에 비교적 신속하게 사라진다고 해도, 우리는 마치 마술 방망이 한 번 휘리릭 돌리듯 순식간에 이전의 생활 방식을 되찾을 순 없을 것이기 때문이다. 나는 유럽 각국을 포함해 세계의 그토록 많은 나라들이 패닉 상태에서 민주 국가 한국의 사례가 아닌, 독재국가 중국의 방식을 덥석 채택했다는 사실 앞에서 분노를 느낀다. 한국은 다른 몇몇 나라들과 마찬가지로 1월부터 이미 전략을 수립하고, 여론을 설득하고, 기업들로 하여금 너무 늦지 않게, 마스크와 진단 검사 키트를 생산하도록 독려했다. 덕분에 사회 전체가 잠정적인 무덤 속에 갇히는 국면은 피할 수 있었다. 반면 스스로 문을 닫기로 결정한 중국의 모델은 실패했는데도 이를 따라 한 나라들이 많았다.

나는 그토록 많은 나라들이 여러 해 동안 공중보건은 부담이 아니라 국가의 재산임을 이해하지 못한 채, 공공 병원을 비롯해 여타 다른 의료 시설들로 상징되는 자원들을 감축해왔다는 데 분노를 느낀다.

나는 마치 모든 것을 바꿔야 한다는 사실을 이해는 했으면서도, 차마 그럴 수는 없다는 듯 세계가 휴지기에 들어가는 광경을 지켜보고 있어야만 한다는 데서 분노를 느낀다.

나는 (거의) 모든 나라들이 경악에서 부정으로, 부정에서 차일피일 미루기로 넘어가는 행태를 보이더니, 결국 그냥 그대로 뭉그적거리기만 하는 데서 분노를 느낀다.

나는 그 어떤 나라도 진정으로 전시 경제 체제에 돌입하지 않는 걸 보면서 분노를 느낀다.

나는 범죄 경제가 선량한 사람들의 불행에서 이익을 갈취하는 데서 분노를 느낀다.

나는 필요 이상으로 자유를 말살하는 정책이 잠정적이라는 거짓으로 포장되어 입안되는 행태 앞에서 분노를 느낀다. 나는 각국 지도자들의 태만이 야기한 대가를 가장 가진 것 없는 자들과 그들의 자식들이 평생 치러야 한다는 부당함 앞에서 분노를 느낀다.

나는 그토록 많은 사람들이 이전 세계, 즉 지금 우리가 겪고 있는 위기를 자초한 그 세계로 돌아갈 날을 꿈꾼다는 사실 앞에서 분노를 느낀다.

나는 많은 사람들이 그럴듯한 모습으로, 앞으로는 어떤 사회가 필요할지 떠들어대는 모습을 보면서 분노를 느낀다. 그렇게 되기 위해 구체적으로 어떻게 해야 할지에 대해서는 아무런 생각조차 없이, 입으로 떠들기만 하기 때문이다.

나는 이른바 지도자급에 속하는 사람들, 또는 그렇게 되고 싶어 하는 사람들 ― 요컨대 자문이라는 직책을 가졌거나 거드름을 피우면서 말하는 자들 ― 이 앞으로 다가올 흥미진진한 시대에 적응하고, 그렇게 함으로써 새로운 세계의 환상적인 요구에 부응할 수 있도록 도움을 주는 그 어떤 실질적 제안도 하지 않는 것을 보면서 분노를 느낀다.

인류 역사에 등장했던 중대한 팬데믹 선례들에서 보듯, 오늘 우리를 괴롭히는 전염병은 무엇보다 우리 사회에서 이미 감지되던 진화를 가속화하는 역할을 한다. 여기서 진화라 하면 물론 재앙적인, 즉 부정적 진화도 될 테고, 긍정적 진화도 될 수 있을 것이다.

아무튼 어느 방향으로든 팬데믹은 변화를 부추기는 매우 과격한 가속 장치가 될 것이 분명하다.

여러 사람들이 전염병, 그러니까 이번 팬데믹을 전쟁에 비교하는 것에 대해 문제를 제기하며 반대 의사를 표했다. 그러나

이러한 비교는 오히려 마땅히 해봄직하다. 아마도 전쟁에서 승리를 거둔 국가에서라면 이 비교가 훨씬 수월하게 용납될 수 있을 것이다. 그러나 프랑스처럼 최근에 벌어진 모든 무장 갈등에서 패했거나, 심지어 제2차 세계대전 때 봤듯이 적국과 협력 정부까지 꾸렸던 처지라면 조금 더 힘들 수 있다.

이번 팬데믹이 시작되자, 전쟁이 시작될 때면 으레 그러하듯 세계가 단 몇 시간 만에 속절없이 흔들렸다. 전쟁 발발 초기엔 다 그렇듯 아무에게서도, 거의 어느 누구에게서도, 거의 어떤 나라에서도 진정한 의미에서의 전략이라고는 보이지 않고, 대다수가 그저 우왕좌왕하는 지리멸렬한 작태를 보였다.

1914년 8월과 1939년 9월에도 그랬던 것처럼, 사람들은 처음엔 고작 몇 달이면 상황이 종료될 것으로 예상했다.

전시 때처럼 우리의 기본적 자유는 홀대받았고, 앞으로도 내내 그럴 것이다. 많은 사람들이 목숨을 잃었고, 앞으로도 목숨을 잃을 것이다. 여러 나라에서 지도자들이 내쳐지게 될 것이다. 위기 이전의 세계로 돌아가고자 하는 집단과 그런 일은 정치적, 사회적, 경제적으로, 또 생태적으로도 불가능할 것임을 깨달은 집단 사이에 인정사정 보지 않는 치열한 전투가 벌어지게 될 것이다.

전시 때처럼 모든 것은 죽음과의 관계에 의해 결정될 것이다.

여기서 말하는 죽음은 개별적 죽음이 아니라 집합적 죽음을 뜻한다. 내밀한 죽음이 아니라 눈에 보이는 죽음. 다중적이며, 아무도 모르는 사이에 스멀스멀 퍼져나가면서, 어디에나 현존함으로써 독자성을 상실한 죽음, 그렇기 때문에 각자의 삶에서마저 독자성을 지워버리는 죽음.

모든 것은 그러므로 시간과의 관계에 의해 결정된다. 왜냐하면(이 역시 전쟁이 우리에게 상기시켜주는 것과 다르지 않다) 팬데믹이 확산되는 환경에서는 오직 시간만이 가치를 갖기 때문이다. 각자의 시간. 이때의 시간은 무슨 일이 일어나건 지금의 위기에서 자신의 이득만 취하면 된다는 식의 사고방식을 가진 자들의 시간만을 지칭하는 건 아니다.

전시 때처럼 승자는 남들보다 앞서 용기와 무기 장착을 마친 자들일 것이다. 그런데 용기와 무기, 이 두 가지를 손에 넣기 위해서는 새롭고 전격적인 계획, 내가 이 책에서 '생명경제'(l'économie de la vie)라고 이름 붙인 원대한 계획을 중심으로 흐트러짐 없이 결집해야 할 필요가 있다.

우리보다 앞서 살았던 다른 많은 세대들도 중대한 위기에 직면했을 때, 눈을 질끈 감고 위험이 없는 것처럼 행동하곤 했다. 그러다가 어린아이 같은 자만심에 사로잡혀 악을 무찔렀다고, 자기들이 나서서 놈을 해치웠다고 의기양양해했다. 때문에 지나치게 빨리 조심성 있는 태도를 내던져버리고 옛날식으로 돌아가버렸다. 그리고 결국 모든 것을 잃었다.

반대로, 새로이 태동하는 것을 알아보고 혼돈의 시대를 극복의 시대, 패러다임 전환의 시대로 삼은 세대들도 있었다. 우리도 오늘의 팬데믹을 그와 같은 극복과 전환의 순간, 바로 그 순간으로 만들어보자.＊

＊ 이 책에서 사용된 가장 최근 통계 숫자는 2020년 5월 22일, 그러니까 이 원고의 결정판이 완성된 날짜에 발표된 숫자들이다.

차례

1장

생명이 중요한 가치로
여겨지지 않을 때

Quand la vie ne comptait pas

생명경제로의
전환

늘 그렇듯 우리는 우리에게 닥친 일과 관련해, 앞선 세대에게 닥쳤던 일들과 그것을 비교해봐야만 제대로 이해할 수 있다. 물론 그 비교는 우리 선조들이 우리와 비슷한 성격 또는 비슷한 규모의 사건을 겪었던 경우에 한정해야겠지만 말이다.

시대를 막론하고, 인류는 항상 두려움과 질병, 고통, 죽음과 맞서면서 살고 있다. 그중에서도 특히 인류가 죽음과 맺는 관계에 따라 하나의 문명이 정의되곤 한다. 인류가 죽음에 어떤 의미를 부여하는지, 또는 아무런 의미도 두지 않는지에 따라 그 문명은 활짝 꽃을 피울 수도 있고 사라져버릴 수도 있다는 뜻이다.

많은 사람의 목숨을 앗아가는 전염병은 그 정도로 중요하며, 역병이 도는 동안 사람들은 다른 어느 때보다도 훨씬 강렬하게 고통과 질병, 그리고 죽음과 대면한다. 개인적 차원에서가 아니라 집단적 차원에서 그러하다. 이는 여러 문명들로서는 진실의 순간이라고 할 수 있을 것이다.

몇몇 지도자들은 지혜롭게도 문명을 가장 잘 보호하는 전략을 택하기도 했다. 이와 반대로 지도자들이 문명을 성공적으로 보호하지 못할 경우, 그들이 타인들의 죽음과 자신들의 죽음에 의미를 부여하는 데 실패할 경우, 팬데믹은 이미 진행 중인 격변에 속도를 더해주는 역할을 하곤 했다. 가령 이제까지와는 다른 이념, 다른 방식의 권력 정당화, 다른 엘리트 계급, 다른 지정학 판도를 출현시켰던 것이다.

이 책에서는 이 모든 사실로부터 이끌어낼 수 있는 교훈들을 다루게 될 것인데, 이는 오늘날 세계에서 일어나고 있는 현상을 이해할 만반의 준비를 갖추기 위해 꼭 필요한 전초 작업이다.

신앙심으로 제국 보호하기

전염병의 역사는 제일 최근으로 잡아도 기원전 5,000년 전으로 거슬러 올라가는데, 메소포타미아, 인도, 중국 등지에서 인간이 제법 큰 규모로 모이기 시작하면서부터 발생 가능해졌다고 할 수 있다. 처음엔 마을 단위로, 그러다가 차츰 도시국가와 제국

단위로 확산되어가는 양상을 보였지만, 항상 이제 막 가축화시킨 동물들과의 일상적 접촉이 그 출발점이라는 사실엔 변함이 없었다.

우리는 아직까지도 이 동물들이 바이러스 또는 박테리아적인 감염원을 전달하는 매체인지 아닌지 여부를 확실하게 알지 못한다. 우리는 또한 독감을 비롯해 많은 질병들이 바이러스를 매개로 전달되는 데 반해, 과연 페스트, 결핵, 매독, 한센병, 콜레라 등은 박테리아가 옮기는 게 맞는지조차 분명하게 알지 못한다.

한센병 또는 나병은 우리에게 알려진 최초의 팬데믹 가운데 하나로, 인도의 라자스탄에서 발견된 4천 년 넘은 해골에서 그 흔적이 발견되었다.

전염병에 관한 최초 기록은 3천 년 전에 쓰인 메소포타미아나 중국 문헌에서 찾아볼 수 있는데, 대체로 이 땅 위에 역병을 퍼뜨리면서 즐거워하거나, 그런 식으로 인간을 벌하는 신들에 대한 원망 섞인 내용을 담고 있다.

이렇듯 전염병이 인간의 과오를 벌하기 위해 신이 인간 세상에 보내는 경고라는 생각은 상당히 일찍 출현했다. 그래서인지 종교, 군사, 또는 정치 분야의 세도가들은 전염병이 돌았다 하면 자기들에게로 불만의 화살이 향할까봐 서둘러 백성들을 벌하거나 희생양을 찾아내는 데 열을 올리곤 한다.

그렇다고 그들이 늘 성공하는 건 아니다. 팬데믹은 가정과 도시, 나아가 민족 전체를 파괴하고, 생과 사의 독자성을 부정함으로써 왕조, 종교, 제국 등이 역사의 뒤안길로 사라지는 현상을 가속화한다.

유대교 경전 토라에서는 '역병으로 인한 죽음'은 불복종과 원죄에 대한 벌이라고 말한다. 특히 한센병(성서 욥기에서는 이 병을 '죽음의 맏딸'이라 표현한다)은 신이 내린 형벌로 간주된다. 유대 법은 질병을 신의 뜻에 따라 인간에게 가해지는 벌, 즉 인간의 타락 또는 우상 숭배 등의 행태가 초래한 응분의 대가로 해석한다.

성서에서 최초로 언급되는 진정한 의미에서의 질병은 파라오와 관련이 있는데, 그가 유대 민족의 출애굽을 방해할 경우 파라오에게 한센병이라는 전염병이 내릴 것이라는 위협이 가해지는 대목이다. 한편 신은 유대인들에게 그들이 진심으로 이집트의 지배에서 벗어나 모든 형태의 전염병으로부터 보호받기를 원한다면, 이방 신을 섬기지 말아야 한다고 강력하게 요구한다.

신은 또한 인간들에게 여러 차례의 격리를 강제 부과한다. 노아가 홍수를 피하기 위해 방주에 갇힌다거나, 이집트의 유대인들에게 열 번째 상처(처음 출생한 것들의 죽음)를 면하려면, "너희들 가운데 어느 한 사람도 새벽이 올 때까지 집 문턱을 넘어서지 마라"(출애굽기 12장 22절)고 명하는 대목들이 좋은 사례다. 이 격리라고 하는 개념은 성서의 여러 군데에서 발견된다. 한센병엔 철저한 격리가 따른다. 즉 이 병에 걸린 환자들은 집단으로부터 완전히 배제되는 것이다. "이 병으로 인한 자국을 지니고 있는 사람은 그 자국을 지니고 있는 한 부정 탄 사람으로 낙인찍히게 될 것이다. 그 때문에 그 사람은 멀리 떨어진 곳에서 살아야 하고, 그의 거주지는 울타리 밖이 되어야 할 것이다."
(레위기 13장 46절)

성서에 나타난 격리 기간(한센병 환자의 경우는 일반적으로 영구적이다)은 40일간의 홍수, 시나이에서 40년간 유랑 등의 예에서 드러나듯 대체로 40이라는 숫자와 관련이 있다. 이 격리 기간의 차질 없는 준수는 '부활'의 서곡에 해당된다. 노아의 경우, 대홍수 후 적어도 잠정적으로나마 신의 진노를 야기한 원죄로부터 자유로운 신인류의 강림을 이끌었다. 또 유대민족은 40년 동안 사막에서 유랑한 끝에 약속된 땅에 들어갔다.

좀 더 일반적으로 말해, 전염병은 유대 율법에 따르면, 인간들을 그들이 누리던 기존의 안락함에서 탈피하도록 부추김으로써 메시아적인 시대 강림을 가속화하는 역할을 한다. 그러므로 전염병은 죄의식, 속죄, 기대의 의미를 동시에 지니는 개념이다.

성서 속의 전염병보다 시대적으로 더 뒤에 발생한 전염병에 대한 반응도 이와 크게 다르지 않다.

예를 들어, 많은 문헌들이 기원전 600년경 중국과 인도, 이집트에서 한센병이 돌았다고 증언하고 있다.

그렇다고 팬데믹이 제국 수준의 규모에서만 창궐한 건 아니다. 기원전 430년 무렵 에티오피아에서 전해진 티푸스 역병이 아테네를 휩쓸었는데, 아테네는 당시 주변국에 대한 영향력이며 민주적인 정치 제도 등으로 미뤄 가히 전성기라 할 만했다. 티푸스 역병과 관련해 아테네 의사들은 대기 중에, 물에, 식품에 '장독'(瘴毒)이 퍼져 있기 때문이라고 진단했다. 이들의 진단이 무색하게도, 이때 아테네 인구의 3분의 1(7만 명)이 이 전염병으로 목숨을 잃었다. 페리클레스를 포함한 부자와 세도가들조차도 전염병을 피하지 못하고 죽음을 맞았다. 이렇게 되자 기존 사회질서를 우습게 아는 풍조가 만연했다. 이를테면, 내일이면 죽을 수도 있는데 무엇 때문에 법 따위를 지켜야 하냐는 식이었다. "아테네 시민들은 법 준수를 포기하고 될 대로 되라는 식의 악행에 빠져들었다"고, 투키디데스는 그의 《펠로폰네소스 전쟁사》 2권에서 기록하고 있다. 이로써 아테네는 일시적으로 스파르타에 장악되었다가 다시 자유를 되찾고, 30인의 참주가 등장해 정권을 차지하는데, 이를 과두정이라 한다. 기원전 403년 대중적인 민주정이 정착하는데, 아리스토파네스와 플라톤은 당시 소크라테스에게 사형 결정을 내린 궤변가들을 비난했다. 기원전 338년 세계적으로 확산되었던 팬데믹 후 1세기가 지난 시점에서 아테네는 마케도니아의 필리포스 2세에게 함락되고, 이것으로 아테네가 지배하는 시대는 막을 내린다.

여기서 잊지 말아야 할 교훈은 "전염병으로 개개인의 자유가 위협받을 수 있으며, 민주적임을 자처하는 정치 체제 또한 붕괴될 수 있다" 정도로 요약될 수 있을 것이다.

서기 166년 파급 효과가 그다지 크지 않은 몇몇 전염병이 돌고(특히 카르타고 군대에게 함락당한 시라쿠사에서) 난 뒤, 매우 심각한 전염병, 이른바 '안토니우스의 역병'(십중팔구 천연두)이라고 하는 병이 로마에서 발생했다. 이 전염병은 20년 넘게 계속되었다. 루키우스 베루스의 군대로 인해 동지중해로부터 유입된 이 병으로 로마제국에서는 1,000만 명 가까운 사망자가 발생했는데, 이는 당시 전체 인구의 3분의 1에 해당된다. 이로써 로마의 신들은 신뢰를 잃었고, 기독교와 페르시아에서 유래한 마즈다교 또는 조로아스터교가 그 빈자리를 채웠다. 로마제국 종말의 시작이었다. 251년 '키프리아누스의 페스트'라 불리는 새로운 전염병이 발생해 다시금 그리스와 이탈리아의 여러 도시에서 도시가 텅 빌 정도로 많은 인명을 앗아갔다. 444년에도 또 다른 전염병이 영국에 주둔 중이던 로마제국 군대에 퍼져 제국의 통합을 붕괴시켰다.

541년부터는 최초의 팬데믹이 시작되었는데, 감염된 벼룩에 물림으로써 걸리게 되는 일종의 서혜선종 부류의 병이었다(들쥐 또는 다른 척추동물이 병원균을 옮기는 매체 역할을 했다). '유스티니아누스 페스트'라는 이름으로 불리는 이 팬데믹은 중국에서 최초로 출현했으며, 이집트를 거쳐 엄청나게 빠른 속도로 동로마제국의 수도 콘스탄티노폴리스에 입성했다. 그곳에서 하루 1만 명의 목숨을 앗아간 이 병에 대해 비잔틴의 역사학자 카이사레이아의 프로코피우스는 "하인들에게는 더 이상 주인이 없고, 부자들에게는 더 이상 그들의 시중을 들어줄 하인이라고는 없는 세상이 되어버렸다. 전염병이 창궐한 이 도시에서 보이는 거라고는 빈집들과 문을 열지 않는 상점들뿐이었다"고 기록하고 있다. 유스티니아누스 황제 역시 병에 걸렸다(하지만 그는 살아났다). 황제는 "국고를 열어 돈이 필요한 사람들에게 나눠주라"고 명령했다. 군대가 나서서 거리를 청소하고, 거대한 고랑을 팠으며, 상점들을 보호했다. 부자들은 전염병으로 인한 피해를 거의 입지 않은 것으로 보이는 나머지, 세간엔 부자들처럼 다이아몬드를 몸에 지니고 있으면 질병으로부터 몸을 보호할 수 있다는 낭설까지 돌았다. 이러한 정책에도 전염병은 지중해 전역으로 퍼져나갔으며, 이때 라틴 세계에서는 최소한 2,500만 명이, 전 세계적으로는 무려 1억 명 정도가 사망했을 것으로 추정된다. 결국 이 전염병을 계기로 동로마제국의 몰락이 시작되었다.

유스티니아누스 페스트는 이제 막 태동 중이던 이슬람 세계로도 퍼져나갔는데, 이슬람교는 엄격한 교리를 앞세워 살아남는다. 마호메트는 "어떤 나라에 전염병이 돌고 있음을 알게 되면 그곳엔 가지 말아야 한다. 그런데 네가 사는 곳에서 그 병이 확산될 경우라면, 그곳을 떠나지 말아야 한다"는 가르침을 내렸다고 한다. 쿠란을 읽어보면, "사자를 피하듯 한센병 환자를 피하라"는 대목이 나온다. 어쨌거나 이렇게 해서 살아남은 이슬람은 동로마제국의 쇠락을 틈타 중동 지역 정복을 시작한다.

664년엔 유스티니아누스 페스트가 영국과 아일랜드에도 퍼지게 되면서, 수백 년 동안 그 지역을 무질서와 비참함 속에 몰아넣는다.

735년 한국에서 발생한 신종 전염병이 일본 열도 전체 주민의 3분의 1을 죽음으로 몰아간다. 대단한 세도가였던 후지와라 집안의 네 형제도 기나긴 사망자 명단에 이름을 올린다. 후지와라 집안은 정부의 요직을 맡아 일하면서 쇼무 천황으로 하여금 토지의 소유권을 인정하도록 부추겨, 일본 열도의 식량 자급자족을 추구했던 것으로 알려져 있다. 전염병이 잠잠해지면서 일본엔 새로운 엘리트들이 출현한다. 천황은 감사의 표시로 거대한 불상을 지으라고 지시했으며, 그때 세워진 불상은 지금까지도 나라에 남아 있다.

800년부터는 천연두의 유행이 뜸해졌고, 페스트는 무려 5세기 동안 종적을 감춘다.

왕국을 보호하는 데
경찰만으론 충분하지 않다

11세기에 들어와 유럽에서는 십자군 원정으로 말미암아 한센병이 다시 창궐한다. 볼테르는 이에 대해 "우리가 십자군 원정을 통해 얻은 것이라고는 이 고약한 옴뿐이다. 우리가 차지한 모든 것 가운데 그것만이 유일하게 끝까지 남았다!"고 개탄한다.

전염병이라는 고약한 상황과 맞닥뜨리게 되자, 사람들은 그저 기도만 하는 것으로는 안심할 수 없어서 병자들을 격리시키기 시작한다. 말하자면 경찰이 종교의 바통을 이어받은 셈이다.

13세기에는 유럽 전역에 산재한 1만 3,000개 이상의 한센병 환자 격리 시설에 60만 명 이상의 환자들이 수용되어 있었는데, 당시 유럽 전체 인구는 8,000만 명 정도였다.

그로부터 얼마 지나지 않아, 마침내 종교가 누리던 기득권이 경찰 측으로 완전히 이동한다. 1346년엔 킵차크 칸국(칭기즈 칸의 정복 이후 탄생한 제국들 가운데 하나)의 몽고족이 크림 반도의 항구 도시인 케페(또는 페오도시야)에 정착한 제노바인들에게 서혜선종을 전파한다. 제노바인들은 당시 그곳을 상관(商館)으로 삼아 무역업에 종사했다. 이들 제노바인들은 전염병을 콘스탄티노폴리스, 메시나, 마르세유 등지로 전달한다. 1347년부터 1352년 사이에 7,500만 명(유럽에서만 2,500만 명 이상의 사망자가 발생했는데, 이는 유럽 대륙 인구 전체의 3분의 1에 해당되었다)이 이 전염병으로 사망한다. 유럽에서는 밀라노를 포함해 극히 소수의 지역만이 전염병 피해를 면한다. 프랑스에서는 곡물과 포도 수확량이 30에서 50퍼센트가량 폭락하고, 따라서 밀 가격은 10년 만에 4배로 급상승한다.

이로써 중세의 지정학적 균형은 완전히 깨진다. 전쟁에서의 패배와 내분으로 이미 약해질 대로 약해진 비잔틴제국은 몰락의 길로 접어든다. 바이킹족 또한 북아메리카 탐험을 중지한다.

유럽에서 일부 사람들은 한때 종교가 전염병을 무찔러줄 것이라는 희망을 버리지 않았다. 1350년 100만 명이 로마를 향해 순례 여행길에 올랐으나, 이들 순례자들의 대다수는 도중에 죽는다. 이들의 죽음을 놓고 책임 공방이 벌어지고, 유대인들이 물에 독을 탔다는 혐의를 받아 우물 속에 던져지는 비운을 맞이한다.

전염병의 기세가 좀체 수그러들지 않으면서 종교는 그 의미를 상실하게 된다. "사람들은 시중 들어주는 하인 없이 죽어갔고, 사제 없이 매장되었다. 아버지는 아들을 만나러 가지 못했고, 아들 또한 아버지를 보러갈 수 없었다. 자선이란 사문화(死文化)되어버렸고, 희망은 속절없이 사라졌다"고, 아비뇽에서 14세기 중반에 활동한 의사 기 드 숄리악은 기록하고 있다. 한스 홀바인이 그린 〈죽음의 춤〉 연작은 당시 전염병이 사회적 지위며 귀족 작위 따위는 깡그리 무시했음을 보여준다. 전염병 이전에 축적한 부는 무너졌다. 토지에서 나오는 수입은 와해되었다.

그러자 대유행병에 맞서기 위해 사람들은 한센병의 창궐을 막기 위해 시도했던 방식에서 영감을 얻은 새로운 작전을 시도한다. 병자 또는 병이 걸렸을 것으로 의심되는 자들을 가두기 시작한 것이다.

앞서 봤듯이, 성서에 처음으로 등장하는 격리 처분을 성서에서 정한 만큼의 기간 동안 강제하는 방식이 다시금 힘을 받게 된다. 1377년 라구사공화국은 페스트에 감염된 지역에서 오는 모든 선박에 40일간의 격리를 명령한다.

이는 효과를 발휘한 것으로 보인다. 이제 도주보다는 격리를 선호하게 된 부자들은 다시금 집 안에서 쾌적하게 지내는 법을 고민하기 시작한다. 이 무렵 조반니 보카치오는 시골에서 격리 생활을 하는 젊은이들을 주인공으로 내세운 《데카메론》을 집필한다.

아무튼 페스트는 점점 먼 과거 이야기가 되어갔으며, 유럽에서 가장 부유한 지역, 즉 플랑드르와 이탈리아에서는 농노가 사라지고 노동자의 봉급이 오른다. 말하자면 페스트가 봉건적 세계를 전복시키고, 살아남은 몇몇 사람의 손에 부를 몰아줌으로써 상업에 종사하는 부르주아를 탄생시킨 것이다. 이로써 새로운 엘리트 계급이 부상할 수 있는 길이 열렸으며, 메디치 가문이 그 대표적인 사례에 해당된다. 이렇게 되자 제노바와 피렌체가 유럽 상업 권력의 핵심지로 자리매김한다. 죽음에 관한 종교적 담론은 성대한 껍데기만 남았을 뿐, 거의 아무런 반향을 얻지 못하는 처지로 전락하고 만다.

1492년부터는 유럽이 아메리카로 각종 전염병을 옮기기 시작한다. 천연두와 한센병, 홍역, 결핵, 말라리아 등이 이때 신대륙으로 전파된다. 반세기 만에 히스파뇰라섬에 살던 타이노족의 수는 6만 명에서 500명 미만으로 줄어들었으며, 그로부터 얼마 후 멕시코의 아스텍 주민의 수 또한 2,500만 명에서 200만 명으로 폭삭 줄어든다.

1648년 아프리카에서 끌려온 노예들이 멕시코에 최초로 황열병을 옮겼으며, 반대로 유럽인들은 아프리카에 매독을 전파한다. 이탈리아의 패권은 결정적으로 북해 연안국가들 쪽으로 넘어간다.

1655년 새로운 형태의 페스트가 런던에서 7만 5,000명의 목숨을 앗아갔는데, 이는 런던 시민 다섯 명에 한 명 꼴인 엄청난 대참사였다. 더구나 가장 가난한 지역만 놓고 보면 사망자가 전체 주민의 무려 4분의 3에 해당되었다. 이 전염병은 이윽고 당시 상업의 중심지였던 암스테르담으로 옮겨가 유럽 대륙 전체로 퍼진다. 이러한 전염병에 맞설 수 있는 전략이라고는 오직 경찰뿐이었으므로, 경찰의 권력은 이때 크게 강화된다. 루앙과 파리 의회에서는 강력한 통제 정책을 의결했는데, 이러한 정책은 어느 정도의 기간 동안엔 유효했으며, 적어도 부자들을 보호하는 데는 나름대로 한몫을 했다. 하지만 1668년 아미앵, 라옹, 보베, 르아브르 등지로도 페스트가 번진다. 파리로의 확산을 막기 위해 콜베르는 방역 띠를 강제한다. 전제 군주가 다스리는 왕정국가가 지역 의회의 권한을 뛰어넘는 전권을 행사한 것이다. 효과가 있었고, 덕분에 파리는 전염병을 피하게 된다.

다시 한 번 팬데믹이라는 명분을 내세운 국가 권력의 독재화가 표면화된 것이다. 그리고 이번엔 이전의 그 어느 때보다 강도 높은 변화가 감지되었으니, 국가 차원에서의 중앙집권적 전염병 관리가 이뤄진 특별한 사례로서 기록된 것이다.

1670년대 초 유럽에서는 페스트가 자취를 감추는 듯했다. 1720년 마르세유에서 또 다른 페스트가 발생함에 따라 왕은 프로방스 지역 전체를 격리시키기로 결정했으며, 이 결정은 대성공을 거둔다. 이로써 중앙 권력은 다시 한 번 강화되고, 전염병과의 투쟁은 이제 자연스럽게 국민(민족)국가의 소관 업무가 되었다.

같은 세기(18세기) 동안 다른 전염병들도 발생했는데, 예를 들어 천연두 같은 경우, 해마다 유럽 주민 40만 명이 이 병으로 목숨을 잃었다.

1793년엔 황열병(말라리아처럼 모기가 옮긴다)이 필라델피아에서 5,000명의 목숨을 앗아간 뒤 스페인으로, 이어서 마르세유로 옮겨갔다.

종교는 완전히 뒷전으로 밀려났으며, 그 빈자리를 경찰이 대체했다. 경찰을 수족으로 부리는 국가와 더불어.

그러나 이것만으로는 여전히 불충분했으며, 세상은 다른 뭔가를 필요로 했다. 그 다른 무엇은 이성과 과학의 승리를 구가하는 계몽주의자들이 위생과 백신이라는 신개념을 도입함으로써 비로소 충족된다. 1796년 에드워드 제너가 천연두 백신을 발명한 것이 시작이었다. 적어도 유럽에서는 그랬다. 사실 중국과 아프리카에서는 이미 오래전부터 백신을 사용해왔다.

국가를 보호하는 데
위생만으론 충분하지 않다

1817년 인도에서 처음 발생한 콜레라는 1830년 러시아, 동유럽을 거쳐 1831년엔 베를린까지 확산되었으며, 이듬해인 1832년엔 유럽의 나머지 지역으로 퍼진다. 이 무서운 병은 특히 런던에서 가공할 만한 위력을 과시했는데, 당시 런던은 암스테르담에 이어 세계 경제 중심지로서의 입지를 다진 상태였다.

산업혁명으로 도시 인구 밀집은 첨예화하고 이동은 가속화했다. 그럼에도 유럽 도시들은 위생 관련 하부 구조나 정화 체제는 전혀 구비하지 못했으며, 몰려드는 노동자들을 받아들일 수 있는 주거 시설 또한 미비된 상태였다. 이는 곧 감염 환자들의 배설물을 통한 수질 오염으로 이어졌는데, 수질 오염이야말로 콜레라의 확산을 초래하는 주요 요인들 가운데 하나였다. 영국에서는 콜레라로 3년 사이 50만 명 이상이 사망했고, 프랑스에서는 10만 명이 죽었는데, 사망자 가운데에는 당시 행정수반이던 카지미르-피에르 페리에도 포함되었다.

경찰 권력만으로 전염병을 막는다는 건 애초부터 불가능한 일이었다. 위생을 정비해야 할 터였다.

1833년부터 런던은 파리를 비롯한 다른 유럽 도시와 마찬가지로, 불결한 동네를 정화하기 시작했으며, 빈민촌을 부수고 무엇이든 버리는 하수도 설비와 상수도 시설을 갖춰나갔다. 우편물은 배달되기 전 식초액에 담그는 소독 과정을 거쳤으며, 거리는 청소되고, 방역 띠를 유지하는 군대엔 위반자들에게 발사해도 좋다는 허락까지 내려졌다. 사정은 작은 촌락에서도 다르지 않았다. 오랭의 한 작은 마을인 세르네의 경우, "시 당국은 철저한 위생 방침을 고수했다. 거름더미는 치워졌고, 도시 밖으로 밀려났다. 오물을 방치하는 행위는 엄격하게 금지되고, 이를 어기는 자들은 처벌받았다. 상인들은 판매대와 각종 도구를 깨끗이 닦고 석회로 소독해야 했다. 공장에서는 초기 증상이 나타나는 즉시 병든 노동자를 집으로 돌려보내야 했다. 그러나 유감스럽게도 노동자들은 자주 이 초기 증세를 대수롭지 않게 여기면서 소홀히 했다. (…) 매일 각 가정은 자원봉사자의 방문을 받았다. 콜레라로 의심되는 자가 발견되면, 그의 가족 전체가 2주 동안 격리되었다. 거처와 가구들은 염소를 푼 용액으로 소독했다". 심지어 '콜레라 메달'을 걸어주는 경우도 있었다.

1838년 오토만제국에 불어닥친 페스트를 물리치기 위해 콘스탄티노폴리스의 술탄은 건강자문위원회를 만들어 지역 전문가와 서방 전문가의 협업 장려에 나서기도 했다. 이와 유사한 위원회가 모로코와 페르시아에서도 발족한다. 같은 해인 1838년 루이-필립 왕정의 외무장관이었던 몰레 백작은 지중해 연안 여러 항구들의 위생 규정을 통일하기 위한 국제적 모임을 제안한다. 그러나 그와 같은 공중보건 관련 국제회의는 1851년에 가서야 파리에서 실제로 열리게 되었다.

1855년 중국에서는 페스트로 1,500만 명이 목숨을 잃었고, 그 기세를 몰아 페스트는 인도로도 퍼져나갔다. 전염병의 여파로 이 두 나라에서는 폭동과 무력 제압, 정치 경제 체제의 와해가 진행되었다. 이로써 아시아는 기나긴 위기로 접어들게 되었고, 덕분에 유럽은 1세기 넘는 기간 동안 수월하게 아시아를 지배할 수 있게 되었다.

격리와 결별하기

봉건사회 모델에서 벗어나고 귀족과 국가 공인 부르주아들에게도 더 이상 기댈 수 없게 되면서, 자본주의는 상업의 자유를 필요로 하게 된다. 상업의 자유를 온전하게 쟁취해야 하는 상황에서, 자유와는 거리가 먼 격리를 받아들이기란 쉬운 일이 아니었다. 요컨대 격리는 자본주의와는 양립하기 어려운 것이었다.

따라서 1860년 영국은 자국의 항구에 입항하는 모든 선박에 보편적으로 부과되던 격리 조치를 포기한다. 영국은 그저 영국 항구에 정박하는 선박에 탔던 모든 승객들에게 의료진 방문을 요구하는 선에서 타협한다. 승객들 중에서 환자가 발견될 경우, 이들 환자들은 모두 고열 관리 병원으로 보내졌으며, 나머지 승객들에 대해서는 필요한 경우 하선 일주일 후 경찰이 이들의 건강 상태를 확인할 수 있도록 체류지 주소만 남기도록 조치한다.

이 체제는 곧 유럽 전역에서 공통적으로 적용되는 규칙으로 자리 잡게 되며, 실제로 이전 규정에 비해 실효성이 떨어진다고 볼 수도 없었다. 19세기에 결핵은 유럽 성인의 4분의 1을 죽음으로 몰아갈 정도로 맹위를 떨쳤으며, 세기말에 독일 출신 의사 로베르트 코흐가 병의 원인이 되는 박테리아를 발견한 후에도 결핵의 치사율은 여전히 높게 유지되었다.

1874년과 1903년, 이렇게 두 차례에 걸친 실패 끝에, 1907년 파리에서는 12개국의 참여로 국제공중위생기구(Office International d'Hygiène Publique, OIHP)가 마침내 창립을 알린다. OIHP는 위생, 특히 콜레라 — 이 무렵 유럽은 콜레라 재발 가능성 때문에 신경을 곤두세웠다 — 퇴치라는 목표를 가지고 위생 분야에서의 국제 협력을 추구하는 최초의 상설 전문 기관이다. 당시 이 기구의 역할은 회원국들과 관련 있는 각종 전염병에 관한 정보를 한곳에 취합하는 정도에 그쳤다. 상임 사무국은 보편적 위생 규칙을 회원국들에 강제하기 위해 필요한 회합을 주선하곤 했다.

그 어느 때보다 치사율이 높은 독감

1899년 최초의 대대적인 독감(오르토믹소바이러스과에 속하는 바이러스가 일으키는 질병) 팬데믹이 돈다. 시베리아에서 시작된 이 독감은 모스크바에서 맹위를 떨치다가 핀란드와 폴란드까지 번진다. 이듬해엔 북아메리카와 아프리카까지도 확산된다. 그 결과 1890년대 말엔 36만 명이 독감으로 사망한다. 그러고는 한동안 자취를 감춘다.

독감이 다시 출현한 때는 1918년 초였다. 처음엔 중국에서, 이윽고 미국과 유럽에서 차례로 환자들이 대거 발생했다. 특히 교전 중인 유럽 각국의 경우, 독감 때문에 군사 작전까지 전면 중단한다는 건 상상할 수 없었으므로, 대대적인 언론 검열이 이뤄진다. 오직 중립국이었던 스페인 언론만이 독감 소식을 알렸다(이 팬데믹을 지칭해 흔히들 '스페인 독감'이라는 이름으로 부르는 건 그 때문이다). 프랑스에서 초기 사례들이 나타나기 시작하자, 파리에서 발간되던 일간지 〈랭트랑시장(L'Intransigeant)〉은 "전혀 위험하지 않은" 질병이라고 이를 폄하한다. 결국 나라를 통치하는 나이 든 사람들이 젊은이들을 전쟁과 전염병이라는 이중고 속으로 몰아넣고 이들을 희생시켰다고 볼 수 있다.

1918년 봄 미국에서는 샌프란시스코, 디모인, 밀워키, 세인트루이스, 캔자스시티 같은 도시들이 유럽에서 벌어지는 상황에 대해 대단히 진지한 태도를 보인다. 이들은 학교와 교회, 극장, 회합장 등을 모두 폐쇄하고, 10명 이상이 모이는 집회도 금지한다. 결과는 성공적이었다. 최근 〈미국세포병리학저널〉에 발표된 한 연구에 따르면, 이 도시들은 이러한 조치들을 통해 병의 전파율을 절반 이상 떨어뜨렸다고 한다. 하지만 연방정부 차원에서는 그 어떤 강제적 폐쇄나 사회적 거리두기(social distancing) 조치도 실시하지 않았다.

같은 해 11월 미국 대부분의 도시들은 제한을 풀고 격리를 해제한다. 이로써 사망률은 다시금 상승 곡선을 그리기 시작한다. 샌프란시스코에서는 각종 제한을 유지했을 때에 비해 사망률이 무려 스무 배나 껑충 뛰어오른다.

종합적으로, 이 전염병으로 목숨을 잃은 사람은 5,000만에서 1억 2,000만 명 사이에 이를 것으로 추정되며, 이는 당시 지구 전체 주민 수 18억의 3에서 6퍼센트에 해당된다. 사망자의 3분의 2는 18세에서 50세 사이의 청장년들, 그중에서도 특히 남성이 대부분이었다(미국의 경우, 이 전염병으로 인한 남성의 사망 비율은 인구 10만 명당 여성 사망 비율에 비해 174명이 더 많은 것으로 나타났다).

1919년 미국은 OIHP가 새로 발족한 국제연맹의 통제 하에 들어가는 것을 반대한다. 미국 자체가 국제연맹엔 가입도 하지 않았으면서 이처럼 거부 의사를 표한 것이다. 이렇게 되자 국제연맹은 자체적으로 위생 담당 위원회를 꾸리고, 1926년엔 국제위생협약(Convention Sanitaire Internationale)을 채택한다. 이 협약엔 최초로 천연두와 티푸스와 관련한 통제 규정 등이 담겼으나, 이는 어디까지나 협약에 서명한 회원국들에게만 적용된다는 태생적 한계를 안고 있었다.

1928년 영국 의사 알렉산더 플레밍은 우연한 기회에 최초의 항생제(이 항생제는 훗날 페니실린이라는 이름으로 불리게 된다), 즉 박테리아로 인한 감염을 치료하는 약을 발견한다. 이 발견이 의학적 용도로 활용되기까지는 그 후로도 10년이라는 세월을 기다려야 했다.

같은 시기 앞서 격리 조치에 종지부를 찍었던 것과 마찬가지로, 예산 지원 조치도 막을 내리게 된다. 환상을 갖게 만들었던 '미친 몇 해'(Années folles) 후 경제는 급속도로 불황의 늪으로 빠져들어간다. 1930년 미국에서는 훗날 코로나바이러스라고 부르게 될 미생물들이 일으키는 질병이 최초로 관찰된다. 가금류에만 국한되어 나타난 이 증세는 호흡기 계통의 장애를 야기하는 것이 특징이었다.

영국은 세력을 상실한다. 영국이 잃게 된 권력을 새로이 손에 쥐게 된 나라는 경쟁국이자 적국인 독일도, 연합 세력인 프랑스도 아니고 대서양 건너의 미국이었다.

여기서 우리는 두 가지 교훈을 얻어야 한다. 감염병과의 대결에 있어서 신속하게 승전보를 울릴 수 있다는 낙관주의적 환상, 지나치게 서둘러 긴축 예산 형태로 회귀하는 조급함은 둘 다 재앙으로 이끄는 첩경이라는 사실이다.

같은 시기 미국 출신 의사 막스 타일러는 황열병 백신을 내놓았으며, 또 다른 의사 조너스 소크는 독감 백신을 제조한다. 이 백신은 1944년 미국 군대를 대상으로 처음으로 접종된다. 한편 미국 군대는 공식적으로 제2차 세계대전 중에 티푸스 환자가 104명 발생했으며, 이들 중 사망자는 한 명도 없다고 발표했는데, 이는 미국 군대가 보유한 티푸스 백신 덕분이었다. 반면 러시아로 출정한 독일 군대는 티푸스 확산으로 군대가 거의 전멸한다. 티푸스는 무엇보다도 수용소에 갇힌 포로들 사이에서 무서운 속도로 확산된다. 저 유명한 안네 프랑크 역시 다른 수천 명의 포로들과 마찬가지로 티푸스로 사망한다.

1953년 소크는(프랑스 출신 레핀, 러시아 출신 사빈과 함께) 최초로 소아마비 백신 제조에도 성공한다.

누군가의 건강이
다른 모든 이의 건강과 직결된다

1946년 국제연합이 창설된 직후부터 새로운 보건 전담 국제기구 창설의 필요성이 대두된다. 이에 따라 뉴욕에서 61개국 대표가 참석하는 세계건강회의가 열렸으며, 마침내 세계보건기구(World Health Organization, WHO)가 발족했고, 본부는 제네바에 두기로 결정된다. 오직 회원국 국민들만의 건강 증진으로 역할을 제한했던 이전 기구들과 달리, WHO는 '모든 사람의 건강권' 증진을 추구한다. 때문에 건강 문제에 있어서 기준을 정립하고, 의료 분야의 연구와 교육을 지원하며, 전염병 전파를 차단하기 위한 조치를 취하고, 도움을 청하는 모든 국가를 도울 것을 임무로 삼는다. 그럼에도 WHO에게 허락된 권한은 미약하기 그지없다. 기본적인 약을 제공받을 국민의 권리를 준수하지 않거나, 보건과 관련해 기본이 되는 비용 투입 권고를 받아들이지 않는 나라에 대해 WHO는 아무런 제재 조치도 취할 수 없기 때문이다.

1957년부터 1959년 사이의 기간 동안엔 이른바 '아시아 독감'이라 하는 전염병이 번져 세계적으로 200만 명의 사망자가 발생한다. 당시 인구 4,500만 명이던 프랑스의 경우, 이 독감으로 인한 사망자 수가 3만 명에 이르렀는데, 이는 계절적으로 발생하는 여느 독감 사망자가 1만 명 수준이었음을 감안할 때, 엄청난 규모였다. 그 결과 미국과 유럽에서는 경제 불황 기미까지 보였으나, 이는 상대적으로 주목을 끌지 못하고 지나간다.

1966년 최초로 인간을 감염시키는 코로나바이러스가 발견된다. 독학으로 실력을 닦은 스코틀랜드 출신 여성 학자 준 알메이다와 그녀의 동료 학자 데이비드 티렐이 함께 이뤄낸 쾌거였다.

1968년엔 인간을 감염시키는 코로나바이러스를 묘사하기 위해 '코로나바이러스'(coronavirus)라는 용어가 〈네이처〉에서 처음으로 사용된다. 1969년엔 또다시 독감이 대유행하면서 전 세계에서 100만 명이 목숨을 잃는다. 프랑스의 독감 사망자는 3만 5,000명으로, 이 중에서 2만 5,000명이 12월 한 달 사이에 사망했다. 기관사 부족으로 기차 운행이 중단되고, 교사가 없어서 학교는 문을 닫는 사태가 줄줄이 이어졌다. 그럼에도 이 독감 역시 고령 인구를 대상으로 하는 백신 접종이 반드시 필요하다는 데 대해 의견 수렴이 있었다는 각성을 제외하고는, 별다른 주목을 받지 않고 지나갔다. 1969년 10월 WHO는 이 독감에 대해 그저 계절적으로 찾아오는 의례적 전염병이라 규정한다.

그로부터 10년 후 WHO는 거의 5억 명을 사망에 이르게 한 천연두가 마침내 지구상에서 종식되었다고 공식 발표한다.

1976년 수단과 콩고에서는 '에볼라'라 불리는 바이러스로 인해 발생하는 무시무시한 팬데믹이 잠깐 동안 출현했다가 제풀에 수그러든다.

에이즈, 에볼라, 기타 등등

1981년 6월엔 전혀 새로운, 이제까지와는 본질적으로 다른 부류의 전염병이 크게 유행한다. 애틀랜타의 에모리대학에 위치한 미국질병관리본부는 로스앤젤레스 출신 다섯 명의 동성애자가 보기 드문 폐렴을 앓고 있다고 발표했는데, 당시엔 이 병을 가리켜 '3H(아이티인haïtiens, 동성애자homosexuels, 혈우병 환자hémophiles) 병'이라고 불렀다. 1982년 1월 프랑스 파스퇴르연구소는 이 질병을 일으키는 바이러스를 분리하는 데 성공한다. 1987년엔 이 병을 치료하는 치료제 AZT(아지도티미딘 또는 지도부딘)가 등장했는데, 효과는 제한적이면서 상당한 부작용을 동반하는 약제였다. 이 병을 둘러싸고 관련자들이 대거 결집했고, 이는 1995년 유엔에이즈합동계획(Joint United Nations Programme on HIV/AIDS, UNAIDS)의 창설로 이어진다. UNAIDS는 여러 곳에 산재해 있는 각기 다른 에이즈 관련 전문 기구들의 활동을 조율하는 역할을 수행한다. 전열이 갖춰졌으니 전투 개시. 에이즈의 출현으로 모든 사람의 성생활 방식이 바뀌어야만 했다. 이전으로 돌아간다는 건 불가능했고, 변화는 성공적이었다. 1996년 에이즈라는 전염병이 발생한 이후 처음으로 미국에서 이 병으로 인한 사망자 수는 감소 추세로 돌아선다.

1999년 WHO와 UNAIDS가 발표한 보고서에 따르면, 에이즈의 첫 발생 이후 그때까지 이 병에 감염된 자는 5,000만 명(아프리카에서 1,200만 명)으로 추정되며, 이 중에서 1,600만 명이 사망한 것으로 집계된다.

이외에 다른 전염병들도 출현했다. 1998년 몇몇 분석가들은 전염병의 전반적인 위험과 그것이 우리 사회와 세계 경제에 미치는 영향을 계량화하기 시작한다. 나는 이 주제에 대해 이 해에 출간된 졸저 《21세기 사전》에서 표제어 하나를 할애했다.

2002년 11월엔 동물에서 기인한 신종 바이러스 사스(severe acute respiratory syndrome-related coronavirus, SARS-CoV)가 중국 남부에 출현한다. 이 전염병은 신속하게 알려졌으며, WHO는 이에 대한 경고를 내린다. 2003년 1월 중국은 학교 폐쇄를 결정한다. 중국 본토에서 발생한 바이러스가 홍콩과 싱가포르로 번져나가자, 홍콩도 학교를 폐쇄하고 공공 집회 제한 지침을 발동한다. 이 해에 중국의 국민총생산은 1퍼센트 감소했으나, 당시 중국 경제가 세계 총생산에서 차지하는 비율이 4퍼센트에 불과했으므로, 세계 경제에 끼친 영향은 지극히 미미하다.

2003년 여름 사스는 확산세가 현저하게 약화되더니 슬그머니 자취를 감춘다. 결과적으로, 세계에서 8,000명이 이 병에 걸렸고, 이 중 800명이 사망했다. 프랑스의 경우, 일곱 명의 환자가 발생했고, 이 중 한 명이 목숨을 잃었다.

2005년 조류독감이 발생하면서 세계는 말 그대로 패닉 상태에 빠진다. 이 병은 과연 인간에게도 전파될 것인가? 프랑스는 마스크와 약의 전략적 비축을 결정한다. 이렇게 해서 이 바이러스와 관련해 유일하게 예방과 치료 효과가 있음이 입증된 타미플루 1,400만 회 복용분도 비축된다.

2009년 1월 심각한 금융 위기의 소용돌이 속에서 독감 유행병이 멕시코에서 시작되고, 이윽고 미국으로 확산된다. 이 독감의 원인이 된 바이러스, 즉 H1N1 바이러스는 두 달 후인 3월에 그 정체가 밝혀진다(우리나라에서는 흔히 '신종플루'라 알려졌음 - 옮긴이). 이 바이러스가 심각한 합병증을 일으키는 비율은 계절적 독감으로 인한 합병증 비율(1,000명 중 2~3명)과 유사하나, 이 바이러스는 유별나게도 임신 여성과 비만 남성들 사이에서 치사율이 대단히 높게 나타난다. 프랑스엔 H1N1 바이러스가 3월이 되어서야 도착했는데, 이 때문에 4월엔 몇몇 학교가 폐쇄되는 상황에 이른다. 2009년 7월 프랑스는 9,400만 번 주사할 양의 백신을 주문했으며 마스크도 17억 장(수술용 마스크 10억 장, FFP2 유형우리나라의 KF-94에 해당 - 옮긴이 마스크 7억 장)을 비축한다.

같은 해인 2009년 프랑스 국방부가 발표한 보고서에 뒤이어 나온 미국 CIA 측의 보고서는 "최근 새롭게 출현해 사람들 사이에서 퍼지고 있는 신종 급성 호흡기 질환은 감염 속도가 엄청나게 빠른 데다 적절한 치료제도 없는 상태라 전 세계적인 팬데믹으로 번질 가능성이 매우 높다"고 판단했다. 이 질병은 "확실히 인구 밀도가 높은 곳, 중국처럼 인간과 동물이 가까이에서 접촉하는 환경, 주민 대다수가 가축들과 접촉하면서 생활하는 곳에서 확산될 수 있다".

같은 해 나는 졸저들 가운데 하나인 《위기 그리고 그 이후》에서 이 병에 대해 언급했다.

2010년 1월 13일 프랑스는 이 독감의 종식을 선언한다. 550만 명에게 백신 접종이 이뤄졌으며, 독감으로 인한 사망자는 500명을 밑돌았다. 2010년 8월 10일 WHO는 세계적으로 1만 8,500명(계절적 독감은 해마다 세계에서 30만 명의 사망자를 낳는다)의 목숨을 앗아간 이 팬데믹의 종식을 공식적으로 선언한다. 실제로 전 세계에서 이 독감으로 목숨을 잃은 자는 10만에서 57만 5,000명에 이를 것으로 추정된다.

그런데도 이상하게 이 독감 또한 특별히 주목받지 않고 사라진다.

2012년 PrEP(prophylaxie pré-exposition)라고 하는 에이즈 예방법이 미국에서 허가를 받는다. 샌프란시스코에서는 에이즈의 신규 환자 수가 절반 이하로 급감한다. 말하자면 질병을 제어하게 된 것이다. 그런데 에이즈가 인간이 통제 가능한 영역으로 편입되는 사이, 다른 많은 전염병들이 새로이 출현하면서 전염병들 사이에 숨 가쁜 세대교체가 이뤄지고 있다는 사실에 어느 누구도 주목하지 않았다.

2014년 에볼라가 아프리카에 다시 출현한다. 에볼라는 이 바이러스에 감염된 야생동물의 고기를 소비하는 과정에서 옮게 되는 것으로 추정된다. 에볼라로 약 1만 1,000명가량이 목숨을 잃었다. 이 유행병은 단기간에 확산세를 멈췄는데, 이유인즉 병에 걸린 환자들이 너무도 신속하게 죽어버려서 많은 사람을 감염시킬 시간적 여유가 없기 때문인 것으로 알려졌다.

2015년에는 새로운 형태의 코로나바이러스인 메르스-CoV가 중동 지역에서 발생했는데, 낙타로부터 인간에게 전해지는 이 질병을 적절하게 통제하지 못한 한국에서는 186명이 감염되고 그중에서 36명이 사망하는 참사가 발생한다. 이로 인해 한국인들은 큰 충격을 받았으며, 이는 정치 스캔들로 비화한다. 다시는 똑같은 실수를 반복하지 않겠다고 결의를 다진 한국은 코로나바이러스로 인한 팬데믹의 경우엔 모두가 마스크를 착용해야 하며, 조기에 진단 검사를 받아야 하고, 환자들은 격리되어야 하며, 이들에 의해 감염되었을 가능성이 있는 자들 역시 격리되어야 한다는 사실을 학습했다.

2018년 한국에서 전염병 관련 업무를 관장하는 질병관리본부(2020년 9월 12일 질병관리청으로 승격 - 옮긴이)는 다른 종류의 코로나바이러스 출현 여부를 감시하고, 만반의 준비를 하기 위해 전담팀을 구성했다.

펜데믹은 그 수가 점점 더 늘어나고 있다. 해마다 WHO에는 40건의 콜레라 전염병이 집계된다. 매년 황열병으로 인한 사망자는 많을 땐 3만 명에 이르기도 하며, 말라리아로 목숨을 잃는 사람은 45만 명에 이른다. 1970년 이후 1,500개가 넘는 새로운 감염체가 발견되었으며, 이 중 70퍼센트는 동물에서 유래한다. 2009년부터 지금까지 WHO는 여섯 차례에 걸쳐 세계적 차원에서의 공중보건 긴급 사태를 선포했다. H1N1 독감(2009), 소아마비(2014), 에볼라(2014, 2019), 지카(2016). 그리고 2017년엔 상당히 심각한 페스트가 마다가스카르에서 발생했고, 그 결과 2,417명이 감염되었으며, 이 중에서 209명이 사망했다.

2017년부터는 제반 상황들이 새로운 전염병의 공격이 임박했음을 감지할 수 있는 방향으로 흘러갔다. 나는 이 해에 나의 저서, 기고문, 강연 등을 통해 여러 차례 이 점에 대해 주의를 환기시켰다.

2018년 에든버러대학 글로벌보건학과 교수 데비 스리다는 해마다 스코틀랜드에서 열리는 헤이 페스티벌에서 "영국 국민들에게 가장 큰 위협은 동물에 의해 감염된 중국 거주인"이라고 단언한다.

2장

다른 것들과는
많이 다른 팬데믹

Une pandémie pas comme les autres

생명경제로의
전환

인류 역사를 통해서 볼 때, 전염병이 확산하는 데는 아무래도 몇몇 상수들이 작용하는 듯하다. 앞서 살펴봤듯 거의 모든 전염병이 아시아, 그중에서도 특히 중국에서 시작된다. 일단 발생한 전염병은 유럽, 아메리카, 아프리카 대륙의 국가들로 전파되면서 경우에 따라서는 매우 중대한 문화적, 사회적, 정치적, 지정학적 결과를 초래한다. 일반적으로 부자들은 당연히 가난한 사람들에 비해 전염병이라는 재앙에서 훨씬 더 잘 살아남는다. 그러나 권력을 가진 자들이 효과적인 대응책을 제시하지 못할 경우, 전염병은 엘리트 계급, 다시 말해 이미 허약해진 정치 체제에 최후의 일격을 가하는 치명타가 될 수도 있다.

지난 수천 년 동안 거의 모든 문명권, 거의 모든 형태의 종교권에서 인간의 생명(권력자들의 목숨은 예외)은 그다지 값이 나가지 않았다. 수명이 워낙 짧았던 데다, 정치적으로나 이념적으로 또는 경제적으로 별반 가치가 없었던 것이다. 더구나 전염병 같은 질병에 대처할 만한 제대로 된 치료 수단이라고는 전혀 없었으므로, 그나마 부자들은 도망을 치거나 스스로를 고립시키는 방편을 택했다. 다른 사람들은 그저 이승보다 나은 저승을 소망하는 것으로 만족해야 했다.

그러다가 사람들은 질병에 맞서서 한결 물질적인 반응을 내놓기 시작했다. 경찰력을 동원한 격리라거나 위생 개선, 백신, 치료제 사용 등이 거기에 해당된다. 사람들은 그러면서도 절대 자발적으로 경제활동을 중단하지는 않았다. 먹고살기 위해서는 일을 해야 했으니 말이다. 일을 하다 목숨을 잃을지언정. 그때까지만 해도 죽음은 더할 나위 없이 자연스러운 것이었으므로 ─ 심지어 죽음에서 그 어떤 종교적 의미도 찾으려 하지 않는 사람들에게조차도 ─ 모두들 죽음이 닥치면, 나이를 막론하고 담담하게 받아들였다.

죽음이라는 스캔들

적어도 선진국의 경우에서 볼 때, 특정한 어떤 형태의 죽음이 받아들이기 어려운 것으로 비치기 시작한 건 아주 최근, 그러니까 1980년대 이후부터였다. 때문에 오늘날 우리는 인류 역사상 최초로, 생명을 보호한다는 명분을 내세워 경제를 완전히 정지시키는 결정도 마다하지 않을 태세다.

왜 그럴까? 더러는 그러한 행태가 단순히 최근 들어 급성장한 디지털 경제의 결과라 생각하기도 한다. 디지털 경제 덕분에 원격 작업이 가능해졌으며, 따라서 이전에 비해 각자 자신을 더 잘 보호할 수 있다는 것이다. 하지만 그건 완전히 부차적인 결과에 불과하다. 보다 중요한 건, 다시 한 번 말하건대, 죽음과의 관계 속에서 찾아야 한다. 몇몇 나라에서는, 전쟁이 사라진 이 시대에 사람들이 죽음에 대해 이야기한다면, 그건 오직 이 전쟁 없는 나라들이 개입된 드물게 보는 무력 갈등 와중에 발생한 죽음, 사고 또는 테러 행위로 인한 죽음에 대해서일 뿐이다. 달리 말하면, 자연사에 대해서는 유명인사의 자연사가 아니고서는, 언급조차 하지 않는다는 뜻이다. 길거리 폭력 또는 마약 복용 등으로 인한 죽음 정도는 드문드문 화제에 오르기도 한다.

요컨대 관심의 대상이 되는 유일한 죽음은 예외적인 상황에서 일어났거나, 연예인이나 예술가 또는 정치 지도자처럼 꽹장히 널리 알려진 인물의 죽음뿐이다. 이러한 죽음만이 관심과 영예를 누릴 권리가 있고, 이러한 죽음만이 공개 토론이나 공동

추모의 대상이 된다.

익명의 죽음, 가령 암이나 급성 심장질환, 당뇨병, 알츠하이머, 독감, 기아, 약물 중독 등으로 인한 죽음은 그 수가 훨씬 더 많음에도 불구하고(기아로 인한 죽음은 교통사고로 인한 죽음보다 일곱 배 많고, 교통사고로 인한 죽음은 계절적 독감으로 인한 죽음보다 두 배 많다), 거의 눈에 띄지 않는다. 눈에 띄지 않을 뿐만 아니라 점점 더 보이지 않는 곳을 찾아 숨어든다. 요즘 우리는 집에서 죽음을 맞이하지 않는다. 일반적으로 우리는 나이 들어서, 그것도 대체로 나이가 아주 많이 들었을 때 죽음을 맞이하며, 대부분의 사람들은 홀로 죽어간다. 고독사는 자식들의 이기주의 때문이기도 하고, 경제적인 이유 때문이기도 하다. 그것도 아니면, 나이 들어 너무 의존적 상태가 된 나머지 살던 집에서의 생활이 불가능해져 전문 시설에 보내졌기 때문일 수도 있다.

여기서 우리가 얻는 교훈은 분명하다. 죽음이 내밀하고 예측 가능할 경우, 우리는 그 죽음을 받아들인다. 그러나 죽음이 거리를 배회하면서, 전혀 예상하지 않았던 순간에 아무에게나 닥칠 수 있는 경우라면, 그 죽음은 받아들이기 힘들다.

그리고 바로 그 점이 팬데믹 상황에서 문제가 되는 것이다. 즉 팬데믹 상황에서는 도저히 있을 수 없는 죽음, 개개인의 내밀한 죽음이 아닌 우리 모두의 죽음이 우리를 위협한다. 우리들 각자로부터 자기만의 내밀한 죽음을 제거해버리기 때문이다.

중국은 스스로를 기만한다

그렇기 때문에 아마도 2019년 말경이라고 짐작되는 무렵 중국에서 새로운 팬데믹이 발생했을 땐, 과거의 전염병들과는 전혀 다른 방식으로 이 전염병이 관리될 수 있는 모든 조건이 구비되어 있었다.

실제로 이 팬데믹은 인류 역사상 처음으로 판단 착오에 의해 인류의 절반 이상을, 가능하긴 하나 반드시 필요하진 않은 격리 상태로 이끌게 된다. 그렇게 함으로써 세계 경제는 자발적으로 거의 정지 상태에 이르게 되고, 이는 지난 3세기 동안 경험하지 못했던 최악의 경제적·사회적 위기를 초래할 것이며, 머지않아 정치적 위기까지도 야기하게 될 것이다.

그도 그럴 것이 이번 격리는 얼마든지 피할 수 있었다. 이는 실수가 연달아 이어지면서 빚어진 결과로 다음에라도 같은 실수를 반복하지 않으려면, 그 실수들이 정확하게 어떻게 맞물려 일어났는지를 이해해야 한다.

2003년 사스 사태 이후, 잘 알다시피 중국을 비롯해 세계 주요 연구소들에서는 언제라도 새로운 바이러스가 출현할 수 있는 가능성을 충분히 잘 알고 있었다. 많은 책들과 영화, TV 드라마들이 — 그중에는 중국에서 만들어진 드라마도 한 편 있다 — 적어도 2009년부터 이 주제를 다루고 있었으니 말이다. 여러 연구소에서 그러한 신종 바이러스 분리에 박차를 가했으며, 그렇게 하는 데는 군사적인 목적도 한몫했다. 그런데도 베이징에서는, 그러니까 불투명하기 짝이 없는 독재 체제의 수뇌부에서는 대규모 전염병의 발생 가능성에 대해서는 일체 함구했다. 대규모 전염병의 발생 가능성을 민중에게 알리게 되면, 불확실한 외부의 어떤 사건이 항상 옳다고 추앙받아야 할 체제를 위협할 수도 있다는 고백도 해야 할 텐데, 그건 말도 안 되는 일이었기 때문이다.

오직 소수의 아시아 민주국가들만이, 그중에서도 특히 한국이 과거 메르스 사태 때 겪었던 코로나바이러스를 기억하고 여기에 대비할 뿐이었다. 이들 나라들은 팬데믹이 다시 터질 경우엔 지체 없이 마스크 착용, 진단 검사, 감염자와 그와 밀접 접촉 가능성이 있는 측근들의 격리 같은 조치를 강제해야 한다는 사실을 숙지하고 있었다.

뒤에서 다시 언급하겠지만 이 몇몇 나라들은 그 덕분에, 적어도 현재로서는 의료 재앙, 인명 재앙을 피했으며, 교역 상대국들이 중국식 모델을 따라감으로써 오판에 오판을 하지만 않았더라면, 경제 위기마저 모면할 수 있었을 것이다.

운이 나쁘려니까 모든 것이, 하필이면 중국이라는 독재국가에서 시작되었다. 중국이 어떤 나라인가? 중국은 현실을 감추기에 급급한 독재국가다. 현실을 감춤으로써 우선 스스로를, 그리고 다음으로는 남들을 기만하는 것이다.

운이 나쁘려니까, 게다가 패닉 상태에서 전 세계가 하필이면 그 같은 중국을, 중국과 이웃한 몇몇 민주국가가 아닌, 바로 그 독재국가의 선택을 따라가는 우를 범하고 말았다.

중국에 만연한 비밀을 유지하려는 성향, 어떻게 해서든 체면을 구기지 않으려는 그 기질은 쉽게 이해할 수 있다. 우선 중국이라는 나라는 대대로 이전에 저질렀던 실수들에 대해서는 기억하지 못한다. 이전 시대의 지도자들이 모두를 상대로, 심지어 그들의 후계자들에게조차 실책을 감추는 버릇이 있었기 때문이다. 그뿐 아니라 중국은 국내에서 자생적으로 형성된 것이든 외국에서 흘러들어오는 것이든 비판이란 비판은 전혀 들으려하지 않는다. 그들에게 닥쳐올 위험을 경고해 보다 신속한 대응을 가능하게 하고, 보다 나은 전략, 즉 이웃나라 한국이 2018년부터 준비해온 전략을 실행에 옮길 수 있도록 힘을 실어준 그 비판의 목소리에 귀를 닫았던 것이다. 일단 팬데믹이 걷잡을 수 없이 퍼져나가, 더 이상 버티지 못하고 이를 인정하지 않을 수 없게 되었을 땐 이미 중국에 마스크도, 진단 검사 키트도 부족한 상태였으므로, 중국은 우리가 알고 있는 그 방식대로 행동할 수밖에 없었다.

이 전염병의 발생부터 확산 과정을 짚어보는 연대기는 지루하고 따분하게 들릴 수도 있겠으나, 지금까지 일어난 일을 명확하게 이해하기 위해서 한 번쯤은 반드시 정리가 필요하다. 더구나 나는 개인적으로 시간의 흐름에 따라 이를 정리하는 과정에서 비로소 사람들이 언급하지 않았으며, 앞으로도 충분히 언급하지 않을 속사정을 이해하게 되었다.

다른 것들과는 닮지 않은 팬데믹

이번에 출현한 새로운 바이러스가 일으키는 최초 증세는 2019년 11월 17일 인구 1,100만의 중국 산업도시이자 후베이성의 성도인 우한에서 처음 나타난 것으로 보인다. 십중팔구 도매 시장에서 시작되었을 것으로 여겨진다. 인근의 연구소가 출발점일 수도 있다고 하나, 그럴 가능성은 점점 더 희박해지고 있다. 아직 확인되지 않은 가설에 따르면, 2019년 10월 18일부터 27일까지 우한에서 열린 군인올림픽 때 벌써 최초 감염이 시작되었을 수도 있다고 한다. 만일 이 가설이 사실이라면, 바이러스의 확산 속도는 현재 우리가 생각하는 것보다 덜 빨랐다고 봐야 할 것이다.

여하튼 중국 정부가 보인 최초 반응은 한마디로 너무 한심해서 비극적이었고, 이는 독재국가가 보이는 전형적인 태도였다. 공개적 언급이라고는 한마디도 없었던 것이다. 어느 누구에게든 아무런 경고도 내려지지 않았다. 바이러스의 특성에 대해서도, 감염원에 대해서도, 이에 대처하기 위해 지켜야 할 행동 수칙에 대해서도 중국은 침묵으로 일관했다. 아니, 그보다 더 고약하게도, 감히 입을 여는 의사들을 감금했다.

사람들은 이내 이 바이러스에는 아무 약도 듣지 않는다는 사실을 인정해야 했다. 할 수 있는 거라곤 그저 환자들의 고통을 덜어주고 그들 각자가 나름대로의 면역 체계를 최대한 가동할 수 있도록 도울 따름이었다. 가령 중증 환자들에게는 산소를 공급하고, 이보다 더 위독한 경우라면, 환자를 인위적인 혼수상태에 빠뜨린 후 지켜보는 식이었다.

중국의 최고위 지도층에서 정확하게 언제 우한의 상황을 전달받았는지는 아직도 베일 속에 가려져 있으나, 그럼에도 우리는 이들 지도층에서 어느 누구도 즉시 마스크 착용을 강제하고,

바이러스를 분리하고, 주민을 전수 검사해야 한다는 결정을 내리지 않았다는 사실만큼은 잘 알고 있다. 12월에도 누구나 자유롭게 우한을 드나들었기 때문이다. 자동차 도로며 기찻길, 비행기 길이 모두 열려 있었던 것이다. 우리는 그로부터 얼마 후에야, 공식적 자료를 통해 보자면, 12월에 이미 이 도시에 적어도 감염자가 104명 있었으며, 이들 가운데 15명이 사망했음을 알게 된다. 실제로는 분명 그보다 더 많았을 테지만. 중국이 발표하는 모든 공식적 통계는 두말하면 잔소리겠지만, 미심쩍다는 표현 정도로는 부족하기에 하는 말이다.

우한 내부에서 사람들이 웅성거리며 동요하기 시작하자 중국 공산당은 이들의 입을 막기 위해 온갖 수단을 다 동원했다. 12월 말엔 당 소속 검열관들이 위챗을 비롯해 다른 채팅 플랫폼에서 수백 개의 키워드를 비롯해 '우한 시장'과 '사스' 같은 키워드 조합까지도 모두 봉쇄했다.

같은 무렵 바이러스 유출 정보를 확인한 세계의 여러 연구소들 — 한국 측과 독일의 TIB 몰비올(TIB Molbiol)도 여기에 포함된다 — 은 사스를 비롯해 지금까지 알려진 다른 코로나바이러스들에 토대를 둔 다양한 진단 검사 키트 준비에 박차를 가했다. 당시 확산 중인 코로나바이러스에 대해 더 많은 사실이 알려지기를 기다리면서 말이다.

2019년 12월 17일 한국에서는 아직 단 한 명의 감염 사례도 나오지 않은 상태였음에도, 2018년 4월 질병관리본부 내에 형성된 TF팀을 중심으로 중국에서 새로운 형태의 질병에 걸린 채 귀국한 한 한국인 가정을 주인공으로 하는 가상 시나리오를 써 내려갔다. 이 시나리오를 완성해가는 과정에서 질병의 진단 방식, 주변 인물들이 감염 위험에 노출될 가능성이 있는 유효 반경, 감염자들이 옮겨다닌 동선 추적 방식 등을 두고 열띤 토론이 전개되었다.

12월 30일 우한의 한 병원 의국장이었던 아이펜 박사는 새로 등장한 미지의 감염병과 사스 사이의 유사성에 깊은 우려를 표하면서, 동료 의사들 가운데 한 명인 리원량 박사를 포함하는 다른 의사 팀과 작성한 보고서를 위챗에 올리고, 윗선에 보고한다. 여기에 대해 중국 정부는 지체 없이 반응한다. 2020년 1월 1일 아이펜 박사의 병원 상급자는 그녀에게 공연한 소문을 퍼뜨리지 말라고 함구령을 내리면서, 수백 명의 의사와 간호사들에게 이 신종 전염병에 대해 아무것도 모르는 상태에서 환자들을 치료하라고 지시했다. 리원량 박사를 비롯해 여덟 명의 의사가 체포되었으며, 경찰은 이들에게 '사회질서를 교란했다'고 자백하는 서류에 서명하도록 강요했다.

1월 9일이 되어서야 중국 언론은 마침내 '새로운 질병'에 대해 언급했으나, 그 중요성에 대해서는 여전히 함구했다. 우한 가축 시장은 폐쇄되었다. 1월은 음력설 연휴가 들어 있는 달이었으므로 사람들은 예년과 다름없이 여행길에 올랐다. 이 기간 중에 우한을 떠난 사람은 700만 명에 이른다.

1월 11일 중국에서 신종 바이러스의 유전자 염기서열을 발표하자 전 세계 학자들은 이를 즉시 공유했다. 독일의 진단의학 전문 업체 TIB 몰비올은 그들이 준비해온 진단 검사 키트들 중에서 이 염기서열에 가장 적합한 키트를 발표했다. 이 검사는 WHO가 인터넷을 통해 전 세계에 보급했다.

1월 12일 한국에서는 이 염기서열을 토대로 하는 진단 검사 키트와 마스크의 대량 생산에 돌입했다. 이 시점에 한국에서는 여전히 단 한 명의 확진자도 나오지 않았다.

1월 13일 태국에서 첫 감염자가 나왔는데, 우한에서 돌아온 이 태국인 관광객은 중국 밖에서 발생한 최초 감염 사례로 기록되었다. 1월 14일 중국의 보건위원회 의장은 자국의 최고위부를 향해 경고한다. 그러나 "이번 사태는 2003년 사스 이후 가장 중대한 도전"이라는 그의 경고가 무색하게, 중국 당국은 공식적인 아무런 반응도 내놓지 않았다.

1월 18일 우한 시장은 음력설을 맞아 4만 명을 대상으로 연회를 개최했고, 이 행사와 관련해 한 지역 신문은 다음 날 여러 장의 사진을 게재하면서 고열과 기침을 앓는 병중임에도 연회에 참석한 자들을 치켜세웠다. 1월 20일 중국 보건장관은 국영 TV 방송에 출연해 전염병이 사람들 사이에 전파된다는 사실을 확인해줬다. 같은 날 시진핑 국가주석은 공개적으로 새로운 전염병을 심각하게 받아들여야 한다고 강조했다.

1월 20일 한국에서 최초 감염자가 나왔다. 질병관리본부는 다른 감염자들이 나올 상황에 대비해 환자를 찾아내는 절차를 확정지었다.

1월 21일 미국 시애틀에서 첫 감염자가 나왔는데, 우한을 방문하고 돌아온 미국인이었다.

1월 23일 그러니까 공식적인 통계상으로 중국에서 전염병이 처음으로 등장한 지 거의 두 달이 되었을 때, 감염 사례는 1,000건을 돌파했다. 이 시기 실제로는 날마다 새로운 감염자가 적어도 2,500명씩 발생했다. 중국 집권당국은 때는 너무 늦었음을 알았다. 상황은 이미 더는 손을 쓸 수 없게 되어버린 것이다. 그러니 어찌해야 할 것인가?

중국엔 마스크도 진단 검사 키트도 부족했다. 그러니 급작스러운 격리 외에 달리 취할 수 있는 방책이라곤 없었다. 베이징은 패닉 상태에 빠졌다. 우한은 봉쇄되었다. 호텔이며 운동장, 박람회장 등이 모두 동원되었다. 우한 외곽에 두 개의 대형 응

급병원을 짓기 시작했다. 열흘도 채 안 되는 단시일에 병원 건축 작업이 이뤄진 데 대해 모든 사람들이 중국의 신속한 효율성을 치하했으나, 그보다는 적시에, 다시 말해 12월 초에 마스크와 진단 검사 키트, 감염자와 그의 밀접 접촉자 격리 등의 적절한 조치를 취하지 못한 정권 수뇌들의 패닉에 가까운 반응을 읽어야 마땅하다.

1월 24일 프랑스에서 최초로 세 명의 감염자가 발생했다. 이번에도 역시 우한에 다녀온 사람들이었다.

파리는 이 시기에 이 신종 질병과 한국, 그리고 대만, 홍콩, 싱가포르가 보여준 대처 반응에 주목했어야 했다. 이 시기에 한국과 독일, 그 외 다른 여러 나라들처럼 마스크와 진단 검사 키트 생산에 돌입했어야 했다. 그런데 현실은 그와 달랐다. 프랑스는 대책을 세우지도, 준비를 서두르지도 않았다.

1월 28일 중동 지역(두바이)과 독일에서 각각 첫 감염 사례가 발생했는데, 두 감염자 모두 중국에서 온 사람들이었다. 같은 날 이탈리아에서도 첫 사례가 발생했는데, 밀라노 공항에 도착한 중국인 관광객 커플이었다. 1월 30일 인도의 첫 사례는 우한을 방문하고 돌아온 대학생이었다. 같은 날 WHO는 마침내 "팬데믹으로 번질 위험이 매우 크다"는 의견을 피력하기 시작했다. 1월 31일 영국에서 두 명의 확진자가 발생했고, 프랑스는 우아즈 도 크레유 기지에서 공군 소속 항공기 한 대가 우한에 발이 묶인 프랑스 국민들을 이스트르 기지로 실어 날랐는데, 이때까지만 해도 세계적으로 알려진 확진자 수는 9,826명에 불과했다. 분명 실제보다 적게 평가된 숫자겠지만 말이다.

이 무렵엔 벌써 이 질병으로 사망한 자들의 연령 중간 값이 70세 전후라는 사실이 밝혀진 상태였다. 비만, 고혈압, 호흡기 질환, 당뇨병 등의 기저 질환이 사망을 용이하게 만드는 동반 병태일 수 있다는 가설도 점점 힘을 얻었다.

2월 7일 우한 사태와 관련해 초기에 경보 사이렌을 울린 의료진 가운데 한 명인 리원량 박사가 사망하면서, 당국의 검열에도 불구하고 온 중국이 비탄에 빠져 그의 죽음을 애도했다. 2월 14일엔 아프리카 대륙의 첫 확진자가 이집트에서 나왔다. 2월 15일 아시아 외부 지역에서의 첫 사망자는 프랑스에서 나왔다. 나이 80세의 남자 중국인 관광객이었다. 그럼에도 유럽과 프랑스의 정계에서는 아무런 공식적 입장도 내놓지 않았다. 모든 상황을 제어하고 있다는 말만 거듭 되풀이할 뿐이었다. 프랑스의 몇몇 의사는 전혀 심각하지 않은 독감 정도의 전염병이라는 주장을 펴서 스스로 웃음거리가 되었다. 그들은 정치인들로 하여금 그릇된 판단을 내리게 하는 데 일조했다. 2월 17일부터 24일까지의 일주일 동안, 뮐루즈에서 열린 복음주의자 집회에는 대체로 알자스 지역에서 몰려온 2,500명의 신자들이 참석했는데, 이 중 여러 명이 감염되었다.

유럽에서는 아무도 중국 이외 지역에서 일어나는 일에 관심을 보이지 않았다.

2월 19일 이탈리아에서 열린 유럽 챔피언스리그 베르가모와 발렌시아 축구팀 시합은 의심할 여지없이 대규모 감염의 계기가 되었다. 이 시합 이후 이 지역은 전염병 감염자가 급속하게 증가하는 추세를 보였다. 2월 25일엔 우아즈 지역에서 최초의 프랑스인 코로나바이러스감염증-19(Covid-19, 코로나19) 사망자가 나왔다. 2월 27일엔 세네갈에서 최초 감염자가 나왔는데, 밀라노에 다녀온 이탈리아인이었다.

2월 28일 중국이 자국민에게, 그리고 세계를 상대로 사실을 숨겨왔음이 확실해졌다. 숨기지 않았더라면 시기를 놓치지 않고 팬데믹으로의 확산을 막을 수도 있었을 터였다. WHO는 그러나 "인류가 공동으로 처한 위협에 맞서기 위해 심도 있는 참여의식"을 보여줬다며 중국인들을 치켜세웠다. 현실은 이와 판이하게 달라서, 중국에서는 그 어느 때보다도 엄격한 검열을 통해 사실을 은폐 중이었다. 예를 들어 위챗과 라이브 스트리밍 서비스 와이와이(YY)에서는 516개의 새로운 키워드 조합이 모조리 검열 세례를 받았다.

2월 29일 공식적인 통계상으로 전 세계 코로나바이러스 감염자는 8만 5,203명, 사망자는 3,000명 미만인 것으로 집계되었다. 하지만 이는 분명 과소평가된 숫자였다. 다만, 이들 사망자 가운데 99퍼센트가 50세 이상이며, 80세 이상은 40퍼센트라는 한 가지 사실만큼은 뚜렷하게 드러났다.

이탈리아에서는 이제 전염병이 들불처럼 번져 더 이상 통제 불가능한 상황에 이르렀다. 병원들은 더 이상 환자를 받을 수 없는 과포화 상태였다. 환자들에게 제공할 수 있는 유일한 치료 장치인 호흡기가 절대적으로 부족했다. 때문에 의료진은 누구를 치료할 것인지, 아니 누구에게 조금이라도 더 오래 숨을 쉴 수 있도록 해줘야 할지 노골적으로 선별해야 할 판이었다. 이탈리아 의료진은 그야말로 하루하루 기적을 만들어갔다. 3월 9일 이탈리아 정부는 나라 전체를 격리하기로 결정했다.

3월 11일 WHO는 공식적으로 코로나19를 '팬데믹'으로 선포했다. 첫 번째 감염 사례가 보고된 지 최소 3개월이 지난 후에야 그와 같은 결정이 내려진 셈이다.

유럽의 경우, 나라마다 제각기 다른 속도로 팬데믹이 확산되어갔다. 가령 감염자 500명 돌파 시점을 보자면, 이탈리아는 2월 27일, 프랑스와 독일은 3월 5일, 스페인은 3월 7일, 영국은 3월 11일…. 이런 식이었다. 방금 언급한 유럽 5개국의 감염자

총합은 3월 8일 1만 건을 넘어섰다. 새로이 주요 감염 지역으로 부상한 미국의 경우, 감염자 수가 1만 명에 도달한 날은 3월 18일이었다. 다른 지역에서는 여전히 지도자들이 사실을 은폐하기도 했다. 3월 26일에도 푸틴 대통령은 "러시아에는 감염자가 한 명도 없다"고 큰소리를 쳤으니까.

3월 31일 공식적으로 전 세계 코로나바이러스 감염자는 77만 7,000명이었다. 4월 초 WHO는 유럽에서 이 바이러스로 인해 사망한 사람들의 95퍼센트는 60세 이상이라고 추정했다.

전염병은 계속 번져나갔다. 4월 21일 총 250만 명의 감염자들 가운데 78만 7,000명은 미국, 68만 8,000명은 이탈리아, 스페인, 프랑스, 독일 감염자를 모두 합한 숫자로 집계되었다. 한국과 대만, 싱가포르, 홍콩, 그 외 다른 몇몇 나라에서는 거의 사망자가 나오지 않았다. 한편 중국은 팬데믹을 제어하고 있다고 장담하면서, 공식적으로 8만 3,000명의 감염자에 사망자 4,637명, 그리고 이들 사망자 가운데 125명만이 후베이성이 아닌 다른 지역에서 발생했다고, 그러니까 사망자의 84퍼센트가 후베이성에서 발생했다고 주장했다. 완전히 과소평가된 통계가 아닐 수 없다.

라틴아메리카에서는 4월 말, 공식적으로 총 인구 6억 5,000만 가운데 5만 건의 확진 사례가 나왔다. 아프리카의 경우는 1만 건의 확진 사례가 나왔는데, 참고로 아프리카의 총 인구는 13억에 이른다. 부르키나파소에서는 4월 16일부터 30일까지의 기간 동안 99건의 새로운 감염자가 발생했다. 그런데 이 역시 신뢰하기 힘든 숫자다. 러시아에서는 매일 신규 감염자가 1만 명 이상으로 집계되면서 감염자 수가 연일 급격하게 상승 곡선을 그리고 있다. 미국의 감염자 수는 이보다 훨씬 많다.

2020년 6월 23일 코로나바이러스가 일으킨 팬데믹은 공식적으로 감염자 930만 명에 사망자 47만 8,000명을 기록했으며, 이들 사망자들의 나라별 분포를 보면, 미국 12만 1,225명, 이탈리아 3만 4,675명, 프랑스 2만 9,723명, 스페인 2만 8,325명, 인도 1만 4,476명, 독일 8,924명, 중국 4,640명, 남아프리카공화국 2,102명, 이스라엘 308명, 한국 281명, 대만 7명 등이다. 그리고 여전히 50세 미만의 사망자는 거의 없다.

이러한 자료는 대단히 부정확하며, 여러 나라의 통계가 실제 상황을 훨씬 밑도는 것이 거의 확실한데, 이는 집계 수단이 변변치 않아서 그럴 수도 있고, 검열 때문일 수도 있다. 가령 베네수엘라 같은 나라에 대해서는 신뢰할 만한 정보가 전혀 없다. 또 공식적으로 7,000만 명 수준으로 집계되고 있으나 실제로는 그보다 훨씬 많을 것으로 추정되는 전 세계 난민들—유엔 난민캠프에 체류 중이건 세계 도처에 산재한 임시 수용소에 체류 중이건—의 감염 상황에 대해서도 전혀 알려진 바가 없다.

더구나 이 전염병으로 인한 패닉 상태는, 이것으로 말미암아 다른 질병들을 소홀하게 치료함으로써 발생하는 사망률까지 덩달아 상승시킨다. 이 모든 상황이 야기하는 마약, 실업, 절망 관련 사망률도 마찬가지다.

이번 팬데믹은
어쩌다 우연히 발생한 게 아니다

이번 전염병은 우연히 발생한 게 아니다. 앞서 봤듯이 전염병이 발생할 확률은 이전 시대에 벌써 여러 차례의 팬데믹이 연이어 출현하면서 차츰 증가했다. 지난 20년간의 추이만 봐도 어느 정도 예측이 가능했다는 말이다. 예측을 한다는 건 곧 거기에 대비한다는 뜻도 된다.

게다가 우리 사회에 만연한, 상당히 많은 행태들이 전염병 발생 확률을 높일 뿐만 아니라 그 심각성까지 악화시키고 있다. 그 정도가 어찌나 심한지, 마치 세상이 더는 그러한 질병들을 제어하지 못할뿐더러, 그 질병들을 제어할 준비조차 되어 있지 않다고 믿게 할 정도다.

우선, 건강 관련 체제만 보더라도, 공중보건은 이미 오래전부터 그것을 자산이 아니라 부담으로 생각하는 이념 탓에 도처에서 위태롭게 흔들리고 있다. 우리가 실제 필요로 하는 수에 훨씬 못 미치는 적은 수의 의사와 병원, 설비, 기구, 그리고 기초 연구들로 근근이 명맥을 이어가는 형편이다.

다음으로, 세계는 그 어느 때보다 개방적이고 상호의존적으로 변했다. 예전엔 요즘처럼 여행이며 각종 회합, 관광 횟수가 잦지 않았다. 금융의 세계화 또한 정점을 찍었다. 디지털은 모든 검열에도 불구하고 전세를 뒤집을 수 없을 정도로 온 세상을 하나의 세계로 만들었으며, 사람과 각종 서비스 사이에 존재하는 관계 또한 세계화되었다. (거의) 아무것도 디지털화 추세에 역행할 수 없는 게 사실이다.

그리고 거기에 더해서, 인류가 지나치게 자기만족적이 되었다는 사실도 간과할 수 없다. 인류는 비극적인 것의 의미를 상실했다. 아무도, 거의 아무도, 제일 힘이 세다고 여겨지는 나라에서일수록 불행이 가능하다고 생각하지 않는다. 어쩌다가 불행이 다가올 때면, 아무도 그걸 보고 싶어 하지 않는다.

또 다른 행태로는 지난 20년 동안 줄곧 이기주의와 단기적 관점, 타인에게 폐쇄적인 성향 등이 이타주의와 장기적 관점, 타인에게 열린 마음보다 많은 지지를 받아왔다는 점을 들 수 있을 것이다. 세계는 모든 점에서 과도했다. 지나친 경박함, 지나친 이기주의, 지나친 불성실, 지나친 불확실성. 지나친 부와 지나친 가난. 참을 수 없는 거품. 점점 더 재앙으로 변해가는 기후 상황. 끝없이 이어지는 낭비. 더 이상 존재 이유를 찾을 수 없는 퇴물 직업군과 시대착오적인 활동들. 생태학적인 요구, 그중에서도 특히 기후 온난화에 따른 변화 요구에 적응하지 않으려는 완강한 거부 움직임. 본질적인 것에 의미를 부여하지 않으려는 추세. 미래 세대에 대해 고려하지 않는 태도. 지나치게 비대하고 둔하며, 지나치게 관료화된 나머지 살기 위해서는 변해야 한다는 과제를 이해조차 하지 못하거나, 알아도 거부하는 낙후한 정치 체제. 과거에 누렸던 쾌락, 이제는 죽어가는 케케묵은 의식이 되어버린 그 관습을 포기할 엄두조차 내지 못하는 병든 사회.

마지막으로, 그렇지만 아마도 나머지 것들을 두루 설명할 수 있을 가장 핵심적인 행태로는 기초적인 위생 서비스로의 접근마저 허용되지 않는 경직된 사회상을 꼽을 수 있다. 현재 세계 인구의 45퍼센트 이상이 효율적인 위생 서비스의 혜택을 받지 못하고 있다. 40퍼센트 넘는 인구가 집에서 깨끗하게 손을 씻을 수 없는 형편이고, 20억이 넘는 사람들이 위생적인 화장실 혜택을 누리지 못한다. S. 쿠마르가 2017년 진행한 연구에 따르면, 세네갈에서 비누를 사용하는 가정은 전체의 20.8퍼센트에 불과하며, 차드의 경우는 이 비율이 55퍼센트, 토고는 65.4퍼센트 선에 머물고 있다. 적어도 세계 인구의 10퍼센트는 더러워진 물을 관개용수로 사용해 기른 식품을 먹는다. 지구 전체 인구의 절반 이상은 위생 상태가 의심스러운 도매 시장을 거쳐 소비자 손으로 들어가는 식품을 먹는다. 아마도 십중팔구 이번 전염병이 처음 발생했을 것으로 지목되는 우한 시장 같은 곳이 대표적이라 할 수 있다.

위에 열거한 사실들을 모두 고려해보건대, 우리 모두는 무의식적으로나마 어떤 방식으로건 이 모든 것이 더는 지속될 수 없음을, 이 모든 것을 더는 묵과해선 안 된다는 것을 알고 있었다고 짐작하게 해준다. 이 모든 것은 아무런 의미도 없으므로 모든 건 변해야 한다. 이제 더는 미루지 말고 행동에 나서야 한다. 그러기 위해서는 충격에 해당하는 뭔가가 있어야 한다는 것을 우리 모두는 막연하게나마 느끼고 있었다는 말이다.

현명한 선택을 한 나라들

이 괴물 같은 상황, 충분히 예상할 수 있었지만 실제로는 그렇게 하지 못했으며, 일단 일이 터진 다음엔 즉각적으로 정확한 이름을 붙여서 의미를 부여해야 마땅했을 상황 앞에서 사람들은, 전 세계적으로 아직 효과적인 치료법이 없으며 앞으로도 상당 기간 없을 것임을 깨닫기 시작했다.

과거 몇 차례에 걸쳐 축적된 팬데믹 경험을 통해, 다른 어느 나라보다도 앞서서 이와 같은 인식을 하게 된 나라는 한국이다. 한국은 2018년 12월, 그러니까 코로나바이러스가 출현하기도 전에 이미 훗날 현명한 결정이라는 평가를 받게 될 결정을 내렸다. 마스크 제작과 배급, 진단 검사 키트 제작과 실제 검사, 양성 판정을 받은 자들 및 그들의 밀접 접촉자 모두의 격리. 이렇게 세 가지다. 마스크 쓰기, 검사하기, 이동 경로 추적하기. 세 마디에 모든 것이 다 담겨 있다.

한국은 덕분에 모든 면에서 남보다 앞서가고 있다. 말하자면 지난 2년 동안 줄곧 이와 같은 유형의 전염병에 대비해온 상태인 것이다. 코로나바이러스 게놈의 새로운 염기서열을 신속하게 판독할 수 있는 유리한 조건(중국은 1월 12일 한국과 이 정보를 공유했다)을 백분 활용해 진단 검사 키트를 세심하게 가다듬었다. 예방의학을 전공한 의학박사가 이끄는 한국 질병관리본부는 보건에 관련된 모든 업무를 총괄한다. 필요한 경우라면 질병관리본부에 전권을 부여하는 법적 장치도 마련되어 있다. 개인 정보 수집을 위해 필요하다면 경찰과 사법계도 질병관리본부에 협조하도록 되어 있는 것이다. 물론 개인 정보는 익명 상태로 수집해야 한다. 언론과는 매일 두 번씩 만나서 경과를 공유한다. 바이러스에 감염된 자는 모두 분리해 이동 경로를 추적하고, 감염 확진 2주 전부터 이들과 밀접하게 접촉한 자들에 대해서도 하루 2회씩 전화 통화—GPS 추적은 하지 않는다—를 통해 2주 동안 추이를 지켜본다.

이런 방식으로 한국은 온 국민을 격리하지도 않았고, 경제를 완전히 멈추지도 않았다. 학교만이 유일하게 문을 닫은 기관이다. 수업은 온라인과 TV를 통해 진행되므로, 인터넷 접속이 어려운 가정의 어린이들을 위해 수만 대의 태블릿PC가 보급되었다.

2월 1일 마스크 착용이 보편화되었고, 검사는 2월 4일부터 시작되었다. 3월 9일엔 국가 차원에서 마스크 공급량이 부족하게 되자, 정부는 한국 사람 누구나 약국에서 일주일에 두 장씩 구입할 수 있을 정도의 분량을 제작 및 배급하기로 결정했다. 그리고 구입한 마스크는 반드시 착용할 것을 '강력하게 권유'했다. 마스크를 쓰지 않은 사람들은 그들에게 쏟아지는 곱지 않은 시선을 견뎌야 했다. 이윽고 5월 10일 정부가 폐쇄되었던 학교 문을 열려고 하는 시점에 한 젊은 청년이 여러 나이트클럽을 전전하면서 54명을 감염시킨 사례에서 보듯, 팬데믹이 다시금 대거 확산하는 추세를 보이자 그에 대한 감시도 한층 촘촘해졌다. 그리고 결과는 대성공이었다. 6월 23일 기준 한국은 총인구 5,200만 중에서 감염자 1만 2,535명, 사망자 281명이라는 상대적으로 매우 양호한 기록을 보이고 있다.

뒤에서 보게 되겠지만, 이는 4월 말 중국이 택한 방식과는 정반대 방식이다. 여기에 대해 질병관리본부의 이선규 위기분석 국제협력과장은 약간의 반어법을 섞어가면서 "중국의 경험에서 출발해 우리는 한국에서 실행에 옮길 수 있는 좋은 정책을 입안할 수 있었습니다. 물론 중국과 동일한 방식은 아니지만, 한국의 상황에 가장 잘 맞아떨어지면서 효과적인 방식을 택할 수 있었다는 뜻입니다. 중국이 워낙 훌륭하게 대처한 덕분에 우리는 어떻게 해야 코로나19를 예방하고 더 이상의 확산을 막을 수 있는지 미리 알 수 있었다고 해야겠죠"라고 설명했다.

한국만큼 효율적으로 대처한 다른 나라들도 있었다.

대만에서는 1월 24일부터 정부가 나서서 N95 마스크의 생산과 배급을 관리했으며, 대중교통 수단과 대다수 도시의 공공 건물 출입 시 마스크 착용을 의무화했다. 안전거리(실내에서는 1.5미터, 실외에서는 1미터) 준수도 강제되었다. 4월 7일부터는 모든 판매직과 식당 종사원들에게 마스크 착용이 의무화되었다. 한국에서와 마찬가지로 대만에서도 진단 검사와 감염자들의 이동 경로 추적을 게을리하지 않았다. 그 결과, 6월 23일 기준 대만은 감염자 446명, 사망자 7명 수준을 유지하고 있다.

　뉴질랜드에서는 2월 28일 총리가 "신속하고 강력하게 전염병과 맞서겠다"는 의지를 천명했다. 여성 총리는 대대적인 검사 체제를 확립했으며, 이를 위해 수십 개의 임시 실험실을 열었다. 3월 14일부터는 섬나라 뉴질랜드에 입국하는 사람 누구에게나 일정 기간의 격리가 강제되었다. 3월 19일엔 뉴질랜드에 거주하지 않는 외국인들에게 모든 국경이 폐쇄되었다. 6월 23일 기준 이 나라의 감염자 수는 1,516명이고, 이 중 사망자는 22명이다.

　아이슬란드의 대처 방식도 대단히 흥미롭다. 대부분의 방침(이동 경로 추적, 안전거리 2미터 확보 등)은 철저하게 자원자에 한해서 실시하는 방식에 토대를 두었다. 다른 나라에 비해 훨씬 적은 주민 수(36만 명)로 인해 아이슬란드는 단시간에 대대적인 검사를 실시할 수 있었다. 이 나라는 4월 중순에 벌써 전체 인구의 10퍼센트 이상이 검사를 마쳤다. 아이슬란드에 본사를 두고 국민의 유전자 연구 분야에서 첨단을 달리는 리더 기업 데코드 제네틱스는 아무런 증상을 보이지 않는 무증상자들에게까지 무료 검사를 제공했다. 이 나라는 엄격하게 통제되는 격리 조치는 취하지 않았고, 국경도 여느 때와 다름없이 완전히 개방했으며, 상가와 식당 등도 정상적으로 영업했다. 6월 23일 기준 아이슬란드의 감염자는 1,824명, 사망자는 10명으로 집계되고 있다.

베트남은 민주국가가 아니며, 오래전부터 대기 오염 때문에 마스크 착용이 일상화된 나라인데, 일찌감치 감염자와 그와 밀접하게 접촉한 자들의 식별에 나서서 이들을 모두 격리하는 정책을 시행했다. 몇몇 상점에서는 자진해 체온 측정을 실시했다. 공공장소의 입구엔 바닥에 표시를 해 안전거리 유지에 힘썼다. 대대적인 격리나 경제활동 중단 같은 처방은 실시되지 않았다. 6월 23일 기준 베트남의 감염자 수는 349명이며 사망자는 없다.

이스라엘 역시 2월 21일 첫 번째 감염자가 나오기 전부터 서둘러서 행동에 나섰다. 1월 30일엔 중국발 항공기의 이스라엘 입국이 금지되었고, 2월 17일엔 감염자들이 많이 발생한 아시아 지역 국가에서 오는 승객들의 입국이 금지되었다. 3월 10일엔 외국에서 들어오는 모든 사람에게 일정 기간의 격리가 의무화되었다. 3월 중순부터는 정부가 테러와의 전쟁 때 동원하는 방식에 준하는 디지털 감시 방식 — 전화를 통한 이동 경로 추적 방식 — 이 실시되었다. 슈퍼마켓 등에서 임의적인 검사도 시행되었다. 경찰과 군대의 순찰도 강화되었다. 4월 26일 이스라엘 최고법원은 국내 보안을 담당하는 신베트에게 코로나바이러스와의 투쟁에서 전화를 통한 감시 방식을 중단할 것을 결정했다. 6월 23일까지 이스라엘의 감염자는 21,512명, 사망자는 308명이다.

여기에 더해 모범적인 두 도시, 아시아의 두 (전제적인) 민주도시 사례도, 여느 때처럼 이번에도 대단히 특별하면서도 효율적인 부탄의 예도 열거할 수 있겠으나 개별적인 사례 소개는 이정도로 마무리하고자 한다.

이 나라들에 대해 굳이 흠을 잡는다면, 다른 나라들에도 중국의 길을 따라가지 말고 이들이 택한 길을 가는 것이 좋겠다고 미리 권유해주지 않았다는 점 정도일 것이다. 중국은 무엇보다도 스스로를 기만했으며, 남들에게도 거짓말을 일삼았다.

잘못된 선택을 한 나라들
: 중국이라는 스캔들

중국은 1월 말까지도 바쁘게 변해가는 상황에 대처하기를 거부하고, 지도자들(모두 고령)이 모여 공개적으로 당면 문제에 대해 토론하기도 거부했는데, 실상은 1월 셋째 주에 접어들었을 때 이미 한국식 전략을 그대로 모방하기엔 그들에게 여력이 없음을 시인할 수밖에 없는 상태였다. 중국엔 마스크도, 진단 검사 키트도 부족하고, 전국을 대상으로 감염자의 이동 경로를 추적할 수 있는 여건도 갖춰져 있지 않았다. 팬데믹이 말 그대로 폭발하는 것을 방지하기 위해, 사람들에게(특히 지도자들과 같은 세대에 속하는 고령층) 생존할 수 있는(적어도 외견상으로 또는 상징적으로나마) 기회조차 주지 않고 이들을 죽어가게 방치한다는 비난을 면하기 위해 중국 지도자들이 할 수 있는 일이라고는, 확산 속도가 너무 빠른 나머지 병원의 수용 능력을 초과해—중국 당국이 제공할 수 있는 치료라고 해도 순전히 유명무실한 연민 차원의 의례적인 것에 지나지 않지만—환자들이 밀려드는 일이 생기지 않도록 감염 속도를 늦추는 것이 고작이었다. 따라서 누구에게나 동등한 치료를 받을 권리를 보장한다는 픽션을 계속 써내려가야 할 필요가 있었다. 그 치료가 전혀 효율적이지 않다는 건 또 다른 문제였다. 무슨 수를 써서라도 감염자 수를 활용 가능한 중환자실 침상 수를 넘어서지 않게 제한해야 했다. 우리는 이런 식으론 삶에 가치를 부여할 수 없다. 이는 죽음이라는 볼거리에 더해지는 가치일지언정 삶을 존귀하게 여기는 가치 판단은 될 수 없다. 아무튼 그 같은 최소한의 목표나마 달성하기 위해 사용 가능한 유일한 수단은 격리뿐이었다.

2020년 1월 23일 한국과 대만, 그리고 다른 몇몇 나라가 경제를 멈춰 서게 하지 않는 훨씬 효과적인 다른 길을 선택하던 시점에, 공산국가 중국은 너무 늦게 상황 수습에 나선 나머지, 인민들에게 마스크를 제공할 여력도, 인민 모두의 감염 여부를 검사할 여력도 없는 궁한 처지임을 뒤늦게 깨닫는다. 이렇게 되자 패닉 상태에서 우한(인구 1,100만 명)과 황강(750만 명)을 비롯해 후베이성의 여러 주요 도시들로의 진입로를 폐쇄하고, 공장들을 닫았으며, 자택 격리 지침을 내린다. 일을 해야 하기 때문에 외출 허가를 받은 소수의 주민들에게는 체온 측정과 손 씻기, 마스크 착용, 이동 경로 보고 등을 의무화했다. 그럼에도 여전히 중환자실 침상 부족을 두려워한 중국 당국은 서둘러 임시 병원을 지었다. 1월 29일 자가 격리는 후베이성의 나머지 도시들과 다른 성들로 확대되었다. 일련의 이동 제한 내지는 격리 조치들이 실행에 들어갔다. 결과는 긍정적이었다. 20개의 성에서는 2월부터 4월까지 단 한 명의 감염자도 발생하지 않았다. 이에 따라 후베이를 제외한 나머지 지방들은 다시 개방되었다. 4월 중순 감염자 수가 급작스럽게 증가하자 베이징 정부는 스포츠클럽 폐쇄 등과 같은 일부 제한 조치를 다시 발동했다. 그 후 북동부의 헤이룽장성, 남부의 광둥성 등 여러 곳에서 새로운 집단 감염이 발생했다. 그때마다 중국은 그곳들을 폐쇄했다.

4월 22일 이후로 날마다 집계되는 공식적인 신규 감염자 수는 30명을 넘지 않았다. 심지어 5월 초부터는 이 숫자가 10명 아래로 떨어지기도 했다. 공식적으로 6월 23일 기준 중국은 감염자 8만 4,653명(사망자 4,640명)으로 세계에서 스물한 번째로 감염자가 많은 나라로 기록되고 있다. 그런데 이 숫자는 실제에 비해 매우 적게 평가되었을 것으로 짐작된다.

중국은 이 결과를 매우 성공적이라고 대대적으로 홍보하는데, 이는 더할 나위 없이 기가 막힌 실패와 실수, 거짓으로 점철된 결과일 뿐이다. 그리고 그 거짓말은 분명 전염병 확진자나 사망자 통계를 발표하는 과정에서도 계속되었을 것이다.

유럽이 저지른 크나큰 실수는
한국이 아닌 중국 방식을 따랐다는 것

(거의) 모든 다른 나라들이 민주국가 한국이 아니라 독재국가 중국의 모델을 따라하는 광경을 연출했다는 건 확실히 인류의 불운이다.

유럽의 일부 국가는 1월에 벌써 무슨 일이 벌어지고 있는지 깨닫기 시작했으며, 이때만 해도 얼마든지 한국이 택한 해결 방식을 택할 수 있었다. 중국에서도 1월 말엔 그럴 만한 여력이 있었던 것과 같은 이치다. 그런데 사람들은 그 가능성을 적극적으로 활용하지 않았다. 결국 팬데믹엔 제대로 발동이 걸렸는데도 각국 정부는 내내 손 놓고 있다가 3월 초, 그러니까 감염자 숫자가 병원의 호흡기 응급환자 수용 능력을 훌쩍 뛰어넘을 정도로 불어나자, 비로소 정말로 불안해하는 기색을 보이기 시작했다. 완전히 패닉 상태였다. 무얼 어떻게 해야 할 것인가?

임페리얼칼리지의 전염병 학자들은 마스크와 진단 검사 키트가 아니었다면, 전 세계에 70억 명의 감염자가 생겼을 것이고, 이들 중 4,000만 명은 2020년 안에 사망했을 거라는 끔찍한 추정치를 제시했다. 그리고 극도로 엄격한 격리 조치가 시행될 경우, 이들 중에서 3,870만 명은 바이러스로 인한 사망을 피할 수 있을 거라는 예측도 덧붙였다. 그들은 한국식 해결책에 대해서는 언급하지 않았다. 프랑스의 경우, 4월 22일 발표된 파리 보건의학 고등연구원의 한 연구에 따르면, 마스크와 진단 검사 키트가 없는 상태에서 격리 조치가 시행되지 않는다면, 67만 명이 입원하게 될 것이고, 그중에서 15만 5,000명은 중환자실에 입원시킬 필요가 있는 중증 환자일 것으로 내다봤다. 프랑스의 중환자실 침상 수는 4,000개에 불과하다는 사실을 상기하자. 어쨌거나 이 연구 결과는 한국식 해결책을 받아들이기엔 너무 늦게야 발표된 감이 있다.

2월 말, 아니 3월 초 시점에서 유럽이 취할 수 있는 최선의 결정은 대대적으로 마스크와 진단 검사 키트 생산에 돌입하고, 한국처럼 감염자들의 이동 경로를 추적해 감염 경로를 되짚어내는 일이었을 것이다. 섬유, 자동차, 기계, 패션, 명품, 항공 등 유럽 대륙의 모든 산업체들을 대대적으로 동원했어야 했다. 그러기 위해서는 전시 경제 체제로 전환할 필요가 있었다. 이 사람 저 사람의 개별적 선의, 호의에 의존해서 될 일이 아니었다. 아시아의 마스크 생산 업체에 구걸이나 하지 말고 진작부터 유럽에서의 생산을 주도했어야 했다. 모든 사람을 검사하고, 검사 결과가 양성인 자들은 격리시키고, 더 나아가 바이러스는 특히 폐쇄된 공간에서 전달 속도가 빠르다는 사실을 확실하게 깨닫고 이를 숙지해야 했다.

그렇게 하지 않았기 때문에 3월 중순 기어이 팬데믹 현상이 폭발하고야 만 것이다. 감염자 수가 병원의 수용 능력을 넘어서게 되는 위험이 현실화되기 시작했다. 유럽 전체가 패닉 상태에 빠졌다. 늘어나는 감염환자들이 그리는 가파른 상승 곡선이 완만한 평지처럼 평평해지도록 감소시켜 팬데믹의 폭발을 최대한 늦추는 것 외에 다른 해결책이라고는 없었다. 그러려면 최대한 많은 사람들을 집안에 격리시켜야 했다. 즉 경제를 올 스톱시키는 수밖에 없었던 것이다.

이는 당연히 참담하기 이를 데 없는 선택이었다. 그리고 비극적인 실책이었다. 뒤에 보게 되겠지만 적시에 마스크와 진단 검사 키트 생산에 돌입했다면 들어갔을 비용은, 전격적인 격리로 말미암아 전 세계에 야기된 불황으로 인해 촉발된 비용의 1만 분의 1에 불과했다.

세계 각국 정부는 이와 같은 어처구니없는 결과에 대해서 반드시 숙고해야만 할 것이다. 비록 그것이 거의 모든 나라에서, 거의 만장일치로, 동시다발적으로 일어난 실수였다고 하더라도 달라질 건 없다. 이 점에 대해서는 뒤에서 다시 언급하겠다.

더 고약한 건, 일부 공인들이 마스크와 진단 검사 키트를 생산하는 데 전력투구해야 한다고 뜻을 모으지 않고, 모든 기업들로 하여금 최대한 많은 마스크를 생산하도록 선뜻 나서서 호소하지 않고, 관료 사회가 보이는 거부 반응을 애초부터 막아서지 않고, 못마땅해하는 기업가들의 볼멘소리를 잠재우지 않고, 실수를 인정하는 용기도 발휘하지 않으면서, 마스크는 불필요하다, 검사 키트는 현장에 투입되기엔 적합하지 않다는 식의 거짓말로 대중을 호도했다는 사실이다. 실수는 용서받을 수 있지만, 거짓말은 아니다.

그것이 거짓말과 실패로 범벅된 것임을 알지 못한 채 중국식 해법을 따라간 각국 정부는, 조기에 마스크 착용이 결정되었더라면 충분히 제어할 수 있었을 상황에서 격리 지침을 내렸다. 그들은 마스크를 사용하게 하려면 그걸 배급해야 하는데, 그건 번잡하고 구차한 일이라고 강변했다. 결국 진단 검사 키트로 검사만 충분히 했으면 되었을 상황이었음에도, 아이들은 학교에서, 봉급생활자들은 일터에서 쫓겨났다. 각국 정부는 대도시 교외 또는 외떨어진 시골 마을의 요양원 또는 자택에서 진단받을 수단도, 감염자로 밝혀졌을 때 치료받을 여건도 갖추지 못한 채 살아가는 고령자들을 아예 까마득히 잊어버렸다. 때문에 이들은 아무도 신경써주지 않는 상태에서 검사 한 번 받아보지 못하고, 마스크 한 번 써보지 못하고, 호흡기 한 번 달아보지 못하고 속절없이 죽어갔다.

이렇듯 유럽은 3월 초까지만 해도 그럴 수 있는 여력이 있었음에도, 한국식 옵션은 전혀 고려하지 않은 채 중국 흉내를 내느라 전격적인 격리 외엔 다른 해법을 제시할 수 없었다. 이탈리아는 3월 10일, 스페인은 3월 15일, 프랑스는 3월 16일, 벨기에는 3월 18일에 각각 격리에 들어갔다. 미국도 사정은 다르지 않아서, 유럽과 같은 이유로 캘리포니아주는 3월 19일에, 뉴욕시는 3월 20일에 각각 격리 결정을 내렸다. 같은 날 모로코는 공중보건 긴급사태를 선언하면서, 국경을 닫고 경찰력의 빈틈

없는 감시 하에 엄격한 격리에 들어갔다(이 나라는 격리를 실시하는 동시에 마스크와 진단 검사 키트 대량 생산에도 돌입했다). 6월 23일까지, 모로코는 공식적으로 55만 6,695명을 검사한 결과 감염 사례 1만 344건에, 사망 214명으로 비교적 선방하고 있다.

차츰 자기들이 저지른 엄청난 실책을 인식하면서, 그럼에도 솔직히 이를 인정하지는 않은 채, 각국 정부들은 슬그머니 한국식 해법 쪽으로 옮겨가기 시작했다. 그러나 명백하게 드러나는 사실 앞에서도 그땐 그렇게 할 필요가 없었다는 식의 궤변을 늘어놓는 태도는 여전했다. 지금까지 정부가 여론을 상대로 이토록 시종일관 거짓말만 해댄 적은 없었다.

6월 23일 기준 프랑스에서는 2만 9,723명이 코로나바이러스로 사망했고, 이탈리아에서는 4,675명, 독일에서는 8,924명, 영국에서는 4만 3,011명이 사망했다.

4월 중순 영국은 일주일에 2만 건의 검사만 실시했는데, 이 숫자가 이탈리아와 스페인에서는 약 30만 건, 독일은 35만 건까지 올라간다. 한편 프랑스에서는 4월 6일부터 12일까지의 기간 동안 16만 건의 검사를 실시했으며, 같은 달 마지막 주엔 진단 건수가 28만으로 올라간다. 5월 11일까지는 일주일에 70만 건의 검사를 실시하겠다는 목표를 세웠으나 여기엔 도달하지 못했다.

격리는 이제 전 세계로 확산되었다. 다른 지역, 다른 나라들에서도 마스크와 검사 키트가 없어서 일을 하지 못하고, 그렇게 되니 지구촌의 수억 명이 수입이 한 푼도 없는 빈털터리 상태에 놓이고 말았으며, 처음엔 수억 명이던 강제 휴무자가 차츰 수십억 명으로 늘어났다. 3월 18일 총 5억 명이던 격리자 수는 3월 21일 10억 명으로 증가했다. 3월 24일 인도까지 격리에 들어간다고 발표함으로써 격리자 수는 26억 명으로 늘어났는데, 이는 세계 인구 전체의 3분의 1에 해당된다. 4월 2일엔 39억 명, 즉 세계 인구 절반 이상이 격리 상태에 놓이게 되었으며, 4월 7일엔 거의 100개 국가에서 40억 6,000만 명이 강제 격리를 당하거나 자가 격리 권유를 받는 처지가 되었다. 5월 초엔 감염자 수가 줄어들기 시작했으나, 그럼에도 여전히 30억 명이 격리 상태에서 벗어나지 못했으며, 5월 19일엔 이 숫자가 20억 명으로 줄어들었다.

어쨌거나 공식적으로는 그렇다는 말이다. 이렇게 이야기할 수밖에 없는 것이, 대부분 의회의 심사 과정 없이 내려진 이 격리 결정은 지역에 따라 매우 들쑥날쑥하게 적용되었으므로, 실제로 현장 사정이 어떤지를 보여주는 믿을 만한 집계는 기대하기 어렵기 때문이다. 격리가 현실적으로 불가능한 곳, 가난한 나라의 빈민촌 같은 경우라면 특히 그렇다.

무관심으로 죽음과 맞서기

몇몇 나라는 전체 국민의 상당 비율이 항체를 형성하도록 의식적으로 바이러스를 확산시키는 정책을 고수하기도 했다. 스웨덴과 브라질이 명시적으로 그러한 정책을 펼친 대표적 사례에 해당된다면, 미국은 그 두 나라보다는 덜 노골적이긴 하나, 그럼에도 이와 같은 의도를 공유해 이를 은근하게 실시했다고 할 수 있다. 아프리카의 일부 국가들을 비롯해 다른 몇몇 나라에서는 필요에 의해서 어쩔 수 없이 그 같은 정책을 택했다. 이런 나라들의 경우는, 그러므로 젊은이들의 일을 우선시함으로써 나이 든 사람들의 건강이 뒷전으로 밀렸다고 할 수 있다.

인구 밀도가 매우 낮은 탓에 감염 위험도 구조적으로 매우 낮은 스웨덴에서는 50명 이상이 한자리에 모이는 집회 금지, 노인 요양원 방문 금지, 카페나 식당에서 카운터 자리에서의 음료수 소비 금지 정도가 유일하게 내려진 제한 조치였다. 대학과 중고등학교도 문을 닫았다. 하지만 대대적인 검사는 없었으며, 유치원생들과 초등학생들은 계속 등교했다. 그 나머지 기관들에 대해서는 문 닫을 것을 권유하는 정도로 그치고 각자의 판단에 맡겼다. 스웨덴 보건당국은 4월 15일 감염자 수가 그 정점을 찍었다고 발표했다. 스칸디나비아반도의 다른 이웃 나라들에 비해 감염자와 사망자 수가 많은 데다, 각계 전문가와 학자들로부터 당장 노선을 바꿔야 한다는 압력을 받아온 스웨덴 정부는 내내 같은 정책을 고수하고 있다. 6월 23일 기준 스웨덴 상황은 전체 주민 1,000만 명 가운데 감염 6만 837명, 사망 5,161명으로 집계되고 있다.

미국에서는 월스트리트에서 거래되는 주가에만 집착하는 대통령이 강제적인 격리 방침을 원하는 연방정부 공무원들이나 각 주지사들에 대해 반대 입장을 취했고, 미국 국민들은 그런 대통령을 지지했다. 할아버지와 할머니들은 심지어 자식들과 손주들이 일자리를 얻을 수만 있다면 자신들은 기꺼이 죽음의 위험도 감수하겠노라고 장담했다. 미시간주에서는 무장한 시위 인파들이 4월 30일 저녁 주의사당으로 진입해 주지사가 결정한 격리 조치를 당장 해제하라고 요구하기도 했다. 미국에서는 아무도 적절한 시기에 한국이 택한 방식, 미국이라는 초강대국이라면, 시기만 놓치지 않았다면 얼마든지 실행에 옮길 수 있었을 그 방식에 대해 언급하지 않았다. 트럼프는 미국 사회의 감염이 정점에 도달한 시기는 4월 16일이라고 선언했는데, 솔직히 이날 이후 미국에서의 감염자 수 감소 추세는 6월 23일까지, 아시아와 유럽에 비해 그다지 뚜렷하게 감지되지 않고 있다. 아무튼 6월 23일 기준 미국은 감염자 235만 명, 사망자 12만

1,225명을 기록하고 있는데, 이 가운데 4분의 1은 뉴욕시에서 발생했다. 뉴욕, 특히 인구 밀집 정도가 심한 빈민가에서 희생자들이 대거 발생한 것으로, 이는 바이러스가 주로 폐쇄된 장소에서 빠르게 확산된다는 사실을 보여주는 확실한 증거라고 하겠다.

2억 1,000만 명의 인구를 자랑하는 인구 대국 브라질의 경우, 몇몇 주들은 자이르 보우소나루 대통령의 의지에 맞서서 격리 조치를 발동시켰다. 보우소나루 대통령은 브라질 경제의 활성화를 최우선 과제로 생각하는 인물이다. 그렇긴 해도 그는 한국식 해법을 적용하진 않았다. 브라질의 남동부, 북부, 북동부의 여러 주에서는 집중 치료 시설이 금세 포화 상태에 이르렀다. 아마조나스(북서부)주와 세아라(북동부)주의 상황은 특별히 더 재앙에 가까웠다. 아마조나스주는 바이러스에 대단히 취약한 다양한 원주민 종족이 거주하는 곳이다. 이곳의 경우(주민 100만 명당 사망자 640명 꼴), 상파울루주(주민 100만 명당 사망자 274명)에 비해 사망자 비율이 거의 60퍼센트나 더 높다. 6월 23일 기준 브라질의 공식 집계는 감염 114만 5,906명에 사망 5만 2,645명으로 되어 있다. 그러나 실제 숫자는 이보다 15~20배 정도는 될 것으로 짐작된다. 브라질은 2020년 여름 내내 팬데믹의 주요 진앙지가 될 것으로 보인다.

지구상에서 주민들의 평균 연령이 가장 젊은(인구의 60퍼센트가 25세 미만) 아프리카 대륙은 현재로선 상대적으로 전염병 위협에서 비껴나 있다. 아마도 이전에 경험한 다양한 바이러스와의 접촉으로 주민 상당수가 여러 종류의 항체를 지니고 있기 때문일 것으로 보인다. 아프리카인들, 그중에서도 특히 중부 아프리카에 거주하는 사람들은 에볼라 창궐로 팬데믹에 대해 확실하게 학습한 바가 있어서 전염병 초기부터 체계적인 검사를 실시했다.

그러나 팬데믹이 지금 같은 속도로 계속 번져갈 경우, 아프리카는 감염 확산을 막을 여력이 없다. 마스크도, 진단 검사 키트도, 호흡기도 거의 없는 상태이기 때문이다. 몇몇 나라의 경우, 주민 2,000만 명에 호흡기라고는 달랑 5대 밖에 없을 정도로 의료 시설이 열악하다. 초기에 거의 모든 곳에서 격리 조치를 실시했으나, 도시 주민 전체의 4분의 3이 거주할 만큼 인구 밀집도가 매우 높은 빈민가에서는 현실적으로 실행이 어렵다. 남아프리카공화국에서는 격리 조치의 차질 없는 준수를 위해 7만 명이 넘는 군인이 동원되기도 했다. 나이지리아에서는 4월 중순경 격리 조치를 지키지 않았다는 이유로 18명이 목숨을 잃은 것으로 알려졌다.

격리 조치는 5월에서 6월을 거치면서 나이지리아, 카메룬,

코트디부아르, 가나, 남아프리카공화국 같은 몇몇 나라에서는 점진적으로 해제되었는데, 이는 기아와 빈곤의 증대로 인해 지나치게 사회가 혼란해지는 사태를 막기 위한 선제적 조치였다고 판단된다. 격리 조치가 완화되자 감염은 급속도로 확산되기 시작했으나, 그럼에도 다른 대륙들에 비해 감염자와 사망자 수는 상대적으로 적은 편이다. 5월 24일 아프리카 대륙을 통틀어 감염자는 11만 3,348명이었는데, 6월 15일엔 이 숫자가 대략 25만 명으로 늘어났고, 6월 23일까지 32만 4,696명으로 집계되면서, 아프리카 대륙 내부에서 감염이 가속화되고 있음을 보여준다.

여기에 더해, 팬데믹으로 인해 의료 장비와 시설 분배가 심하게 왜곡되면서, 상대적으로 경계와 치료가 소홀해진 다른 전염병들도 확산되어가는 추세를 보이고 있다. 예를 들어 말라리아(세계에서 해마다 거의 100만 명이 이 병으로 목숨을 잃는다)의 경우, 감염자가 2억 6,000만 명을 넘어섰으며, WHO는 지금부터 올해 말까지 감염자가 11퍼센트가량 증가할 것이며, 이에 따라 이 병으로 인한 사망자 수도 최소한 43퍼센트 이상 늘어날 것으로 전망한다.

아울러 대부분의 예방 접종이 중단된 상태다. 유니세프 측은 아프리카와 아시아의 백신 수입이 2020년 3월 이후 70~80퍼센트 정도 감소했다고 발표했는데, 이는 이 무렵부터 각국의 많은 항공기들이 운항을 중지했기 때문인 것으로 분석된다. 그러므로 홍역, 황열병, 또는 결핵 같은 질병마저 들불처럼 퍼져나갈 위험도 간과할 수 없다. 실제로 콩고에서는 홍역 확산세가 심각하다.

의료진, 마스크, 진단 검사 키트를 확보하기 위한 전투

이 같은 대혼돈의 이면에서는 전 지구적인 전투가 한창이다. 각국이 최대한의 의료진과 장비, 호흡기, 마스크, 진단 검사 키트를 확보하기 위해 혈투를 벌이고 있기 때문이다. 그러나 전 세계의 수요를 충족시키기엔 생산량이 턱없이 부족하다.

무엇보다 의료진 확보가 급선무다. 북반구 국가들에서 활동하는 의료진 상당수는 남반구 국가 출신이다. 필리핀에서는 2008년부터 2012년 사이 7만 명의 간호사가 고국을 등졌다. 미국의 간호사 15만 명 가운데 필리핀 간호사가 차지하는 비율은 4퍼센트에 이른다. 필리핀의 간호사들은 미국 외에 사우디아라비아, 일본, 스페인 등의 나라로도 진출했다. 아무튼 의사, 간호

사, 간호조무사, 의료 기기 엔지니어 등 의료계 각 분야에서 손이 딸린다고 아우성이다. 더구나 이 분야에서는 부족한 일손을 하루아침에 메울 수 없다는 특수성까지 존재하는 까닭에, 다른 의국에서 일하는 인력을 중환자실로 보내 급한 불을 끄는 것만이 단시일 내에 인력을 충원할 수 있는 유일한 방법이다. 하지만 이렇게 되면 다른 질환으로 고통받는 환자들의 상태가 위협을 받게 된다.

장비로 말하자면, 상황이 훨씬 더 참담하다. 이론적으로 볼 때, 매일 세계적으로 마스크 100억 장, 진단 검사 키트 1억 개, 1,000만 개의 호흡기가 필요하다. 그리고 중환자실 운영에 차질이 없으려면 역시 같은 수량의 장비가 공급되어야 한다. 그런데 2020년 1월 세계가 생산해내는 양은 여기에 한참 못 미쳤다. 심지어 2020년 5월에도 사정은 나아지지 않았다. 몇몇 나라는 생산량을 많이 늘렸으나, 자국 수요에 대비해 나라 밖으로는 절대 내보내지 않았다. 그런가 하면 타국으로 일부 수출하는 나라도 있긴 했으나, 이 경우 가격을 대폭 올려 받았다. 물론 자국의 수요도 충족시켜가면서 수출까지 독려하는 나라들도 없지 않았다.

어느 정도 규모가 되는 호흡기 생산 회사의 대다수(벡톤 디킨슨, 메드트로닉, GE헬스케어)는 미국, 네덜란드(필립스), 독일(드레거) 등지에 포진하고 있다. 2020년 3월 이후 이곳들 외에도 다른 많은 기업이 의료 장비 생산에 뛰어들었다. 프랑스에서는 에어 리키드가 앞장섰다. 미국에서는 벤텍 라이프 시스템스의 지원을 받은 제너럴 모터스가 대표적이다.

그래도 여전히 부족분을 메우기엔 역부족인데, 인도, 라틴아메리카와 아프리카 등지에서 감염 확산이 가속화되기 때문에 더욱 그렇다. 개발도상국들에 있어서 이 정도의 팬데믹은 유럽이나 한국이었다면 목숨을 구할 수도 있었을 적잖은 사람들을 사망으로 몰아간다.

중환자실에서 이뤄지는 소생 치료에서 중요한 역할을 하는 큐라레(curare, 방기과 또는 마전과에 속하는 식물의 껍질에 들어 있는 알칼로이드를 통틀어 일컫는 말. 원래는 남아메리카 원주민들이 사냥할 때 화살 끝에 바르는 독으로 사용되었으나 현대 의학에서는 전신마취제 보조제로 주로 쓰인다 – 옮긴이)에 대한 수요는 2019년 12월부터 2020년 5월 사이의 기간 동안 무려 20배나 증가했다. 전 세계에서 이 물질을 생산하는 주요 생산자들은 미국의 머크 샤프 앤드 돔(Merck Sharp and Dohme, MSD)과 남아프리카공화국의 아스펜으로, 이들이 생산하는 양만으로는 수요를 따라가지 못한다. 그러므로 전 지구적으로 이에 대한 해결책을 찾느라 골몰한다. 중요한 물질의 결핍은 팬데믹이 남반구의 인구 대국들을 강타할 경우, 많은 사람에게 치명적이 될 수도 있기 때문이다.

한편 진단 검사 키트(감염 여부 검사와 완치 판정을 위한 검사용)와 관련해서는, 우리가 이미 봤듯 수백 개 기업이 1월부터 본격적인 연구에 들어갔다. 그럼에도 실제 생산량은 매우 부족하다. 마찬가지로 감염 경로 추적 분야에서는 수없이 많은 애플리케이션들이 등장했으나, 현재로서는 어느 하나도 신뢰할 만하지 않은 데다 법적 규제에서도 자유롭지 못하다.

마스크의 경우도 마찬가지다. 중국은 7,000개 기업을 동원해 2월엔 하루 2,000만 장, 4월엔 2억 장의 마스크를 생산했다. 이는 전 세계 마스크 생산량의 거의 절반에 해당하는 양이다. 그렇지만 이 정도로는 중국 내수만 감당하기에도 부족하다. 중국의 마스크 수출 물량은 너무도 제한적이고, 더구나 중국 기업들이 선지급금을 대금의 30퍼센트 수준으로 요구했던 코로나 사태 이전 관행과는 달리, 주문과 동시에 고객이 대금 전액을 현금으로 결제해줄 것을 요구하고 있다.

그뿐 아니라 여기에 정치까지 끼어들어 상황을 더 복잡하게 만든다. 중국은 마스크를 제공하면서 자국 이미지를 고양하는 데 필요한 온갖 홍보를 곁들이는 것으로도 모자라 국제적인 협상에서 중국 입장을 지지해줄 것을 요구한다. 꼭 그런 게 아니어도, 최소한 자기들이 전 세계에 이번 팬데믹을 퍼뜨린 책임자로 간주되는 일만큼은 피하고 싶어 한다.

한국은 2020년 2월까지만 해도 마스크를 수출하다가 3월 5일 부로 수출을 중단했다. 국내 수요 충족에만 집중하기 위해서였다. 그래도 예외는 있었다. 5월 초 한국 정부는 한국전에 직간접적으로 참가한 국가들의 참전용사들과 해외동포들을 위해 100만 장의 마스크를 국외로 내보냈다. 아울러 한국 정부는 인도주의적 차원에서 공식적으로 마스크를 요청해오는 국가가 있다면 예외적으로 수출을 허가하겠다는 입장도 표명했다.

베트남은 자국이 보유한 대대적인 생산 설비를 마스크 생산으로 돌려 중국의 경쟁자가 되기를 자청했으나, 하루 생산량이 1,300만 장에 머무는 수준이므로 아직은 명실상부한 중국의 경쟁자가 되기엔 이른 감이 있다.

1월까지는 아예 마스크를 생산하지 않았던 모로코는 산업부가 나서서 섬유 공장들을 징발, 5월부터는 하루에 1,000만 장을 생산하고 있으며, 이 중 일부는 유럽으로 수출한다.

프랑스는 개인 주도의 솔선 행위(양적인 면에서 보자면 미미한 수준에 머물렀다)를 제외한다면, 2019년 12월부터 2020년 1월, 2월, 3월, 4월, 5월이 다 가도록 대량 생산을 위한 단 한 건의 산업 시설 징발도 없었다. 마스크 생산을 위해서도, 진단 검사 키트 생산을 위해서도 정부 측에서 아무런 행동도 하지 않았다는 뜻이다. 그런 것들을 생산할 충분한 여력이 있었음에도, 그것도 아주 대대적으로 생산할 수 있었음에도 말이다. 비극적인 판단 착오가 아닐 수 없다. 10년 전 마련해둔 비축분을 해를 거듭할 때마다 지속적으로 갱신하지 않은 판단 착오에 더해진, 또 하나의 판단 착오.

마스크를 생산하지 않는 국가 또는 도시들은 마스크를 확보하기 위해 투쟁을 벌여야 한다. 목적 달성을 위해서는 굴욕도 감수해야 한다. 베를린은 중국에 넣은 주문을 미국이 빼돌렸다면서 이는 "현대판 해적질"이라고 맹비난했다. 프랑스의 여러 지방이며 도시들도 미국 출신 무역업자들이 중국 측에 더 유리한 조건을 제시함으로써 자신들이 먼저 체결한 모든 계약을 무용지물로 만든다고 비난한다.

공중보건 분야에 휩쓸아친 쓰나미로 야기된 경제적·사회적 위기로 인해 모든 차원에서 각자도생이 보편화되어가는 신호라고 해야 할 것인가.

과연 일시적인 위축일까?

이 모든 현상의 효력은 어떻게 될까? 그것을 측정하기 위해서는 감염 확진자 한 명이 평균적으로 얼마나 많은 사람을 감염시켰는지를 보여주는 알제로(R₀), 즉 기초감염재생산수의 변화 추이를 살펴야 한다. 알제로가 1보다 클 경우 전염병은 계속 확산되며, 1보다 작을 경우 감염 확진자들이 그들의 수보다 적은 수를 감염시키게 되어 질병이 잦아들게 된다. 중환자실 입원환자 수, 하루당 사망자 수, 하루당 신규 확진자 수 등의 지속적인 관찰을 통해서도 알 수 있다. 단, 이러한 자료는 신중하게 접근하고 해석해야 하는데, 그날그날 얼마나 많은 검사를 실시했느냐에 따라 큰 차이를 보일 수 있는 수치이기 때문이다.

한국식 해법을 채택한 나라들의 경우, 질병이 폭발적으로 확산되는 경우는 관찰되지 않고 있으며, 뚜렷한 하락 추세를 보인다. 한국에서는 4월 18일부터 5월 9일까지의 기간 동안 매일 신규 확진자가 20명을 넘지 않았다. 4월 18일 이후로는 코로나바이러스로 인한 사망자 수도 하루에 세 명을 넘은 날이 없다. 5월 중순과 6월 중순에 잠시 몇몇 사람의 부주의로 감염자 수가 일시적으로 늘어나는 사태가 발생했으나, 다행히 일찍 발견되어 통제 가능했다. 덕분에 모두가 두려워하던 제2의 대규모 감염 사태는, 현재로선 일어나지 않았다.

중국식 모델을 따른 나라들에서는 2020년 4월 초 이후 불안정하게나마 감염자 수 하락 국면을 보이고 있는데, 이는 때로

애매모호한 정도를 넘어서서 기만적일 수 있다.

3월 12일 중국의 국가위생건강위원회는 전염병은 이제 정점을 지나 하강 국면에 들어섰다고 발표했다. 하지만 이는 사실이 아니다. 이탈리아에서는 중환자실 입원자 수가 4월 3일 정점(이탈리아 시민보호국에 따르면 이날 중환자실 입원자 수는 4,068명이었다)을 찍은 이후 지속적으로 줄어들고 있다. 이탈리아의 공식 집계에 따르면, 이 나라의 확진자 수가 최고로 많았던 날은 3월 21일이었다.

프랑스는 격리 조치 덕분에 알제로가 3.5에서 0.6 미만으로 떨어졌다. 신규 감염자 수는 4월 1일 이후 큰 폭으로 줄어들고 있다. 누적 확진자 수 그래프도 4월 15일 이후 뚜렷한 하강 곡선을 그린다. 누적 확진자 수 대비 하루당 신규 확진자 증가 비율은 4월 초부터 눈에 띄게 줄어들었다(전체 확진자 수가 두 배로 증가하는 데 걸리는 시간은 점차적으로 늘어나, 3월 31일부터 4월 13일까지는 3일에서 14일이었다가, 4월에 들어서는 20~30일로 늘어났다). 병원 입원 환자들 가운데 신규 사망자 수 또한 4월 8일 이후 현저하게 줄어들었으며, 병원에서의 누적 사망자 수는 4월 중순 이후 가파르게 하락했다. 중환자실 입원 환자 수는 전염병 발생 초기엔 하루에 700명 선이었으나 4월 중순엔 200명 선으로 떨어졌다. 5월 19일엔 신규 사망자가 104명에 불과했고, 6월 23

일엔 57명으로 줄었다. 5월 19일엔 집중 치료를 받는 환자 수가 2,000명 선을 약간 밑돌았으나, 6월 23일엔 4,500명(위기 발발 초기 사용 가능한 중환자실 침상 수)을 넘어설 것이라는 우려와 달리, 이 숫자도 682명으로 줄어들었다.

3장

일시 중단 사태를 맞은 세계 경제

Une économie mondiale en suspens

생명경제로의
전환

이번 공중보건 관련 쓰나미로 말하자면, 우리는 해결책을 알고 있다. 예방 백신과 치료제가 그 해결책이니 말이다. 그 해결책이 준비되기를 기다리면서, 더 이상 대대적인 격리 사태를 겪지 않기 위해서는 마스크를 착용하고, 감염 여부를 검사받으며, 감염되었을 경우 감염 경로를 추적하고, 그럴 필요가 있다고 인정되는 사람들만 격리시키면 된다.

그런데 경제 쓰나미와 관련해서는 그 해결책이 훨씬 덜 명확하다. 그도 그럴 것이 이번 경제 쓰나미는 이제껏 경험해본 적이 없는 전혀 새로운 유형의 위기, 요컨대 자발적 결정에 따른 위기이기 때문이다. 이번 위기는 금융 위기가 아닌 실물 경제의 위기이며, 그 규모를 가늠조차 할 수 없는데다, 정도가 얼마나 심각하며 얼마나 다양한 양상으로 나타나게 될지 제대로 짐작하는 사람도 아주 드물다.

전적으로 새로울 뿐 아니라 강도를 상상하기 어려운 엄청난 사태에 당면해, 각국 지도자들은 우선 현실을 부정하는 태도부터 보였다. 이어서 사태의 심각성을 애써 부인하더니, 결국 세계를 일단 강제 휴식 상태로 몰아넣었다. 그러다 보면 저절로 사태가 잠잠해지리라고, 그리고 이전 상황으로 돌아갈 수 있을 거라고 기대하면서 말이다.

그런데 그런 태도만 가지고는 안 될 것이다. 사태를 관망하면서 이 위기 사태가 초래하게 될 급격한 변화에 미리 대비하지 않는다면, 일시 정지 상태에 머물러 있는 우리의 실재를 잠깐, 아주 짧은 순간 동안만 가까스로 붙들어놓는 데 그치고 말 테니 말이다. 그다음엔 추락이 있을 뿐이다. 바닥 모를 추락.

그러니 여러 사실들이 동시다발적으로 발생하고 맞물려 돌아가는 기제와 그 기제들을 이해하기 위해 숙지해야 할 모든 숫자들을 짚고 넘어가는 일은, 비록 지루하고 따분하게 여겨질지라도, 꼭 필요하다. 앞으로 전방위적으로 우리 눈앞에 펼쳐지게 될 여러 국면이 함축하는 가공할 만한 의미를 제대로 파악하기 위해서 반드시 그 같은 밑 작업이 선행되어야 한다. 적어도 향후 10년 동안 우리가 치러야 할 대가가 어느 정도인지 계산하기 위해서도 그러한 과정은 반드시 거쳐야 한다.

지금까지 겪은 건
아무것도 아니라는 충격적 깨달음

먼저, 2020년의 첫 몇 주 동안, 아니 첫 몇 달 동안, 전 세계 여러 나라의 고위급 지도자들은 중대한 팬데믹의 발생에 대해서 믿고 싶어 하지 않았다. 그들은 그저 계절이 되면 찾아오는 독감 정도일 거라고, 그러니 그깟 독감의 확산 속도를 늦추자고 경제 흐름에 해를 끼칠 수 있는 호들갑을 떨 수는 없다고 생각했다.

모든 건 1월 말 중국에서 시작되었다. 우한(인구 1,100만)과 황강(750만)에서는 자동차 설비 공장과 그 공장에 부품을 대는 협력업체 공장들이며 반도체 공장, 화학 및 금속 기업들이 음력설 연휴를 마치고 의당 작업을 재개했어야 마땅함에도 이상하게 계속 닫혀 있었다. 중국의 다른 여러 도시에서도 설 휴가가 연장되었는데, 2월 9일이 되도록 거기에 대해 아무런 설명이 없었다. 특히 전 세계에 공급되는 노트북의 4분의 1을 생산하는 충칭의 사정도 다르지 않았다. 저장성, 장수성, 광둥성 등에 밀집해 있는 공장들도 전체적으로 2월 9일까지 가동을 멈춘 상태였다. '필수적'이라고 간주되는 생산 활동만 차질 없이 유지되었으며, 일부 전략적인 기업들의 활동도 정상적이었다. 가령 화웨이는 광둥성의 동관 공장에서 평소대로 생산 활동을 이어간 반면, 같은 광둥성의 대다수 공장은 문을 열지 않았던 것이다. 2월 한 달 동안 중국의 실업률은 기록적인 6.2퍼센트까지 치솟았다. 그런데 아무도 걱정하지 않았다. 3월이 되면서 중국의 공장들은 작업을 재개했다. 2월 말 사람들은 중국의 1분기 국민총생산은 2019년 같은 기간에 비해 6.8퍼센트 감소하리라고 예측했다. 그런데 아무도 이 사실을 알지 못했다.

세계의 다른 곳에서는 그러므로 모든 소란이 사소한 국지적 문제에 불과한 모양이라고, 중국이 그 문제를 빠른 시일 내에 해결할 것이라고, 그러니 세계 경제 예측과 관련해서는 아무것도 바꿔서는 안 된다고 생각했다.

서양의 일부 인사들은 그럼에도 그때 벌써 중국이 아주 짧은 시간 동안 국지적으로 산업 생산을 멈춘다는 것은, 그 자체로 이미 대단히 심각한 사안이라는 의견을 내놓았다. 왜냐하면 이는 공급 위기(생산 중단으로 인해)인 동시에, 수요 위기(중국인들의 수입 감소로 인해)이기 때문이라는 것이었다. 그러나 이들의 주장을 귀담아 듣는 사람들은 없었다. 나도 그와 같은 주장을 한 사람들 가운데 한 명이다. 이들은 팬데믹의 양상이 정말이지 너무도 심각하기 때문에 중국이 빠른 시일 내에 이를 극복하기 어려울 것이고, 따라서 한국과 대만이 어떤 방식으로 이에 대처하는지를 면밀히 관찰할 필요가 있다고 강조했다.

부정
: 고독의 경제

한국과 대만, 베트남, 그 외 몇몇 나라는 이번 대유행병을 훨씬 효과적으로 관리한 덕분에, 외부 수요 감소라거나 생산을 위해 필요한 부품을 다른 나라로부터 공급받기 어려운 상황 때문에 불가피하게 생산이 둔화된 현상을 제외한다면, 폐쇄된 공장은 단 한 곳도 없고, 생산 활동에도 제동이 걸리지 않았다.

다른 곳, 그러니까 중국, 유럽, 미국, 그리고 그들의 뒤를 이어 세계의 많은 나라에서는 격리 방침을 일반화하면서 근로자들이나 소비자들이 모일 기회 자체가 원천적으로 봉쇄되었다. 이들 나라들은 사회가 굴러가는 데 필수적인 분야, 곧 의료 부문, 군대, 경찰, 경비 인력, 도로 관리, 운송, 식품(유통) 업계, 농부, 도살장, 통조림 제조업, 어부, 에너지, 위생 부문, 물 관리, 통신, 디지털 관련 업무, 택배, 그리고 대중교통과 토목 공사 분야 같은 데서 일하는 사람들에게만 지속적으로 작업 현장을 개방하는 전략을 고수한다. 자영업자처럼 적은 인력으로 운영되는 작업장도 문을 닫진 않았다. 이러한 직업군에 종사하는 사람의 비율은 나라에 따라 다르지만, 전체 근로자의 30~40퍼센트를 차지한다. 우리는 이들에게 아무리 고마워해도 지나치지 않다.

그 외 다른 공장이며 작업장, 공사장, 상점들은 모조리 문을 닫았다. 학교, 대학, 식당, 미용실, 술집, 호텔, 화랑, 영화관, 극장, 콘서트장, 운동장, 강연장, 항공 회사, 크루즈 회사, 스포츠 클럽들도 모두 닫혔다. 그런 업장에서 직접 일을 하거나, 그런 곳과 연계해 일하던 사람들은 졸지에 실업자가 되었다. 주유소처럼 강제로 폐쇄되진 않았으나 손님이 없어 문을 닫게 된 곳도 적지 않다. 그런가 하면 일부 서점처럼 문을 열어도 괜찮았을 텐데 강제로 폐쇄된 곳들도 있다.

기술적으로 가능하기만 하다면 모두가 회사로 출근하는 대신 디지털 기기 등을 이용해 원격근무에 들어갔다. 이번 기회에 재택근무, 원격근무가 가능한 직종이 막연히 생각했던 것보다 훨씬 많다는 사실이 확인되었다. 공공 부문, 민간 부문의 간부급, 서비스 업종에 종사하는 직원, 중앙 정부나 지자체에서 활동하는 정치 지도자, 그리고 대다수의 교수가 모두 여기에 해당된다. 사실 재택근무로 말하자면, 미국에서는 벌써 오래전부터 적극적으로 활용되어왔다. 대학 교육을 받은 미국인의 30퍼센트는 이따금씩 재택근무를 하며, 북유럽 국가들, 특히 덴마크 같은 나라에서는 일주일에 이틀 정도는 재택근무를 하는 경우가 흔하다. 이러한 나라들에서는 근로자가 출근을 성실하게 하는지, 몇 시간을 일하는지보다 그의 실적이 평가 기준이 되므로, 그렇지 않은 나라들에 비해 일하는 여성의 비율이 높다. 언론계, 콜센터, 가상 엔터테인먼트 ─ 신 메뉴 제작 과정만 빼고 ─ 같은 분야에서는 이미 재택근무가 일상화되어 있었으나 이번 사태를 계기로 그와 같은 추세가 한층 더 강화되었다. 이러한 업종의 비율도 나라에 따라 다르긴 하나, 대략 전체 근로자의 20~40퍼센트 정도가 여기에 속한다고 볼 수 있다. 부자 나라일수록 재택근무의 비율이 높다. 미국이 이 비율이 가장 높다는 건 그러니 놀라운 사실이 아니다. 당연한 말이지만, 재택근무를 선택할 수 있는 가능성은 근로자의 사회적 지위와 밀접하게 연계되어 있다.

이번 코로나바이러스 사태로 일부 기업은 속된 말로 대박이 났다. 예를 들어 캘리포니아에 본사를 둔 화상회의 전문 기업 줌은 2019년 12월부터 2020년 4월까지 사용자가 무려 30배나 늘어나는 기염을 토했다.

프랑스에서는 강제 격리 기간 동안 25퍼센트의 근로자가 (거의) 매일 일터에 출근했다. 재택근무와 회사 출근을 번갈아 가면서 일한 근로자는 4퍼센트, 완전히 재택근무만 한 근로자는 20퍼센트, 45퍼센트의 근로자는 경제활동을 멈췄으나 일정 기간 동안 부분 실업수당을 받았다. 반면 6퍼센트는 이 기간 중 부분 실업 상태였다. 수도권 지역에서는 경제활동 인구의 41퍼센트가 재택근무를 했으나 노르망디 지방에서는 이 비율이 11퍼센트에 지나지 않았다.

　종합적으로 볼 때, 격리를 선택함으로써 집단의 경제는 멈춰섰다. 고독 사회, 즉 많은 사람이 자발적으로 감금 상태에 놓이며, 노인 세대를 위해 젊은 세대에게 일하지 말 것을 종용하는 (노인들은 일을 하지 않으면서도 살아남는다) 사회가 등장했다. 고독 속에서 쇠퇴하는 사회. 이러한 사회의 도래로 인한 사회적, 경제적, 문화적, 정치적, 생태적 대가는 지금도 이미 그렇지만, 앞으로도 엄청나게 늘어날 것이다.

급격한 추락

이제는 거의 아무도 옷을 사지 않는다. 거의 아무도 비행기표를 사지 않으며, 호텔 방을 예약하지 않는다. 이동 수단의 부재로, 여러 나라에서 만들어진 부품을 사용해야 하는 많은 재화의 생산은 중단되었다.

　우리는 생산과 소비가 동시에 즉각적으로 와해되는 현장을 직접 두 눈으로 목격하고 있다. 우선 에너지 소비부터 보자. 2020년 4월과 5월 세계의 석유 소비는 2019년 같은 시기에 비해 3분의 1이나 줄었다. 나라별로 보자면 중국에서는 20퍼센트, 미국에서는 30퍼센트, 인도에서는 70퍼센트가 줄었다.

그렇다고 해서 비격리 전략을 택한 나라들에서도 전반적인 생산이 줄어든 건 아니다. 비록 한국의 수출, 특히 전자 기기와 석유화학 제품 수출이 곤두박질치면서 국민총생산을 다소 끌어내린 건 사실이지만 말이다.

유럽으로 시선을 돌리면, 이야기가 달라진다. 유럽연합의 국민총생산은 2020년 1분기에 3.5퍼센트 감소했다. 가장 큰 타격을 입은 나라는 프랑스(-5.8퍼센트), 스페인(-5.2퍼센트), 이탈리아(-4.7퍼센트) 순이었다. 2020년 2분기에 들어와선 상황이 이따금씩 더 고약해지고 있다. 미국 경제의 경우, 최악의 시나리오에 따르면 38퍼센트, 그러니까 1년으로 환산하면 12퍼센트까지 후퇴할 가능성도 있다.

3월이 되어서야 각종 국제기구들이 그들 눈앞에서 무슨 일이 일어나고 있는지 또렷하게 인식하기 시작하면서 모든 예상치를 하향 조정했으나, 그럼에도 이들의 전망은 여전히 지나치게 낙관적이라 할 만하다. 예를 들어 세계무역기구(WTO)는 세계무역이 2020년 10퍼센트가량 감소할 것이라 내다보고 있으나, 그보다 두 배는 더 줄어들 것 같다는 의견이 훨씬 현실성 있어 보인다. 국제통화기금(IMF)은 세계총생산이 3퍼센트 주저앉을 것으로 예측하는데, 적어도 7퍼센트, 몇몇 나라의 경우는 20퍼센트 정도 감소할 가능성이 높다.

2020년 한 해를 놓고 볼 때, 현기증 나는 추락이 아닐 수 없다. 독일(-6.6퍼센트), 그리스(-8퍼센트), 스페인(-11.1퍼센트)과 이탈리아(-11.3퍼센트), 프랑스(-11.4퍼센트)는 사정이 더 나쁘다. 그나마도 지극히 낙관적인 OECD 예상치 임에도 그렇다.

요컨대 엄청난 위기가 확실하다. 요행히 팬데믹이 2020년 여름에 잦아든다고 할지라도, 우리는 분명 2008년, 아니 심지어 1929년의 위기와는 그 진폭을 비교조차 하기 어려운 위기를 맞이하고 있다. 1929년 대공황 때엔 생산 저하가 4년에 걸쳐 이뤄졌는데, 이번엔 고작 3개월 만에 이렇게 되었으니 말이다.

이 사태가 일자리에 미치는 영향은 어느 나라를 막론하고 급작스러운 데다 상상을 초월한다.

전 세계 일자리의 3분의 1 이상이 위협받고 있는데, 그중에서도 특별히 전문 기술을 필요로 하지 않는 직종, 중산층이 주로 종사하는 직종들이 더 위험하다. 제일 큰 피해를 입은 부문을 꼽자면, 우선 자동차 산업을 들 수 있다. 이 분야는 민간 일자리 가운데 5에서 15퍼센트를 제공함으로써 미국과 유럽에서 가장 큰 고용주 역할을 하는 분야다. 이어서 호텔과 식당, 공연예술, 오락, 상업 등이다. 직원 열 명 미만의 기업체에서 일하는 근로자들과 젊은이들이(숙련 기술자가 아니거나 가장 힘든 시기에 취업 시장에 나오게 되었기 때문에) 가장 큰 위협에 노출되어 있다. 중산층이 받는 피해도 만만치 않다.

중국의 경우, 2억 5,000만 명의 외국인 노동자들 — 이는 중국 전체 노동력의 25퍼센트에 해당된다 — 이 제1선에서 실직 위협에 시달리고 있다. 미국에서는 3월 한 달 사이 1,300만 명의 근로자가 해고되었으며, 4월엔 2,050만 개의 일자리가 사라졌다. 2019년 말에 3.9퍼센트였던 실업률은 2020년 3월 말 13퍼센트까지 치솟았으며, 4월 말엔 14.7퍼센트까지 올라갔다. 5월엔 예상과 달리 13.3퍼센트로 내려가 반짝 기대감을 주었으나, 2020년 말까지는 아무래도 실업률이 10퍼센트를 상회할 것으로 전망된다. 프랑스에서는 2020년 1분기에 45만 개의 일자리가 날아갔다. 온갖 보호 방침에도 불구하고 2020년 말 실업률은 11퍼센트까지 올라갈 것으로 예상된다. 유럽연합 차원에서는 7,000만 개의 일자리가 위협받고 있는데, 이는 일자리 4개 가운데 하나라고 보면 된다. 한마디로 이는 어마어마한 수준이다. 상상조차 하기 어려울 정도의 난제인 것이다.

종합적으로 볼 때, 국제노동기구(ILO)에 따르면, 재앙 수준의 팬데믹 관리로 말미암아 2억 개의 일자리가 증발했으며, 적어도 20억 명의 수입이 큰 폭으로 감소하게 될 것이다.

무엇보다도 재택근무가 대세로 부상하면서, 그 같은 환경에서는 활용도가 떨어지는 중산층이 향후 그들의 존재 이유마저 상실하게 되는 상황에 놓일 수 있다.

2020년 3월 이후 미국 인구의 4분의 3은 수입 감소를 겪었다. 미국 인구의 3분의 1은 2020년 5월 말 각종 요금 청구서를 제대로 결제하지 못했다. 5월까지 무사히 생활할 수 있을 정도의 저축을 가진 사람은 미국 인구의 절반이 못 된다. 연방정부가 1회 한정으로 지급한 1,200달러 수표는 3월에 이미 바닥났다. 100만 명에 가까운 유럽인들이 극빈자로 전락했다. 이탈리아에서는 격리와 학교 폐쇄로 말미암아 생존 위협을 받는 어린이의 수가 70만 명으로 늘어났다. 영국에서는 4월의 첫 2주 동안 거의 100만 명에 가까운 성인이 생활자금 대출을 받았는데, 이는 위기 이전에 비해 10배나 증가한 수치다. 2014년 이후 줄곧 하강세를 보이던 세계 빈곤 비율은 2020년에 대대적으로 올라갈 것으로 예상된다.

이 같은 상황이 낳은 여러 결과들 가운데 하나는 세계 어디에서든 의사를 찾아가 진료를 받는 횟수가 줄어들었다는 사실이다. 수백만 건의 컴퓨터 단층 촬영(CT), 결장 내시경, MRI 검사 등이 취소되었는데, 이 사실로 미루어, 앞으로 몇 달 사이 코로나바이러스 팬데믹이 아닌, 다른 질환으로 조기 사망하게 될 환자가 늘어날 가능성을 점쳐볼 수 있다.

굉장히 많은 기업들이 고객 감소뿐 아니라 유동성 부족, 또는 버틸 수 있는 자산 부족으로 파산 위협에 직면해 있다. 우선 관광 업계, 항공사, 크루즈 선박 업계, 호텔, 식당, 공연예술이 대표적이며, 여기에 자동차 산업, 섬유 산업, 항공 산업, 레저용 선박 산업, 뷰티 산업, 명품 산업 등이 더해진다. 이외에도 일일이 열거할 수 없을 정도로 많은 업체들이 악전고투 중이다.

반대로, 몇몇 분야와 제품은 위기의 덕을 톡톡히 보고 있으며, 이들은 계속 인재를 영입한다. 일부 약품, 의료 장비, 위생 관련 제품, 기초식품, 배달, 물류, 시청각 미디어, 온라인 오락, 만남 사이트, 원거리 화상 회의 애플리케이션, 가전제품 수리업, 중고물품 등이 위기를 자양분 삼아 쑥쑥 성장하는 주자들이다. 고가 명품 산업 분야도 위기에 강한 편이다.

완전히 잊힌 신흥국들

세계 최빈국들은 요즘 특히 충격에서 헤어나지 못하고 있다. 무엇보다도 이들 나라의 인구 밀집 도시들을 먹여 살릴 기초 식량이 위협받고 있기 때문이다. 격리 정책 때문에 아프리카 농부들은 밭에 나가 일을 할 수 없다. 교통수단도 모두 두절되었다. 따라서 농업 생산량은 감소되고, 수입품으로는 국내 생산품을 대체할 수 없다. 주요 농업 수출국(러시아, 인도, 베트남 또는 태국 같은 나라들)이 수출 물량을 꾸준히 줄여나가고 있기 때문이다. 유엔식량농업기구(FAO)는 2020년 영양실조로 고생하는 아프리카인 수가 2019년에 비해 3배가량 많아져 2억 명을 넘어설 것으로 예측했다. 상황은 동부 아프리카 지역에서 특히 심각한데, 그 지역은 코로나19로 인해 식량 수급 사슬이 왜곡된 데다 메뚜기떼의 공격에 홍수까지 겹쳤기 때문이다.

실업은 신흥국 내부에서도 특히 아무런 사회보장 안전망도 갖지 못한 사람들을 먼저 공략한다. 인도에서는 근로자의 3분의 2가 근로계약서 따위라고는 없이 일을 하며, 4억 7,000만 명의 근로자들 가운데 오직 19퍼센트만이 사회보험 혜택을 받는다. 이 나라의 실업률은 지난 3개월 사이 8퍼센트에서 26퍼센트로 껑충 뛰어올랐다. 1억 4,000만 명이 넘는 이민 노동자들이 일자리를 잃었고, 그에 따라 극빈자 처지로 추락할 위험을 안고 있는 탓에, 정부는 6월 초부터 전염병이 여전히 통제 불능 수준으로 확산되는 상태임에도 불구하고 각종 규제를 완화하지 않을 수 없었다.

방글라데시에서는 빈민가와 농촌 지역에 거주하는 가장 빈곤한 계층의 평균 수입이 2020년 2월부터 5월 사이의 기간 동안 80퍼센트 이상 줄어들었다. 빈곤층의 문턱을 넘지 못하는 인구 비율은 20퍼센트에서 40퍼센트로 무려 두 배나 증가할 것으로 예상된다. 인포멀 부문에서 일하는 주민의 85퍼센트(정부 측의 자료에 따르면)가 특별히 크게 타격을 입었다.

아프리카에서는 이번 위기로 일자리 절반이 사라질 위험에 처했다. 뿐만 아니라 외국으로 나간 아프리카 근로자들이 고국으로 보내는 외화(이 돈은 레소토의 경우 국민총생산의 16퍼센트를 차지하는가 하면, 세네갈과 나이지리아는 각각 10퍼센트와 6퍼센트에 육박한다)도 세네갈은 30퍼센트, 나이지리아는 50퍼센트씩이나 줄어들 판이다.

전체적으로, 아프리카인들의 평균적인 생활수준은 지금까지도 미미한 성장에 그치거나 아예 성장률이 마이너스를 기록하면서 힘든 몇 해를 보냈는데, 2020년 한 해 동안 최소한 5퍼센트 이상 더 저하될 것으로 예상된다.

다른 지역 신흥국들 상황도 그다지 나을 것이 없다. 2015년과 2016년의 기록적인 불황에서 여전히 벗어나지 못한 브라질은 2020년 국민총생산이 9퍼센트 감소할 절박한 처지에 놓여 있다. 실업률 또한 11퍼센트에서 24퍼센트로 급등했으며, 인포멀 경제에 종사하는 3,000만 명의 근로자가 특히 큰 피해를 입을 전망이다. 이런 와중에도 아마존 밀림의 파괴는 계속 되어 지난 넉 달 사이 기록적 수준에 이르렀다. 1,202평방킬로미터 의 숲이 2020년 1월부터 4월 말까지의 기간 동안 사라졌는데, 이는 2019년 같은 기간 동안 벌채된 면적에 비해 55퍼센트 늘 어난 것이다.

결국 고독하게 살아남기 위해 필요한 건 돈

실업 공포, 실업 여파로 야기되는 중산층 상당 부분의 무산 계급 화, 기업이 자금을 조달하는 데 따르는 어려움 등 해결해야 할 문제들이 산적한 탓에, 외환보유고라 할 만한 것이 있는 나라들 이거나 자국 화폐가 준비 통화로 쓰이는 나라들에나 해당되는 말이지만, 각국의 중앙은행과 정부는 지금까지 볼 수 없었던 막 대한 양의 자금을 각종 대출과 지원금이라는 형태로 풀어서 자 국민들과 자국 은행, 자국 기업들이 쓰러지지 않도록 부축한다.

먼저, 중앙은행들은 함께 모여 협의한 적은 없으나 서로 누가 더 인심이 좋은지 경쟁이라도 하듯 돈을 풀고 있는데, 이 방면 에서는 단연 오래전부터 은행과 국가에 무제한으로 돈을 제공해왔던 일본 중앙은행이 다른 나라 중앙은행들의 본보기가 되고 있다.

중국 중앙은행은 2월 초부터 어마어마한 액수의 자금을 풀면서 이자율까지 대폭 낮췄다. 한국의 중앙은행도 같은 시기 중소기업 지원책을 내놓았으며 프라임 레이트(prime rate, 은행 등 금융 기관이 신용이 제일 높은 고객에게 대출해줄 때 적용하는 우대금리. 이는 금융 기관 대출의 기준이 되므로 기준금리라고도 한다 - 옮긴이)도 낮췄다.

2020년 3월 말 이후 미국에서는 연방준비은행이 매일 많을 땐 900억 달러씩 채권을 사들였는데, 이는 지난번 위기 때 매달 사들이던 액수에 비해 훨씬 늘어난 액수다. 4월 9일 연방준비은행은 2조 3,000억 달러의 매입 계획을 발표했다. 영국 중앙은행은 심지어 은행 설립 이래 처음으로, 영국 정부의 예산을 결제해주고 있다. 영국 중앙은행은 액수에 제한을 두지 않고 무제한적으로 채권을 매입하고 있는데, 달이 바뀔 때마다 더 대담한 결정을 내림으로써, 점점 더 위험 부담이 큰 채권도 사들여가며 보다 적극적인 모습을 보이고 있다.

지금 속도대로라면, 세계 3대 중앙은행(일본, 미국, 유럽)은 2019년엔 14조 6,000억 달러를 썼으나 2020년 연말엔 지출이 20조 달러를 넘어서게 될 것으로 보인다. 미국 연방준비은행한 곳만 놓고 보자면, 이곳의 매입액은 2020년 연말이면 10조 달러에 이를 것이다. 한편 유럽중앙은행은 오늘날 유로존 국공채의 20퍼센트를 보유하고 있는데, 이 비율이 조만간 25퍼센트로 뛰어오를 것으로 예상된다. 참고로 유럽중앙은행은 독일 국공채의 경우 30퍼센트 넘게 보유하고 있다. 현기증 나지 않는가. 이러한 행태는 독일 헌법재판소 측의 비판을 사고 있다.

은행들과는 달리 보험 회사들의 기여는 거의 눈에 띄지 않는다. 그도 그럴 것이 보험 회사들은 전염병으로 인한 매출 감소를 보전해주는 것이 아니라, 예정되었던 행사가 취소된다거나, 많은 기업들이 불황으로 말미암아 겪게 될 대출 곤란 사태 등에 대비해줄 뿐이다.

게다가 각국은 지원금 또는 대출 형태로 엄청난 세수를 가계와 기업에 쏟아붓고 있다. 일본은 국민총생산의 20퍼센트에 해당되는 액수의 경제 활성화 계획을 발표했으며, 이 중 7퍼센트는 직접적인 공적 지출이 차지하고 있다. 유럽연합으로 말하자면 우선 4,000억 유로로 시작해 후에 1조 5,000억 유로를 차입할 계획인데, 이 금액은 각국의 예산으로 확보될 수 있다. 프랑스와 독일은 5월 19일 유럽연합 예산을 통해 최소 5,000억 유로 지출에 동의했다. 프랑스는 자국의 거의 모든 기업들에 대출을 통해 유동성을 확보해주겠노라고 장담함으로써 가장 적극적으로 나가는 모양새를 보였다. 국가 예산으로 격리 중인 민간 부문 기업의 직원들에게 부분 실업수당 형태로 봉급을 지급하고, 일거리가 없어진 예술가들에게 생활비를 대주고, 임대업자들에게는 손해를 보상해줌으로써 그들이 월세를 내지 못하는 세입자들을 내쫓지 않도록 배려하고 있다.

종합적으로, 3월 26일 가상 회의를 통해 G20 지도자들은 각국이 쏟아부은 예산을 모두 더했을 때 총 5조 달러가 세계 경제에 흘러들어갔음을 확인했다. 같은 시간에 IMF는 이들이 5조 달러 외에 2조 8,000억 달러를 보증금 형식으로 추가 지출했을 것으로 추산했다. 그러니 전체적으로 3개월 사이 거의 10조 달러, 즉 세계총생산의 약 10퍼센트에 해당되는 돈이 이번 코로나바이러스와의 전쟁에 투입된 셈이다.

결과적으로 프랑스, 스페인, 이탈리아 등을 포함하는 세계의 많은 나라에서 재정적자가 국민총생산의 10퍼센트 선을 넘어설 것이며, 미국에서는 심지어 20퍼센트 선마저도 훌쩍 뛰어넘게 되었다.

패닉 상태에 빠진 이들 나라들 가운데 일부가 저지른 또 다른 실책은, 사람들로 하여금 창의적으로 새로운 발상을 하도록 부추기는 대신, 모든 것이 곧 정상으로, 그러니까 코로나 이전으로 돌아가기를 기다리기만 하면 된다는 안일한 생각 속에 안주하도록 만들었다는 점이다. 더구나 몇몇 나라에서는 국민들을, 예기치 못했던 도움을 받게 된 무임승차 승객 상황으로 밀어넣기도 했다. 미국에서는 일부 근로자들이 일을 할 때보다 실업 상태에서 오히려 돈을 더 많이 버는―적어도 7월 31일까지는―기형적 현상까지 관찰된 것이다. 프랑스에서도 실직한 근로자들은 앞으로도 상당 기간 고용보험 혜택을 누리게 될 것이다.

그러나 그것으로 만족해한다면, 그건 곧 비극적인 자살행위가 되고 말 것이다. 공적자금 지원은 곧 한계에 이를 것이고, 궁극적으로는 새로운 세상에 적응하는 자만이 승리하게 될 것이기 때문이다. 이전과 같은 세상으로의 회귀를 기다리는 자들은 언제까지고 환상 속에만 머물러 있게 될 테고….

기다림의 환상

자, 이 모든 것은, 두말할 필요 없이 공공 채무의 광적인 증가로 귀결될 것이다.

지금과 같은 속도라면, 미국의 경우 1946년 국가 채무(106퍼센트) 수준을 2023년이면 넘어설 것으로 예상된다. 일본의 국가 채무 수준은 이미 220퍼센트를 넘어섰는데, 2021년이면 240퍼센트에 이를 것이다. 이탈리아의 빚은 2020년이 끝나기도 전에 135퍼센트에서 155퍼센트로 악화될 것이다. 프랑스 채무는 2020년 말이면 115퍼센트가 될 텐데, 이는 역사상 최고 수준이다. 심지어 엄격하게 재정을 관리하는 것으로 이름난 독일조차도 채무 비율이 59.8퍼센트에서 68.7퍼센트로 올라갈 것으로 보인다. 평균적으로 OECD 국가들의 공공 채무는 2021년이 되면 국민총생산의 120퍼센트 수준으로 올라갈 것이다. 유로존 전체를 놓고 보면, 2019년 말 84퍼센트였던 채무 비율이 2022년엔 112퍼센트로 악화될 것으로 예측된다.

종합적으로, 세계 부채 비율은 2019년 국민총생산의 83.3퍼센트였던 것이 96.4퍼센트로 늘어날 것이며, 2020년 말이 되면 이 비율이 300퍼센트까지도 급상승할 것이다.

그런데 이상하게도, 아무도 걱정을 하지 않는다. 우려를 표명하지 않을 뿐 아니라 많은 사람들이 막연하게나마 앞으로도 오랫동안 그런 식으로 지속할 수 있으리라고 생각한다.

그렇게 믿는 사람들은 우선, 현재 공공 채무 비율은 사람들이 믿는 것만큼 그렇게 높은 수준이 아니라고 말한다. 그 이유는 부채를 국민총생산과 연계해 생각하는 것 자체가, 한 구청의 부채를 그곳 구민 전체의 총수입과 비교하는 것만큼이나 부조리하기 때문이라는 것이다. 채무는 다른 것이 아닌 오직 구청 예산과 대비해 생각해야 한다는 게 이들 입장이다. 또한 그 부채가 투자에 쓰였는지, 아니면 그저 일상적으로 지출하는 경비를 결제하는 데 사용되었는지 그 용처도 알아야 하고, 갚을 능력도 봐야 하며, 돈을 꾸는 사람이 누군지도 알아야 하며, 상환해야 할 원리금을 국가 세수와 비교해봐야 한다고도 말한다. 이러한 기준을 적용한다면 공공 채무는 프랑스의 공공 지출의 20퍼센트에 지나지 않으며, 채무에 대한 이자 비용은 국민총생산의 2퍼센트, 다시 말해 국가 수입 전체의 5퍼센트에 불과하다. 이는 은행에서 대다수 가계에 대출을 갚아나가도록 허용해주는 수준에 비하면 적은 편이다.

게다가 이 기준에 의거해 보더라도 공공 채무 비율이 너무 높을 경우, 어차피 그것을 예상 가능한 기간 안에 유의미하게 줄인다는 건 불가능하다. 그러기 위해서는 역사가 우리에게 가르쳐준 교훈으로 보건대, 네 가지 수단이 가능하다. 즉 빚은 돈을 빌린 자가 빚을 상환하거나, 빌려준 사람으로부터 빌린 돈을 꿀꺽하거나, 전쟁이 터지거나, 경제가 성장하거나, 이렇게 네 가지 방법으로 줄일 수 있는데, 요즘 시대엔 이들 중 어느 하나도 바람직하거나 가능하지 않다.

돈을 빌린 사람(그러니까 납세자)이 채무를 상환한다는 것은,

그것이 자발적이건 강제적이건, 세금이 늘어나고 공공 지출이 줄어드는 것, 다시 말해서 긴축재정을 꾸린다는 것을 함축하는데, 이렇게 되면 원리금 상환은 한층 더 어려워진다. 공공 채무를 파기함으로써 돈을 빌려준 자들의 재산을 갈취하는 것 역시 어불성설이라고 할 것이, 그 채무는 거의 어디에서나 광범위하게 국내 저축자들이 지고 있는 빚이기 때문이다. 증세를 받아들이도록 하기 위해 전쟁을 일으키거나 천재지변을 선언한다는 것 또한 전혀 바람직하지 않으며, 그렇게 하다간 오히려 빚만 더 늘어날 위험도 있다. 마지막으로 경제 성장은 비록 인플레이션을 동반하게 될지라도 가장 나은 해결책이 될 터인즉, 그것이 가능하려면 무제한 대출과 지원금보다는 변화를 초래하는 행동, 지금으로서는 아무도 실행에 옮길 생각조차 못하지만 뒤에서 다시 다루게 될 일련의 행동들이 전제가 되어야 할 것이다.

이렇듯 기존의 그 어떤 해결책도 가능하지 않고, 정치 지도자들은 뭔가 새로운 해결책을 찾아보려는 노력도 하지 않으면서, 빚의 책임을 모든 것을 다 끌어안고 풀어나가야 할 적임자로 여겨지는 중앙은행들에 떠넘길 궁리만 하고 있다. 아닌 게 아니라 실제로 중앙은행들은 점점 더 노골적으로 국가와 은행, 기업들에게 돈을 대준다. 그리고 이러한 행태는 앞으로도 상당 기간 지속될 수 있다. 인플레이션은 불가능한데, 왜냐하면 원자재 가격의 폭락과 실업률의 고공 행진이 급여에 압박을 가하기 때문이다. 다만, 이러한 맥락에서 공공 채무는 인플레이션을 감안한 명목성장률이 이자율보다 높게 유지될 경우라면 아직 견딜 만하다. 그런데 현재 경제는 성장세를 타고 있지 않다. 중앙은행은 거의 파산하는 법이 없다. 과거 여러 해 동안 칠레 중앙은행의 사례에서 보듯, 자기자본을 다 까먹고 마이너스 상태라 할지라도 그렇다는 말이다. 물론 그러기 위해서는 외환보유고 또는 원자재 재고(칠레에는 구리가 있다)가 넉넉해 자국 화폐의 가치를 유지할 수 있어야 할 테지만 말이다.

많은 정치인들이 해결책이 없다고 해서 해결하지 못할 문제란 없다고 생각하고 싶어 한다. 그러니 중앙은행이 무제한으로 기업과 가계를 지원해주도록 내버려두기만 하면 된다고, 아무것도 개혁할 필요도 없고, 그저 예전처럼 계속하면서 위기가 저절로 해소되기만 기다리면 된다는 식인 것이다.

자꾸 미루기만 하면
막다른 골목에 이르고 만다

이번 위기는 저절로 해결되지 않을 것이다. 제아무리 기업이나 정부들이 수많은 경제적·사회적 혁신 정책들을 시행하더라도, 수많은 시민 단체들이 가장 취약한 계층들이 살아남을 수 있도록 도와준다고 하더라도, 고독의 경제 모델은 더 이상 생존 가능하지 않다. 경제를 뒷받침해주기 위해서는 끊임없이 거금을 들여야 한다. 그 거금은 정부 예산과 은행들에서 나온다. 공공 채무는 해마다 증가할 것이고, 그 때문에 가장 존중받는 중앙은행들마저도 결국 신용을 잃게 될 것이다.

뿐만 아니라 고독의 경제는 정신적 혼란이며 폭력, 기아, 그 외 아무도 제대로 관리 감독하지 않는 많은 질병들까지 악화시킬 것이다. 이렇게 된다고 해서, 많은 사람들이 기대하듯 고독한 개개인이 소비 행위를 통해 고립감을 보상받는 일은 일어나지 않을 것이다.

우리가 이런 식으로 계속한다면, 언제가 될지는 모르겠으나, 언젠가는 끝도 없이 확산될 금융 위기를 맞게 될 것이고, 그 피해는 우선 소규모 기업들에서 시작해 고객이 떨어져나간 몇몇 대기업으로 고스란히 이어질 것이다. 이런 상황에서는 금융계와 국가도 더 이상 이들을 지지해줄 수 없을 것이다. 그 어떤 국가도 자국의 모든 기업을 국유화할 수는 없을 테니 말이다.

아울러 어떤 확실한 지위로도 보호받지 못하고 오직 고객들이나 고용주들에게만 의지하는 자들의 불안정한 생존 또한 한층 악화될 것이다. 실업과 개인 파산, 주거 불안정, 기아에 이르기까지, 다양한 어려움이 세계 곳곳에서, 심지어 유럽에서조차 중산층까지 포함하는 무수히 많은 가정, 대개는 자신들을 호시탐탐 노리는 이러한 위협들에 대해 이전에는 단 한 번도 진지하게 의식해본 적이 없었을 사람들을 강타할 것이다.

일단 지금까지는 이러한 위험들을 그럭저럭 위장하고 있다. 가장 취약한 계층, 가장 가난한 계층이 제일 먼저 대가를 치르고, 그다음으로는 중산층이 빈곤의 나락으로 추락하게 되는 수순을 밟아 그 위장이 드러나게 될 테지만.

사람들이 고독 사회가 더는 경제적으로도 사회적으로도 심리적으로도 지속할 수 없음을 깨닫게 될 때, 제1선에서 괴로움을 겪은 이들은 그들을 그러한 나락 속으로 빠뜨린 자들에게 복수하게 될 것이다.

치료제도 백신도 없이
고독에서 빠져나오기

충격과 부정이 지나고, 마지막 순간까지 미루는 행태가 지나고 나면, 늘 그렇듯 인간은 자신이 이 지구상에서 보내는 얼마 안

되는 순간들을 충분히 만끽하지 못하게 방해한 모든 것을 전복시키고 싶어 한다.

따지고 보면, 이번 전염병은 여러 사람이 말하듯 은퇴한 노인들에게만 심각한 질병일 뿐이다. 그런데 왜 은퇴한 노인들을 위해 모든 경제를 멈춰 세워야 했단 말인가? 왜 다시금 삶을 즐기면 안 된단 말인가? 왜 아무런 저항도 해보지 않고 비참해져야 한단 말인가? 비록 노인들을 예정보다 조금 먼저 사망에 이르게 할 위험이 있다고 하더라도 말이다.

2020년 4월부터 세계 도처에서, 강제 격리 상태에 놓여 있던 자들 가운데 많은 사람이 격리는 지속적인 해결책이 될 수 없음을 깨달았다. 비록 한국을 비롯한 몇몇 나라의 사례를 따랐다면 격리를 피할 수도 있었다는 사실까지는 아직 깨닫지 못했을지라도 말이다.

경제를 회오리바람이 휩쓸어가듯 이런 식으로 망가뜨릴 순 없다, 일을 하지 못하도록 격리시킨 사람들을 언제까지고 지원금으로 연명시킬 순 없다, 각국의 정부와 중앙은행이 지속적으로 각국의 경제를 국유화할 순 없는 노릇이라는 점을 잘 파악하고 있는 사람도 더러 있다. 일부 사람들로 하여금 일을 하지 않아도, 뭔가를 창조해 생산하고 판매하는 방안 따위를 찾아보려 하지 않아도 돈을 받는 습관을 들이도록 하는 것은 곧 자살 행위라는 사실을 이해하는 사람들도 분명 존재한다. 그리고 이들은 그 자살 행위를 방치하는 것은, 정부와 중앙은행이 파산이라도 하는 날엔 그들을 굶어죽게 하는 첩경이라는 점도 모르지 않는다. 이들은 또한 우리가 아무것도 하지 않으면, 위기 이후 오는 세상은 부자의 생활 방식에 유리하도록 흘러갈 것이므로, 숫자상으로 엄연히 다수인 일반 서민은 비싼 생활비를 지불해가며 힘들게 살아야 하는 처지가 될 것이라는 점도 꿰뚫어보고 있다. 부자란 그렇지 못한 자들과 구별되는 것을 좋아하니, 가령 서민이 이용하는 대중교통은 시간이 더 오래 걸릴 것이고, 관광여행은 훨씬 비싸질 것이며, 공공 해수욕장은 찾기 어려워질 것이고, 건강에 좋은 음식들은 점점 더 비싸질 것이다.

이렇게 되면 누구나 위기 이전의 세계로 돌아가기를 원하게 될 것이다. 그것만이 살 길이라고 믿으면서.

그러나 그건 환상이다. 돌아간들, 이 죽음의 경제를 탄생시킨 모든 것을 다시금 끌어안게 될 테니까.

4장

죽으나 사나 정치

La politique, à la vie, à la mort

생명경제로의
전환

정치가 국민의 복지를 보장해주지 못할 때, 국민에게 일정 수준 이상의 생활을 보장해주지 못하며 그들의 자식에게도 그러한 것을 약속해주지 못할 때, 그리고 무엇보다 그들을 죽음으로부터 지켜주지 못하고, 기왕 발생한 죽음에 대해 납득할 만한 의미를 부여하지 못하거나 그 죽음조차 망각할 때, 그러한 정치가 지배하는 사회, 그러한 정치가 보증인 역할을 자처하는 문화는 매우 심각한 위험에 놓이게 된다.

어느 한순간 개개인이 악몽은 이제 멀어졌다고 믿더라도, 팬데믹이 끝나더라도, 나는 앞의 장에서 충분히 제시했다고 믿거니와, 아주 사소한 불씨 하나가 언제든 무서운 불길을 일으킬 수 있으리라는 우려를 떨쳐버릴 수 없다. 그리고 그 사소한 불씨를 오늘날 우리는 도처에서 관찰할 수 있다. 모든 나라에서 이번 위기 전에 이미 배태되고 있던 폭력이 새로운 구실, 새로운 이유 ― 사실 타당한 이유로 볼 수도 있다 ― 를 대면서 본격적으로 표면화할 조짐을 보이고 있다.

우리가 여기에 대해서 확실하게 경계하지 않으면, 모든 지성과 저항력을 동원하지 않는다면 그 어떤 바람직한 결과도 얻지 못할 것이다. 민주국가들은 추풍낙엽처럼 쓸려나갈 것이며, 국제적인 협력이라고는 전무할 것이다. 전쟁마저도 가능해질 것이다.

그렇다고 해서 가장 고약한 상황이 도래할 것이라고 겁을 주려는 것과는 거리가 멀다. 우리에게는 최선을 다해 이 어려운 시기를 넘기고, 이러한 급격한 변화를 좋은 기회로 만들 여력이 있다. 단순히 건강이나 경제, 사회라는 식의 부분적이고 제한적인 차원이 아닌 보다 광범위한 관점에서 그 변화들을 이해하려 한다면, 이 특별한 순간들 내부에 깃들어 있는 긍정적인 것을 찾아내고자 한다는 조건이 충족된다면 그렇다는 말이다. 다시 말해 경제 분야에서, 또 정치 분야에서, 좀 더 보편적으로는 사회 전반, 문화 전반에 걸쳐 그와 같은 것을 발견해내려는 노력이 동반되어야 한다는 뜻이다. 긍정적인 면을 확실하게 끄집어 낼 수만 있다면, 우리는 이 세계에서 새로운 삶이 가능하리라고 생각하게 될 것이다.

정치의 본질적 역할
: 죽음으로부터 지켜주기

정치는 제대로 작동하지 않고 있다. 정치는 본연의 역할을 수행하지 못하고 있다. 우리는 수천 년 동안 모두가 중요하게 여겨왔던 장례 의식, 즉 각자가 자신이 가장 소중하게 여기는 존재와의 관계를 확인하고, 삶에 의미를 부여하며, 이를 전수하는 의식이 속절없이 와해되는 것을 지켜봐야 했다. 우리는 온갖 종류의 음모론, 온갖 종류의 욕설과 모욕이 난무하는 과정도 지켜봤다. 팬데믹이 처음엔 중국 사람이 꾸민 음모라더니, 그것이 차례로 미국 사람, 프랑스 사람, 러시아 사람, 프리메이슨, 유대인, 이슬람교도, 은행가, 제약 회사들의 음모로 바뀌어가는 세태에 관한 뉴스들도 보고 듣고 읽었다.

프랑스의 일부 주교들은 심지어 이번 사태가 종교의 자유를 말살하려는 구실에 불과하다는 망언도 서슴지 않았다. 외국인들은 그들이 어느 나라의 국적을 가졌든, 모두 무찔러야 한다는 식의 해괴한 설명도 들려왔다. 더 나아가, 보다 일반적으로, 여기가 아닌 다른 곳에서 온 것이라면 모조리 밖으로 내몰았다. 뿐만 아니라 가정 내 폭력이며 소아성애 행위 등이 증가하는 현실도 목도했으며, 좀 더 일반적으로는, 약자에 대한 공격 행위가 한층 심각해지고 있음도 확인했다. 우리는 또 빈곤과 불평등이 다른 곳도 아닌 학교에서 특히 확대되는 상황에 당면했다. 가정의 지원, 즉 적절한 물질적 안정이 보장되지 않는 환경, 앞선 디지털 기술의 혜택을 받을 수 없는 환경에서 자라는 아이들에게 온라인으로 수업이 진행되는 6개월이라는 시간은 고스란히 잃어버린 시간이 되었으며, 따라서 이 아이들은 그만큼 뒤처지게 되었다.

그런데도 다수의 정치 지도자들은 이번 팬데믹 사태로 경제적 위기는 물론 대단히 심각한 정치적, 사회적, 윤리적, 이념적 위기가 시작되고 있음을 지각조차 하지 못하고 있다. 물론 대다수의 정치인은 정직하고 성실한 일꾼으로, 이들은 노력을 아끼지 않았고, 폭풍 속에서도 방향을 잡는 키잡이 역할에 충실하면서 국민들을 단합시키려 애썼다. 때로는 감염 위험도 불사했다. 헌신에서라기보다는 허세인 경우가 많았겠지만 말이다. 그러나 그들은 대부분의 경우 잘못된 결정을 내렸다. 너무 늦게야 행동에 나섰던 것이다. 그들에게는 선택을 하기 위한 사전 준비 시간이 없었다. 전체적인 큰 그림을 내다보는 비전도, 가장 나은 전략이 무엇일지 고심해보는 노력도 없었다.

한편 민중은 지도자라는 사람들이 그들에게 맡겨진 임무, 즉 민중을 보호하기 위해 적절한 시기에 응당 해야 할 일을 하지 않고 있다는 사실을 깨닫기 시작했다. 자칭 '정치가'라는 사람들이 그들이 내려야 할 결정 앞에서 이러지도 저러지도 못하면서 허둥대기만 했으며, 무언가를 예상하고 거기에 따라서 가장 나은 정책을 택할 역량조차 없이 너무 나약하고, 너무 우유부단하며, 국민에게는 해가 될 뿐인 당리당략에만 치우친 나머지 표심의 향방에만 골몰했으며, 거의 모두가 한국의 전략이 아닌 중국의 선례를 따르는 나쁜 선택에 동조했고, 급기야 민중들에게 거짓말까지 했다. 요컨대 이들은 얼마든지 피할 수 있었을 제약 속에 스스로를 가두는 우를 범했다.

덕분에, 이것이 이 암울한 시대가 우리에게 준 가장 좋은 소식일 텐데, 그 어느 때보다도 많은 시민이 더는 이런 식으로 계속되어서는 안 된다, 팬데믹을 구실 삼아 그 어느 때보다도 전체주의적이고 불공정한 사회로 뒷걸음질치려는 세태를 그대로 두고 봐서는 안 된다는 사실을 자각하게 되었다. 지도자를 선정하고 정치적 선택을 결정하는 제반 과정이 모두 시대에 뒤떨어졌음도 뼈저리게 통감하게 되었다. 이 시민들의 분노는 죽음에 대해 제대로 언급할 줄도 모르거니와 그런 언급조차 하려 들지 않은 자들에게로 향한다.

안전을 추구하는 이면엔 언제나 그렇듯 이번에도 역시 죽음에 대한 두려움이 자리 잡고 있으며, 이 죽음에 대한 두려움이

야말로 권력의 원천이다. 그리고 장례 의식이야말로 — 위기로 말미암아 이 의식은 평소처럼 유지되지 못했다 — 시민들이 정치와 맺는 관계를 돈독하게 설정해주거나 뿌리까지 뒤흔드는 데 큰 몫을 한다.

그러니 이번 위기가 시작된 이래 죽음과 맺는 관계가 논쟁의 표면에 등장하지 않았더라도, 그것이 문제가 되었기 때문에 많은 나라에서 정치가 국민의 신뢰를 상실했다고 나는 생각한다. 오늘날 적지 않은 사람들이, 점점 더 많은 사람들이, 자신들의 죽음을 스스로 제어하고 싶어 하는 것도 이런 맥락에서 설명된다고 할 수 있다. 그들은 그렇게 함으로써 바람직한 삶이랄 수 있는 것의 기초를 다시 세우고 싶어 하는 것이다.

안전과 노예 상태를 맞바꾸는 건 단연코 거부한다

자유민주주의에 반대하는 사람들은 민주정부가 이번 위기를 맞아 그다지 영예롭지 못한 방식으로 대처하는 모습에서, 이러한 형태의 정부는 위기를 관리하고 장기적인 비전을 제시하고 국민을 보호하는 데 있어서 무능력하기 짝이 없다고 생각하며,

정부의 갈팡질팡하는 태도는 그러한 무능력을 드러내는 확실한 증거라고 공격했다. 그들은 안전은 지고의 가치이므로 이를 보장하기 위해서는 개인의 자유와 권리라는 절대 절명의 가치를 포기해야 한다고 주장했다. 그들이 보기에 지나치게 개방된 국경, 지나치게 상호의존적인 시장이 상징하는 항구적 위협은 근본적으로 제거해야 하며, 정당이니 국민이 뽑은 대표니 하는 케케묵은 정치 형태도 버려야 할 구태라고 비판했다.

이들은 안전의 이름으로 지나치게 국가 주도적인 지시를 내리고, 안전의 이름으로 감염 경로와 이동 경로 추적 기술을 활용한 지도자들의 성공적인 방어를 귀감으로 내세웠다. 이들은 중앙정부의 하이퍼 감시 체제와 개개인의 자가 감시 체제 — 나는 벌써 오래전부터 이러한 상황의 도래가 불가피하다고 말해 왔다 — 를 가속화한 조치에 박수를 보냈다.

이들은 전염병을 가장 효율적으로 방어한 나라들일수록 강력한 힘을 가진 관계당국에 전권을 줌으로써 그 같은 성공을 거뒀다는 사실에 주목한다. 한국은 민주국가임에도, 우리가 봤듯이 이번 위기를 관리함에 있어서 질병관리본부라 하는 독립 기관에 경찰권과 사법권을 쥐어줬다.

이들은 또 제일 성공적이었다는 평가를 받는 나라는 한국, 대만, 홍콩, 부탄, 오스트리아, 그리스, 모로코, 그리고 국경을 '상당 기간' 개방하지 않겠다고 선언한 뉴질랜드에 이르기까지 하나같이 자율적 방역을 시행한 작은 나라들이라는 사실에 회심의 미소를 짓는다. 이들은 특히 자신들이 유럽 제도의 파산이라고 이름 붙인 현상을 비난하면서 '진실'을 아는 건 전문가도 기존 기관들도 아니라고 주장한다.

실제로 세계 곳곳에서는 그 어느 때보다도 많은 전문가들, 좀 더 정확하게 말하자면 전문가임을 자처하는 자들이 그 어느 때보다도 무성한 주장들, 단호하면서 모순되는 주장들을 쏟아냈다. 우리는 이제껏 법치국가의 개념이 이토록 무참하게 뒷걸음질치는 사례를 본 적이 없었다. 건강 관련 사항 추적은 전염병 방역 때문에 필요하다고는 하나, 권력 기관이 내세우는 좋은 구실에 불과하다. 방역을 위해서라면 어떤 질문을 던져도 누구나 답해야 하니, 이보다 더 좋은 구실이 어디 있겠는가.

중국 정부가 독재 정권을 유지하기 위한 절대적 무기인 유일 정당 공산당은 요즘 들어 조금씩 긴장을 풀기 시작한 것으로 보이기는 하나, 그래도 위기 이전보다 훨씬 엄격하게 여론을 감시 중이다. 2019년 12월 이후 모바일 메신저 위챗에 특별히 엄중한 감시 눈초리가 쏠리고 있는데, 이는 '반체제 인사'를 색출하고, 전염병 관리 관련 정보를 공유하거나 거기에 대해 비판적인 견해를 표명한 자들을 추적하려는 목적이 크다고 하겠다. 이미

450명이 넘는 사람들이 자기 나라의 공중보건 관리 상태에 대한 정보를 올린 후 실종 상태다. 공산당 간부들은 현재 지극히 복잡한 온라인 교육을 받고 있는데, 이들이 받는 교육 내용은 누구든 열람할 수 있으며, 주로 시민 각자의 모든 사생활에 대한 당의 통제 역할을 강화하는 내용에 초점이 맞춰져 있다.

국가는 경제에 있어서도 그 어느 때보다 강력한 존재감을 과시하는데, 이는 국가가 앞장서고 민간은 뒤로 물러난다는 뜻을 담은 '국진민퇴'(國進民退)라는 구호에서도 명백하게 드러난다. 국진민퇴는 무엇보다도 국영 기업들이 저금리, 싼 전기료, 공공 기관 발주 물량 수주 등을 통해 위기의 시대가 필요로 하는 물자―가령 중국에서조차 여전히 절대적으로 부족한 마스크나 진단 검사 키트―를 제조하도록 한다는 의미로 새길 수 있다.

필리핀에서는 의회가 로드리고 두테르테 대통령에게 비상사태에 입각한 권력을 허가했다. 덕분에 대통령은 격리 조치를 준수하지 않는 것으로 의심되는 자나 대통령이 가짜 뉴스라고 판단한 뉴스를 살포하는 자는 누구나 중형에 처할 수 있다. 캄보디아에서는 4월 비상사태가 결정됨으로써 시민의 권리가 현저하게 축소된 반면, 정부는 소셜 네트워크 서비스를 감시하고 정보를 검열하며 모든 개인 간 대화를 도청할 수 있는 권한을 부여받았다. 태국에서는 총리 자신이 나서서 통행금지를 강제할 수 있고, 언론에서 그를 비판하는 자들을 고발할 수 있는 권리를 확보했다. 이스라엘에서는 총리 주도 하에 정보 기관 측에 테러리즘 방지를 위해 개발한 데이터 처리 기술을 이용해 시민들의 이동 상황을 추적하고, 격리 의무를 준수하지 않는 자들에 대해서는 6개월간 수감할 수 있는 권한을 부여했다. 헝가리에서는 비상사태 기간을 무제한으로 연장함으로써 정부가 일부 법령의 효력을 중지시키거나, 의회의 동의 없이 행정명령만으로도 새로운 법령을 제정할 수 있게 되었다. 그 때문에 이른바 '가짜 뉴스'(정부가 가짜 뉴스라고 하면 가짜 뉴스가 된다)를 유포하는 기자는 최장 5년까지 감금할 수 있는 법이 생겨나 언론 자유에 심각한 위협을 가하고 있다. 프랑스에서는 다른 여러 민주국가들과 마찬가지로 아직 언론 자유가 위협받지도 않고, 공적인 자유 대부분이 존중되고 있으나, 그럼에도 국경 폐쇄, 디지털 기기를 통한 건강 상태 감시, 의료 파일 공개, 외출 허가, 이동 거리 제한, 가족 면회 금지, 장례식 참석 금지 등과 같은 대단히 권위주의적인 많은 결정이 의회에서의 토론 과정도 거치지 않은 채 무사통과되고 있다.

이러한 결정들 가운데 더러는 일시적일 것으로 간주되지만, 보아하니 어디에서든 실상이 이와 다르게 전개될 가능성도 매우 높다. 이와 같은 사회의 경직화로 가장 피해를 보는 주요 희생자는 여성과 어린이다. 가정 폭력 증가, 피임 수단 사용에 대한 거부 움직임, 성기 훼손, 아동 노동 증가, 언론 자유와 교육 받을 권리의 위축, 재판 청구 권리와 공개 석상에서 재판 받을 권리 등의 축소 때문에 그렇다.

이는 또한 열대성 저기압의 계절로 접어든 아시아의 생태적 재앙에 대한 무관심이라는 행태로도 나타난다. 2020년 1월부터 인도네시아는 대대적인 홍수로 희생자가 속출했으나, 이에 대해 언급한 사람은 아무도 없었다. 또 스리랑카에서는 50만 명이 가뭄으로 고통받는 와중에 해롤드로 명명된 태풍까지 몰려와, 4월 6일 모두의 무관심 속에서 바누아투의 산마—주도는 루간빌이다—주택의 80~90퍼센트, 학교의 60퍼센트를 파괴했다. 그 결과 이 나라 국민의 절반 이상이 이재민이 되어 긴급하게 거처를 마련해야 하는 실정이다.

팬데믹은 민주적 정당성을 실행하는 과정, 민의를 대표하는 기관들의 직무 활동 등을 원활하지 않게 만든다. 특히나 선거 운동, 선거, 의회 소집 등의 활동을 어렵게 한다. 그런데 이 모든 활동을 싹 무시하는 것이 바로 독재 아닌가.

적어도 66개 나라 또는 지역이 코로나바이러스를 이유로 국가, 지방, 또는 이보다 하급 자치 구역 차원의 선거나 국민투표를 연기해야 했다. 2020년이 저물기 전에 대통령 선거 또는 국

회의원 선거 등이 예정되어 있는—아직 연기 결정을 내리지
않은—나라들도 여럿 있다. 코트디부아르, 기니, 이집트, 부르
키나파소, 가나, 중앙아프리카공화국, 에티오피아, 아이슬란드,
루마니아, 크로아티아 등이 여기에 해당된다.

일부 전제 정권들은 위기를 계기로 삼아 선을 넘으려고 시도
하기도 한다. 예를 들어 폴란드에서는 여권이 나서서 우편을 통
한 대통령 선거를 강제하고자 했으나, 집배원들의 반대에 부딪
치자, 8월 6일 임기가 끝나는 현 대통령 후임을 뽑는 선거를 무
기한 연기했다.

미국은 민주당 경선을 치르지 못하거나, 11월 선거를 치르지
못하거나, 늦어도 2021년 1월 말까지도 선거 절차가 마무리되
지 못할 경우, 나라가 헌법 기관 공백이라는 초유의 상황에 놓
이게 된다. 트럼프 대통령과 가까운 일부 인사들 중에서는 사실
상 그의 임기가 연장될 수 있는 가능성을 점치기도 한다(다행히
미국은 예정대로 현지 시각 11월 3일 대통령 선출을 위한 선거인단 투
표를 치렀으며, 민주당의 조 바이든 후보가 차기 대통령 당선자로 확정
되었다. 우편투표의 문제점을 들어 트럼프 대통령이 법원에 제소하는
등 선거 결과에 불복하는 모습을 보이고 있으나 2021년 1월 대통령 취
임식까지는 정리가 될 것으로 보인다 - 옮긴이).

지정학적 위기
: 중국도 미국도 다 싫어

이번 팬데믹이 기승을 부리는 동안, 다른 전염병이 창궐할 때도 그랬던 것처럼 각국의 국경은 물자보다는 주로 사람들의 이동을 막는 쪽으로 폐쇄되었다. 그럼에도 생산과 수요가 곤두박질치는 상황이었으므로 세계의 상품 교역은 어쩔 수 없이 숨 고르기에 들어갔다. 2020년 한 해 동안 무역량은 13퍼센트에서 30퍼센트까지 감소할 것으로 보인다. 복잡한 가치 사슬이 작용하는 부문(가령 자동차 산업이나 전자 산업)이 가장 크게 타격을 입을 전망이다.

뿐만 아니라 약과 마스크, 진단 검사 키트, 호흡기 등 이번 위기 동안 부족해서 쩔쩔매야 했던 의료 제품을 확보하기 위한 치열한 전쟁도 그 흔적을 남겼다.

기술과 전략 상품에 대해서는 수출 제한 조치가 크게 늘어날 것으로 보인다. 각국은 자국 기업의 재산을 보호하고, 생산품들을 국내로 송환시키는 데 주력할 것이며, 남의 나라에 대한 의존도를 낮추기 위해 국내에서 해결책이며, 원자재, 부품 대체재를 찾아내는 방안을 모색할 것이다.

이와 같은 태도는 비단 중국과의 관계에만 제한적으로 적용되는 것이 아니다. 예를 들어 미국 행정부는 세계 1위 전자칩 생산자 TSMC(Taiwan Semiconductor Manufacturing Company)가 가장 속도가 빠른 반도체 생산에서도 세계 3위 안에 든다는 사실을 알고는, 미국에 TSMC 생산 공장을 하나 지을 것을 요구했으며, 이를 얻어냈다. 5월 15일 TSMC 측이 애리조나에 공장을 연다고 발표한 것이다. 이 공장을 짓는 데는 120억 달러가 들 것으로 추정된다.

주권은 생명을 방어하는 데 가장 중요한 요인 중의 하나로 간주된다. 달리 말하면, 주권을 잃지 않는다면 살 수 있는 것이다. 반면 다른 나라에 의존하게 되면, 그들의 실수로 나의 목숨이 위험에 처할 수도 있다는 말이 된다.

이런 상황이 발생하는 건 사실 처음이 아니다. 대대적인 보호주의 물결이 휩쓸고 지나갈 때마다 ─ 팬데믹이 몰아닥칠 때면 때로 이런 현상이 발생한다 ─ 전쟁을 통해서, 시기야 어찌됐든, 그와 같은 일이 터지곤 했던 것이다. 그리고 그럴 때마다 그 강도는 점점 세졌다. 일반적으로 리더 격인 나라의 쇠퇴로 인해 그렇게 되기 마련이었다. 가령 기원전 5세기에 전염병이 돌고 난 뒤 아테네가 쇠망했고, 서기 6세기에 로마가, 14세기에 봉건 사회가, 제노아와 피렌체가 17세기에, 암스테르담이 18세기 말에, 영국이 20세기 초에 각각 쇠퇴의 길로 접어들었다.

오늘날 이번 위기로 인해 초강대국으로서의 미국 위상이 종말을 고할 것이며, 그 자리를 중국이 차지하게 될 것이라고 생각하는 사람들이 많다.

하지만 나는 그렇게 생각하지 않는다. 나는 오히려 그와 반대로 이번 위기는 주인 없는 세계로의 변화를 가속화시킬 것이며, 그 변화의 소용돌이 속에서 미국과 중국은 둘 다 약화될 것으로 전망한다. 이러한 세계는 제국 ― 그것이 어떤 제국이든 ― 의 지배를 받는 세계와 비교해볼 때, 다른 의미에서 위태로운 세계라고 할 수 있다. 이러한 세계 속에서 유럽은 다시 한 번 자유로워지고 강해지며 번영을 누릴 기회를 잡을 수 있을 것이다.

한 나라는 경제적으로, 특히 자국의 화폐와 미래 기술력으로 세계를 제어할 수 있을 때, 군사적으로나 외교적으로 열강에 속할 때, 이념적으로나 문화적으로 자국 아닌 다른 나라들에 영향력을 행사할 수 있을 때 지정학적으로도 세계를 지배할 수 있다. 그렇기 때문에 이 같은 지정학적 지배 개념을 인정하는 많은 사람들이 머지않아 중국이 미국을 제치고 세계를 지배할 것이라는 섣부른 결론을 내리곤 한다.

중국은 이미 대단한 강국이며, 이번 위기가 지나간 후에는 한층 더 강국으로 부상할 것이다. 8억 명에 이르는 중국의 노동 인구는 OECD 회원국 전체의 노동 인구를 합한 것보다도 많으며, 중국 제조 업계의 경우 전 세계 부가가치의 25퍼센트, 섬유 업계의 40퍼센트, 기계설비의 28퍼센트, 화학-제약 업계 생산의 16퍼센트, 이부프로펜의 50퍼센트, 파라세타몰의 60퍼센트, 페니실린의 90퍼센트를 차지한다. 중국은 또한 인공지능 분야에서의 혁신마저도 지배하고 있으며, 해마다 유럽연합 전체가 배출하는 엔지니어보다 많은 수의 엔지니어를 키워낸다. 중국의 정치 체제는 안정되어 있는 것으로 보이며 유일 정당인 공산당은 주민들에 대해 완벽한 장악력을 행사하고 있다. 게다가 중국의 군비 지출은 벌써 미국의 4분의 3 수준까지 치고 올라왔다. 2025년이면, 적어도 인도-태평양 지역에서는 미국보다 군사적으로 우세하게 될 것이다. 중국은 또한 디지털 전쟁력도 막강한데, 이 분야에 있어서는 현재 중국의 우방인 러시아에 의지하는 바가 크다.

세계에 대한 중국의 영향력은 나날이 커지고 있다. 능력주의에 입각한 중국식 모델은 그 효율성 덕분에 점점 더 매력을 더해가고 있으며, 아류까지 만들어내고 있다. 뿐만 아니라 중국은 외화와 금으로 3조 달러를 보유하고 있다. 중국의 화폐는 국제 거래에서 사용되기 시작하는 중인데, 특히 석유 관련 계약 결제 분야에서 활용도가 높아지고 있다. 중국은 심지어 중국의 가상 화폐를 21세기 국제 거래의 통화로 만들려는 야심도 감추지 않는다. 아프리카에서의 중국 영향력이 날로 커지고 있는 현상도 주목할 만한데, 이는 아프리카 대륙 부채의 20퍼센트를 가진 채권자 지위에서 비롯된다고 볼 수 있다. 아울러 중국은 미국이 도외시하는 국제기구들에서도 꾸준히 역량을 확대해나가고 있다. 가령 유엔 산하 전문 기구 FAO, 국제전기통신연합(ITU), 유엔공업개발기구(UNIDO), 국제민간항공기구(ICAO)는 중국의 고위 관리들이 대표직을 맡아 이끌고 있다.

　마지막으로, 중국의 팬데믹 관리는 중국 내부에서나 외부에서 모두 효율성의 모범적인 사례로 알려져 있다. 유럽에 비해 중국 내부에서 사망자가 덜 발생했다는 사실(이는 십중팔구 사실이 아닐 것이다)이 중국 의료 체제의 높은 수준과 제도 운영의 효율성, 국민이 지도자들에 대해 갖고 있는 신뢰를 입증한다는 것이다. 중국은 국제적 이미지를 제고하기 위해 지속적으로 세계 곳곳에, 심지어 유럽 국가들에까지 의약품이나 의료 장비들을 선물하는 선심 공세를 멈추지 않는다. 예를 들어 2020년 3월 13일엔 중국 적십자사에서 띄운 비행기 한 대가 로마에 의료진과 마스크 20만 장, 소량의 호흡기 등을 실어날랐다. 다시 말해 아무것도 아니라고 할 만한 소소한 선물이었건만, 중국은 이를 대대적으로 광고했다. 마찬가지로 알리바바재단도 2월부터 유럽과 미국, 아프리카 등지에 마스크 수백만 장과 진단 검사 키트를 뿌리고 있다.

중국이 서양을 상대로 쏟아내는 담론에 담긴 폭력성은 한계를 모른다. 3월 13일 중국 일간지 〈환추시보〉는 중국 공산당 기관지인 〈인민일보〉의 지원 사격 속에서 미국과 유럽에 대해 매우 비판적인 논조의 사설을 실었다. 신종 코로나바이러스의 창궐을 막아내는 역량이 부족해도 한참 부족하다는 것이었다. 하지만 우리는 앞서 중국의 팬데믹 관리를 어떻게 평가해야 하는지 상세히 살펴봤다.

중국에 맞서 미국은 중대한 재정적, 사회적, 정치적 위기로 무너져내리는 것 같은 양상을 보이고 있다. 먼저, 연방정부와 각 주정부들의 재앙에 가까운 팬데믹 관리는 이 나라에 정말로 심각한 위기에 대처할 역량이 부재한다는 사실을 확인시켜줬다. 여기에 더해, 미국 사회 내부에서 걸핏하면 불거지는 인종차별 논란에 대해 이 나라가 입법적으로건 제도적으로건 경제적으로건 대처할 능력이 없다는 사실도 인정해야 한다. 2020년 5월 25일 아프리카계 미국인 조지 플로이드가 백인 경찰의 폭력적 진압 끝에 사망하자, 그다음 날 수천 명의 미국인이 경찰이 보인 인종차별적 폭력에 항의하기 위해 거리로 쏟아져나와 시위를 벌인 사실은 이를 웅변적으로 보여준다. 둘째로, 해외부채, 공공 부채, 민간 부채, 질적으로 불안정한 하부 구조, 마약과 당분, 일상화된 폭력, 자유로운 총기 판매 등으로 만신창이 된 미국 대중의 부실한 건강 상태 등은 미국의 쇠락을 보여주는 적신호가 아닐 수 없다. 그뿐 아니라 미국은 모든 국제기구에서 자동적으로 발을 빼는 모양새를 보임으로써 중국이 그 빈자리를 차지하는 데 기여하고 있다. 중국은 미국과 반대로 기회만 생기면 적극적으로 국제 사회에서 영향력을 제고하려고 힘쓴다.

이러한 분석을 통해서 우리는 중국이 곧 유일무이한 세계 최강국이 될 것이며, 21세기는 중국의 세기가 될 것이라고 추정하게 된다. 아무튼 아시아의 언론들과 많은 지식인들은 벌써 여러 해 전부터 입을 모아 그렇게들 말한다. 2020년 4월 이후엔 이러한 추세가 한층 강화되는 분위기다.

하지만 그처럼 섣부른 결론을 내리기엔 모든 정황이 너무 불확실하다. 중국의 국민총생산은 아직 미국의 3분의 2 수준에 불과하고, 1인당 총생산으로 말하자면 3분의 1 미만이다. 중국은 자국민도 제대로 먹일 수 없는 형편이어서 아시아, 아프리카, 라틴아메리카 등지에서 식량을 수입해야 한다. 그런데 식량 자급자족을 달성하지 못한 나라는 다양한 여러 종류의 위협에 노출될 수 있다.

전제적이며 각종 검열을 일삼는 중국의 정치 모델은 장기적으로는 절대 버틸 수 없다. 중산층이 더 많은 자율성과 더 많은 자유를 위해 항거에 나서기라도 하면, 유일 정당 치하의 다른 여러 나라들에서 이미 겪었듯 유일 정당은 그대로 산화될 것이다. 지금까지 자유민주주의 체제, 아니 거기까지는 아니더라도 최소한 국내 엘리트들 가운데 반대 의견을 피력하는 자들이 그들의 의견을 개진하도록 허용하지 않는 나라가 지속적인 초강대국 지위를 누렸던 적은 없었다. 고르바초프 이전의 소비에트 연방이 그랬으며, 중국도 그럴 것이다. 그리고 그 점이 바로 중국이 팬데믹을 그토록 치졸하게 관리한 중요한 이유이기도 하다. 중국은 전염병과 관련해 비밀을 지키는 데에만 급급한 나머지 스스로를 기만하고, 보다 효과적으로 전염병을 관리할 수도 있었을 모든 사람들을 감금했으며, 대대적인 격리 외에는 아무런 해결책도 제시 못하는 가운데 지구 전체를 감염시키더니, 급기야 남들의 본보기 역할까지 하겠다고 나서고 있다.

중국의 효율성을 설명하기 위해 후에 등장한 담론들은 전혀 설득력이 없으며, 그럴 수밖에 없다. 중국은 팬데믹에 당면해 자국민에게 모든 정보를 감춰서는 절대 승리할 수 없다. 중국 입장에서 보자면, 정보를 투명하게 관리하는 민주화의 길을 택하는 것은 곧 페레스트로이카(perestroika, 러시아어로 개혁을 뜻하는 '페레스트로이카'는 1985년 최연소 소련 공산당 중앙위원회 서기

장 자리에 오른 고르바초프가 소련 계획 경제의 문제점 및 정치적인 여러 현안들을 해결하기 위해 실시한 경제 사회 전반에 걸친 개혁 정책을 가리키는데, 그의 정책의 다른 한 축이었던 개방, 즉 글라스노스트 정책과 맞물리면서 체제는 유지하되 서방 경제의 요소를 약간만 도입하려던 그의 의도와는 달리 소련 붕괴의 출발점이 되었다 - 옮긴이)와 더불어 구소련이 그렇게 된 것과 마찬가지로, 나라가 산산조각 날 위험을 감수하는 것이며, 그렇게 하지 않는 것은 실패를 의미한다. 이것이 바로 중국이 감수해야 하는 영원한 딜레마다.

뿐만 아니라 현재 중국의 군사력은 대단히 과대평가되어 있다. 중국은 고작 두 대의 항공모함과 두 군데의 해외 기지(지부티와 미얀마)를 보유하고 있다. 중국은 또 이웃나라들에게 밉보인 상태로, 이 나라들은 온통 미국의 우방이다.

중국의 이러한 약점을 고려할 때, 미국은 여전히 2위와 크나큰 격차를 보이는 세계 최고의 경제대국이자 군사대국이며, 앞으로도 상당히 오래도록 이 지위를 유지할 것이다.

미국 역시 미래 기술을 제어하고 있다. 미국 기업들, 특히 GAFAM(Google, Apple, Facebook, Amazon, Microsoft)으로 널리 알려진 다섯 개 기업은 타의 추종을 불허할 정도로 세계 최강인데도, 지금까지는 별다른 이의 없이 워싱턴의 지시에 잘 따르는 모습을 보여주고 있다. 언론, 영화 산업, 비디오게임, 전자 상거래와 온라인 비디오 청취 등을 위한 플랫폼 산업 등으로 상징되는 미국의 소프트 파워는 하루가 다르게 확대되어가고 있다. 달러는 부동의 세계 화폐로, 70억이 넘는 사람이 이 화폐를 예금 또는 거래 수단으로 사용하고 있으므로, 덕분에 미국은 거의 무한대로 돈을 찍어낼 수 있는 막강한 힘을 자랑한다. 그 힘을 믿고 미국은 이란과 러시아를 상대로 달러를 외교 정책의 무기이자 보복 수단으로 사용하기도 했다. 유럽을 상대로 자기들 법의 치외법권을 강요하기도 한다.

미국 군사력엔 한마디로 경쟁자가 없다. 전투기와 잠수함 수로 보나 탄도미사일이며 핵무기, 디지털 감시 체제 등으로 보나 단연 세계 최강이다. 여기에 전 세계 45개국에 포진하고 있는 해외 기지까지 더해보라. 게다가 미국은 한국, 일본, 오스트레일리아 같은 강력한 동맹국들에 의지할 수도 있다. 물론 유럽도 빼놓을 수 없는 미국의 동맹이다.

어떤 의미에서는 미국뿐 아니라 유럽도 오늘날 군사력에서는 중국보다 앞선다고 할 수 있다. 프랑스는 아프리카에 5개의 상설 기지를 유지하고 있다. 그뿐 아니라 5대륙에 군사력을 골고루 배치하고 있으며, 독자적인 핵무기도 보유하고 있다. 유럽연합은 머지않아 비유럽 국가들에게 중국이나 미국보다 훨씬 나은 모델로 비칠 수도 있을 것이다. 유럽연합은 사회적으로 시민을 훨씬 잘 보호하며 생활수준도 세계에서 가장 높다. 또한 유럽연합은 민주국가들로만 구성되어 있으며 세계에 대해 막강한 영향력을 행사한다. 유럽연합 내부의 결속력은 적대적인 세력들이 뭐라고 이야기하든, 이번 위기를 통해서 한층 강화되고 있다. 유럽연합은 우리가 봤듯이, 경제적·사회적 면에서의 공동 노선을 공고히 하기 위해 이미 많은 결정을 내렸다. 마지막으로 유럽연합의 화폐, 즉 유로는 거듭되는 공격에도, 날이 갈수록 국제적으로 신뢰도 높은 화폐로 인정받고 있다.

따라서 중국이 언젠가 미국을 따돌리고 세계의 지배자가 될 수도 있다는 건 어디까지나 하나의 가설에 불과할 뿐, 기정사실로 받아들이기 힘들다.

그렇다고 해서 우리 앞에 더 나은 세계가 펼쳐진다고 장담할 수는 없다. 오히려 그 반대다. 왜냐하면 우선, 세력이 약화된 이 두 초강대국은 특별히 매우 위험스러운 존재가 될 수 있고, 따라서 이 둘 사이에 비단 경제적 갈등만이 아닌 다른 종류의 갈등까지 더해져 첨예하게 맞설 가능성도 배제할 수 없다. 전쟁마저도 가능하다. 반드시 두 열강의 의지 때문이 아니라도, 반드시 두 열강 사이의 직접적 이견 때문이 아니라도 말이다. 예를 들어 중국해 또는 페르시아만에서의 지극히 사소한 사고가 전쟁으로 번질 수도 있다. 러시아와 이란이 분명 그와 같은 무력

분쟁의 당사자가 될 수도 있을 것이다. 또한 국경 문제에서 비롯된 인도와의 갈등이라는 위험 변수도 간과할 수 없다. 인도는, 말이 나왔으니 한마디 덧붙이자면, 21세기 후반부에 열강의 반열에 오를 수 있는 잠룡 가운데 하나다.

이러한 열강들 사이에서 심각한 위기가 발생할 경우, 국제기구들의 중재 역할은 기대할 수 없을 것이다. 팬데믹 발생 초기 유엔 안전보장이사회는 화상 회의 설비가 갖춰지지 않은 일부 회원국 때문에 원거리 회합을 성사시키는 데만 한 달이나 걸렸다. 우여곡절 끝에 열린 회의마저도 아무 의미도 없는 성명서 한 장 달랑 발표하는 데 그쳤을 뿐, 이렇다 할 성과라고는 전혀 없었다. 모두가 적어도 5개 상임이사국 정상들만이라도 모여 회담을 열기를 기대했음에도 말이다. 현재로서는 오로지 G20만이 경제장관, 보건장관, 행정부 수반들의 회동을 주선해 그나마 체면을 살렸다.

유럽이 미국과 중국이라는 두 열강의 약화를 기회 삼아 똘똘 뭉쳐 단합을 공고히 한다면, 물론 이 또한 실현 가능성이 요원하긴 하나 유럽에도 밝은 미래가 열릴 수 있다. 그러기 위해서는 현재보다 훨씬 강력하고 훨씬 민주적인 기구들을 발족시켜야 하며, 가장 우선시되는 분야, 즉 생명경제에 대대적인 투자를 해야 할 것이다. 생명경제에 대해서는 뒤에서 다시 다루겠다.

국가에 대항하는 거대 기업

국가의 약화는, 심지어 가장 강대한 국가일 경우에도, 거대 기업의 권력 장악 과정을 가속화하게 될 것이다. 거대 기업은 정치적으로 점점 더 중요한 역할을 맡게 될 것이며, 오늘날보다 훨씬 더 빈번하게 국가가 강제하는 각종 규제와 세금 제도를 우회하게 될 것이다. 이는 무엇보다 서양의 초거대 기업과 상관이 있는 문제다. 중국의 대기업은 아직 정치권력과 유일 정당의 손아귀에 꽉 잡혀 있는 까닭에 어찌해볼 여지가 많지 않다.

이제껏 지금처럼 미국의 초거대 기업 ─비단 GAFAM에만 국한된 것이 아니다─을 후하게 평가했던 적이 없는 금융 시장도 역시 이와 같은 변화를 예상하고 있다. 금융 시장은 이들 초거대 기업이 그들을 약화시키려는 정치권 공세에 점점 더 강력하게 대처할 것이라고 전망한다. 오늘날 이들 미국의 5개 초거대 기업 주식의 시가총액, 즉 'S&P 5'는 세계 3위 경제대국인 일본의 국민총생산과 맞먹는다.

이들 기업은 위기 속에서 특히 강건해졌다. 아마존 매출은 2020년 1분기에 26퍼센트 증가했으며, 2분기에는 2019년 같은 기간에 비해 18~28퍼센트 성장할 것으로 예상한다. 아마존은 2020년 3월 이후 약 17만 5,000명의 신규 직원을 채용한 것으로 알려졌다. 2020년 연간 매출은 20퍼센트 늘어나 3,350억 달러에 이를 것으로 보인다. 아마존은 이제 오프라인 서점, 식료품점, 시청각 콘텐트, 음원 시장, 휴대폰, 건강, 배달, 클라우드 컴퓨팅 사업에도 본격적으로 뛰어들었다. 아마존 웹 서비스라는 이름이 붙은 클라우드 사업의 경우는, 그룹의 다른 사업들에 비해 월등하게 이익이 많이 나는 활동으로 자리매김했다. 이 회사는 전 세계에 120개의 데이터 저장 센터를 두고 있으며 온라인 데이터 저장 분야에서는 단연 최고로 알려져 있다. 아마존 케어는 건강 부문에서 여러 개의 벤처기업(온라인상에서 건강 관련 서비스를 제공받을 수 있는 헬스내비게이터와 온라인 약국 필팩도 여기 포함된다)을 사들였다. 영국 정부가 국민들을 상대로 지원자에 한해 개별 테스트 실시를 고려 중일 때, 아마존은 그에 필요한 모든 설비를 대겠다고 자원했다. 덕분에 적어도 350만 건의 코로나바이러스 감염 속성 검사 키트가 수천 가구와 약국에 우송될 예정이다.

애플과 구글은 코로나19 환자의 경로를 파악할 수 있는 애플리케이션을 제안하기 위해 뭉쳤다. 회계감사 업계의 거인 PwC도 '접촉 경로'(contact tracing)를 파악할 수 있는 장치를 개발 중이다. 이 장치만 있으면 기업 임원들이 코로나19 검사에서 양성 반응이 나온 동료와 밀접하게 접촉한 직원들에게 그 정보를 알려줄 수 있을 것이다. 한국의 재벌 기업 한화그룹의 한 계열사는 체온 감지 카메라를 개발 중이다.

이들 기업은 자기들의 활동에 제약을 가하는 법은 무시하는 경향을 보인다. 유럽에서는 2016년 이후 데이터 보호에 관한 일반 규정이 유럽 시민을 보호하는 것으로 알려져 있음에도 불구하고, GAFAM은 이를 준수하지 않는데, 주로 소비자들에게 그들의 소중한 개인 정보, 특히 건강 문제와 관련한 정보들의 활용 여부에 대해 명확한 선택지를 제공하지 않음으로써 법규 무시라는 결과를 초래하고 있다. 이 기업들은 소비자들의 개인 정보를 정치적 목적으로 활용하는데, 가령 이런저런 후보자에게 유리한 메시지들만 골라서 집중 공략하는 식이다. 이들은 각국 정부를 상대로 엄청난 돈을 뿌려가며 로비 활동을 하는 것으로 알려져 있다.

지금까지 이 기업들은 최저 세율 12.5퍼센트 확정을 막는 데 성공했는데, 이 세율이 법으로 확정된다면 세계 각국은 해마다 도합 1,000억 달러의 세수를 올릴 수 있다.

일부 국가는 이 기업들을 동등한 국가 자격으로 대하기도 한다. 2017년 덴마크가 GAFAM 주재 대사를 임명한 것이 그 대표적 사례라고 할 수 있다. 국가 반열에 올라선 기업들이라니.

이들 기업의 창업주이면서 주주인 자들 가운데 일부는 개인 자격으로, 또는 그들이 세운 재단의 대표 자격으로, 완벽하게 자격을 갖춘 정치계 인사로 대접받기도 한다. 빌&멀린다 게이츠재단(Bill & Melinda Gates Foundation)이 WHO의 가장 중요한 시민(비국가) 후원자이자 세계백신면역연합(GAVI, the Vaccin Alliance)의 창립 파트너로 등극한 것도 다 이러한 맥락에서 이해할 수 있다. 한편 페이스북의 마크 저커버그는 건강, 교육, 과학 연구, 에너지 분야에 있어서의 평등을 진작하자는 운동을 주도한다. 몇몇 사람들은 완전히 이타적인 마음으로 이런 움직임에 동참하는가 하면, 매출을 올리기 위해 그러는 사람들도 있다. 아무튼 페이스북은 무료로 WHO의 광고를 게재해주는데, 그러다 보니 이 기구는 페이스북의 단골고객이 되어간다.

중국에도 GAFAM에 버금가는 기업들이 있으며, 이들 또한 같은 권력을 지니고 있다. 연산 능력이며 인공지능에 관한 지식이나 실전 면에서는 오히려 거대한 중국 시장 덕분에 미국보다 더 강력할 수도 있는 이들 거대 중국 기업들은 현재로서는 중국의 유일 정당인 공산당과 국가를 위해 멸사봉공 중이다.

그런데 앞으로 우리가 당면해야 할 도전은 이러한 기업들이 생산하는 상품, 즉 세계의 인공화와 밀접한 연관을 맺고 있다.

인공물의 독재를 거부하기

현재 우리가 겪고 있는 위기 상황은 자연을 존중하는 마음가짐의 결여, 즉 야생동물이며 보호종들의 무분별한 소비에서 비롯된 것이 확실하다. 이는 또한 인간의 모든 활동을 점차 인공물로 변화시키는 일이 가속화되고 있음을 입증해주는 것이기도 하다. 늦은 속도로 뒤처진 인간들은 점점 더 자기들이 주인이라고 믿었던 기계의 맹장처럼 쓸모가 없어진다.

벌써 오래전부터 인간은 점차적으로 자신의 여러 차원을 인공물로 대체해왔으며, 그 인공물들은 인간에게 도구 역할을 해준다.

현재 우리가 처한 위기 상황에서 인간은 지금까지는 거의 인공물을 사용하지 않았던 분야, 가령 학습을 하고 스스로를 돌보는 일에서조차 인공물들을 활용하기 시작했다.

인간은 더 많은 도구를 사용할 수 있게 되었으므로 자신이 조금 더 자유로워졌다고 믿는다. 그런데 현실은 어떤가 하면, 인간이 보형물을 많이 가지면 가질수록 점점 더 그것들의 지시에 따라야 하는 역설적인 상황에 놓이게 된다. 많은 사람들이 자신들은 결국 전화기나 컴퓨터, 즉 그들의 움직임을 추적하고 그들이 감염되었는지를 검사하는 애플리케이션이 지시하는 대로 행동하고 있음을 깨닫기 시작하고 있다. 그러면서 점점 더 이 보형물들이 전해주는 사회적 인정을 통해서만 기쁨을, 감사를 느끼는 존재로 축소되고 있음을 인식하기 시작한 것이다. 그런데 이 인공물들이란 본래 다른 사람들이 — 다른 사람들 또한 그들만큼이나 고독하다 — 그들을 높이 평가한다고 믿게 함으로써 인간의 고독을 잊게 해주도록 고안된 장치다.

현재 우리가 당면한 위기는 이러한 변화를 가속화함으로써 인공화의 영역을 확대시키고 있으며, 그것이 환경에 끼치는 영향은 한마디로 무시무시하다.

그리고 마지막으로 기후 문제!

팬데믹은 또한 우리가 장기적 관점에서 다뤄야 할 문제들을 적절한 타이밍에 공략하지 않고 시기를 놓치면, 미리 준비하지 못한 데 대한 대가를 혹독하게 치르게 됨을 일깨워준 계기이기도 하다.

이는 기후 문제에도 고스란히 적용된다. 그러므로 이번 위기는 기후에 대해 새삼 생각해봐야 하는 기회이기도 하다.

먼저, 이번 위기는 우리로 하여금 유용한 습관을 들이도록 이

끈다. 예를 들어 원격 회의도 얼마든지 가능하다는 사실을 새삼 발견했으니까. 자동차를 점점 덜 쓰고 그 대신 자전거를 점점 더 애용해도 세상이 무너지지 않는다는 사실도 발견했으니까. 더러는 불필요한 물건을 꾸역꾸역 사들이는 것이 삶의 궁극적 인 목적이 될 수 없음도 깨달았다. 그보다는 훨씬 간소하고 단 순한 생활 방식, 쇼핑하기 위해서는 돈을 벌어야 하고, 돈을 벌 기 위해서는 일을 해야 하므로, 결과적으로는 쇼핑하기 위해 소 중한 인생을 허비하는 대신 다른 데 많은 시간을 쓰는 삶의 방 식이 아마도 행복에 보다 가까울 것 같다는 생각도 슬그머니 하 게 되었다.

이번 위기는 또한 성장의 저하가 그 자체로 기후 위기의 한 해결책이 될 수 있음을 보여주는 기회이기도 하다.

지금부터 이번 세기 말까지의 기온 상승을 파리회담에서 정 한 대로 1.5도 선으로 제한하겠다는 목표를 달성하기 위해서는, 2020년부터 2030년까지 10년 동안 온실가스 배출량을 7.6퍼 센트 줄여야 한다. 그런데 2020년엔 모두가 알다시피 경제가 심하게 곤두박질친 탓에 본의 아니게 거의 그 목표치에 도달 할 수 있을 것으로 보인다. 이산화탄소 배출량이 2020년 한 해 를 통틀어 적게는 5.5퍼센트(카본 브리프Carbon Brief, 과학 연구 및 정책 대 응 관점에서 기후 변화에 대한 이해를 증진시키기 위해 설계된 영국의 웹사이트 - 옮긴이 연구에 따른 수치)에서, 많게는 8퍼센트(국제에너지기구가 내놓은 전망)까지 줄어들 예정이다. 그러므로 성장 저하를 통해 기후 목표치에 도달하려면, 세계총생산이 10년 연속 해마다 2020년만큼 감소해야 할 것이다. 이렇게 되면 절대적인 파산과 실업의 보편화가 불 보듯 뻔하다. 그러니 어불성설이다.

성장 저하는 따라서 기후 온난화를 제어할 수 있는 해결책이 되지 못한다. 성장이 저하되어야 하는 것이 아니라 생산하되 다른 방식으로, 다른 것을 생산해야 한다.

아울러 많은 사람이 경제 불황을 타개하려는 투쟁이 최우선 과제가 되어야 하므로, 기후 온난화에 맞서는 투쟁은 잠시 미뤄야 한다고들 생각한다. 특히 일부 사람들은 파리협약에서 정한 목표를 재고해야 하며, 오히려 계속해서 탄소에너지 — 그사이 탄소에너지는 상당히 경쟁력 있는 가격으로 이용할 수 있게 되었다 — 를 대대적으로 사용할 것을 주장한다. 그래서인지 중국은 그 어느 때보다도 내놓고 석탄 채굴에 기대는 경제 살리기 계획을 발표했다. 미국은 환경보호청이 2026년까지 해마다 5퍼센트까지 줄이기로 되어 있던 미국산 자동차의 연료 소비를 1.5퍼센트만 줄이면 되는 것으로 낮췄다.

반대로, 유럽연합은 지금부터 2050년까지 탄소 중립화(또는 탄소 제로) 목표를 지키겠노라고 다시 한 번 다짐했으며, 온실가스 감축 목표치를 상향 조정했다.

그리고 마지막으로, 어쩌면 이것이 가장 중요할 텐데, 기후 문제가 전부가 아니라는 사실이다. 환경 문제는 단순히 공기 중의 탄소 양과 도심에서 자전거 타기 캠페인―물론 이런 것들이 중요하지 않다는 건 아니다―같은 것으로 환원되지 않는다.

지구를 위협하는 다른 위험들도 산적해 있다. 바다 파괴, 밀집 농업, 생물 다양성의 중요성에 대한 재고, 빈곤, 기아, 교육 부재(특히 여아들이 희생되는 경우가 많다), 약자들을 대상으로 자행되는 폭력을 비롯해 기타 등등.

5장

최악에서 최선의 것을 끌어내기

Tirer le meilleur parti du pire

생명경제로의
전환

돌풍이 몰아친 요 몇 달 동안, 적지 않은 사람이 비좁은 방에서 힘든 격리 생활을 해야 했던 이 기간 동안의 체험에서 우리가 미래를 위해 간직해야 할 것은 무엇인가?

팬데믹이라는 험난한 파도를 헤쳐가며 길을 내느라 보낸 지난 삶에서, 나 자신을 위해, 또 다른 사람들을 위해 어떤 교훈을 이끌어내야 할 것인가?

그런데 지난 삶이라니, 그 삶은 어떤 삶을 지칭하는 걸까? 우리는 지금 어떤 삶에 대해 이야기하는 걸까? 우리의 삶? 우리와 가까운 사람들의 삶? 우리와 같은 나라에 사는 사람들의 삶? 아니면 우리보다 훨씬 헐벗은 사람들의 삶? 우리와 같은 시대를 사는 모든 사람들의 삶? 미래에 살아갈 사람들의 삶? 살아 있는 모든 것의 삶?

당연히 모든 삶, 현재의, 미래의 모든 삶이 되어야 마땅하다. 아무도, 세계의 그 어느 곳에서도, 제아무리 돈이 많고 권력이 많은 사람이라 할지라도, 위생 상태가 불량한 중국의 어느 한 시장에서 벌어진 일 또는 방글라데시의 학대받는 어린이에게 일어난 일이 촉발하게 될 결과로부터 언제까지고 안전할 수는 없기 때문이다. 그처럼 사소한 일들을 제대로 보살피지 않는다는 건 곧 그 무서운 결과로 미래의 세계 전체를 위협하는 것이다.

그러므로 있는 곳이 어디든, 우리 각자는 우선 개인으로서, 집단 구성원으로서, 너무도 특별한 이번 위기를 보내면서 얻은 모든 교훈을 집대성해야 한다. 그래야 우리들 각자에 대해, 우리 모두에 대해 제대로 배울 수 있다.

고독과 내밀함

각자의 행동 양태는 이 충격의 몇 주 사이에 현저하게 바뀌게 될 것이다. 우리는 많은 것을 발견할 수 있을 텐데, 이 발견은 자신에 대해서일 수도 있고, 또는 타인에 대한 것일 수도 있으며, 각자의 사회적·경제적·지리적 위치와 성별에 따라 제각각 다를 수도 있을 것이다.

나를 포함해 더러는 새로 접하는 느림, 스스로 택한 고독, 끊임없이 이어지던 여행의 중단, 친지들과의 밀도 높아진 관계 등을 긍정적으로 받아들였다.

쾌적한 환경에서 격리 기간을 보낸 이들이 느낀 점은, 아무런 보호 장치도 없이 질병에 대한 두려움 또는 실직 위협 속에서 계속 일을 해야 했던, 일을 마치면 안전 여부가 확실하지 않은 대중교통 수단을 이용해 도심에서 멀리 떨어진 외곽 지역의 집으로 돌아가야 했던 이들이 느낀 점과 같을 수가 없을 것이다. 하지만 어느 쪽에 속하든, 많은 사람이 각자 다른 방식으로 고독을 경험한 건 사실이다. 편안한 격리 생활을 보낸 자들은 바라건대, 그렇지 못했던 사람들의 유용한 활동에 대해 고마움을 느끼고 이들 존재의 소중함을 확실하게 인식해야 마땅할 것이다.

고독은 인류의 역사만큼이나 오래되고 뿌리 깊은 경향이다. 우리는 대부분의 종교에서 갈망으로서의 고독, 신에게로 가기 위한 고독을 만날 수 있다. 은둔자나 현자, 블레즈 파스칼이나 바뤼흐 스피노자를 비롯해 많은 사람이 이와 같은 의미의 고독을 체험하곤 했다. 낭만주의자들은 고독을 이 세상에 존재하기 위한 여러 방편들 가운데 하나, 자연과 하나가 되는 수단들 가운데 하나로 간주한다. 로버트 루이스 스티븐슨은 고독이 인간을 "바람이 연주하는 플루트로 만들어준다"고 말했다. 이와 같은 고독의 개념은 후엔 야성적인 삶, 고독한 카우보이들에 대한 이끌림으로 그 맥을 이어간다. 오늘날 도시에 거주하는 사람들은 숲 산책, 등산, 요가, 요트, 명상처럼 군중으로부터 고립될 수 있는 활동, 또는 퍼즐이나 십자낱말풀이처럼 혼자서 즐기는 놀이 등을 통해 고독을 추구한다.

고독은 점점 더 세를 불려가는 현실이 되고 있다. 1905년엔 혼자 사는 미국인이 고작 5퍼센트에 불과했으나, 오늘날엔 그 숫자가 25퍼센트로 치솟았다. 영국은 인구의 3분의 1이, 프랑스는 이보다 약간 더 높은 인구가, 스웨덴의 경우는 인구의 절반이 혼자 산다. 그런가 하면 교도소, 정신병원 또는 요양원 등지에서 어쩔 수 없이 고독을 강요당하는 사람들도 있다.

이와는 전혀 다른 방식으로, 젊은 세대들은 컴퓨터 모니터 또는 휴대폰 액정 화면 앞에서, 심지어 사람들이 바글거리는 대중교통 안에서도 두 귀를 이어폰으로 틀어막은 채 새로운 고독 문화를 만들어간다. 젊은 세대는 더는 친구나 연인 또는 섹스 파트너를 사귀지 않을 정도로 고독을 몰아붙이기도 한다. 우리는 이 같은 고독에 대한 욕망이 아이를 갖지 않으려는 욕망으로 연장되리라는 걸 쉽게 상상할 수 있으며, 이렇게 되면 인류는 멸종에 이르게 되거나, 성관계 없이 아이를 낳게 될 것이다. 물론 이런 일은 지금도 가능하긴 하나, 앞으로는 오늘날보다 이와 같은 경향이 고독할 권리 존중이라는 이름으로 한층 더 심화될 가능성도 배제할 수 없다.

이 '고독이라는 전염병'은 죽음과 가까워졌을 때 그 절정에 다다른다. 고독사가 점점 더 만연하는 추세가 이를 증명해준다.

격리 기간 동안, 그전부터 이미 혼자 살던 사람들은 고독의 극치, 즉 가족도 친구도 만날 수 없는 극한 고독 상태를 경험했다. 전염병으로 사망한 사람의 경우라면 생의 마지막 날들마저도 그렇게 보낸 것이다.

정신없이 바쁘게 살던 일부 아버지, 어머니들은 격리 기간 동안 새삼 자식들을 재발견하기도 했다. 간혹 자식들과 늘 함께 지내야 하는 격리 생활을 못 견뎌 하는 부모들도 눈에 띄었다. 그럴 경우 힘들어하기는 자식들도 마찬가지였을 것이다. 격리는 또한 지나치게 자주 구태의연한 원칙들로 뒷걸음질치는 계기가 되기도 했다. 거의 전적으로 집안일과 아이들 교육을 떠맡게 된 여성들이 격리 생활이 요구하는 물자 조달 임무까지도 책임져야 했기 때문이다. 사실 여성들은 강제 격리 생활이 아닐 때도 거의 전적으로 돌봄이나 교육을 필요로 하는 곳에서 그 같은 일들을 도맡아왔다.

비교적 안락한 조건에서 격리 생활을 한 사람은 근무시간을 제외하고는 읽고 싶었던 책을 읽고, 듣고 싶었던 음악을 듣고,

새로운 외국어를 배우고, 악기를 연주하고, 자신에 대한 성찰의 시간을 가지면서 지금과는 완전히 다를 수도 있는 '위기 이후의 삶'을 준비했거나, 준비할 수도 있었을 것이다.

모두가 강제로 부여된 이 휴지기, 우리 삶에서 어쩌면 유일무이할 수도 있을 시간을 습관에서 벗어나 다른 존재, 즉 진정한 자기 자신이 되어보는 기회로 활용할 수 있었을 것이다.

그런데 많은 사람이 그렇게 하지 않았다. 그들은 그저 고독에서 빠져나오고자 절망적으로 몸부림쳤을 뿐이다. 그들은 다른 사람들과 접속하기 위해, 정보를 얻기 위해, 대화를 나누기 위해, 오락을 위해 디지털 기술에 매달렸다. 이전에 비해 훨씬 더 많은 시간을 서로의 소식을 전해주고 전해듣는 데, 볼 수 없는 친구들과의 끈을 이어가는 데 할애했다.

재택근무 중인 사람들은 근무시간을 제외한 사생활마저 일감으로 침해당했다. 직무 관련 이메일에 답장할 수 있는 시간까지 법으로 정해놓은 프랑스 같은 나라에서조차 사람들은 일에서 헤어날 수 없었다.

위기가 가져다준 어쩌면 유일무이할 수도 있을 그 시간 동안, 새로운 뭔가를 추구할 수 있었던 사람은 극히 소수에 지나지 않는다.

마스크는 무엇의 이름인가?

일상생활에서 마주치는 물건들은 모두 나름대로의 역사와 족보, 존재 이유 등을 가지고 있다. 그리고 그런 이야기들을 찾아내 들려주는 것보다 더 흥미진진한 일도 드물다. 소박한 하나의 못, 시끄러운 한 자루의 망치, 미묘한 뉘앙스를 담고 있는 한 권의 책, 언제나 순종적인 한 대의 세탁기, 엄청난 힘을 자랑하는 한 대의 자동차, 매혹적인 한 대의 컴퓨터 등 이 모든 것이 철학자들보다, 역사가들보다, 경제학자들보다, 사회학자들보다 훨씬 더 우리 사회에 대해 많은 것을 말해준다.

이러한 물건들 가운데 하나로 아주 오래전부터 존재해왔으며, 오늘날 다시금 새로이 조명을 받는 것이 바로 마스크 (masque, 프랑스어에서 'masque'는 가면, 복면, 보호용 마스크, 안면부조, 미용 팩 등 여러 의미를 지니고 있다 - 옮긴이)다.

오늘날 마스크의 존재 이유를 이해하기 위해서는, 다른 물건들에 대해서도 마찬가지겠지만, 역사의 깊은 뿌리까지 거슬러 올라가봐야 한다. 마스크는 다른 많은 물건처럼, 아니 다른 많은 물건보다 훨씬 더 죽음, 그리고 불멸성 추구와 밀접하게 관련이 있다.

인간은 그다지 스스로를 사랑하지 않으므로, 가면으로 본래 얼굴을 가림으로써 새로운 자신을 만들어 스스로를 넘어서며 다른 사람이 된다. 인간은 자신뿐만 아니라 다른 인간들도 그다지 사랑하지 않지만, 오로지 존재해야 할 이유가 있거나 불멸성을 부여받은 자들만 가면, 즉 마스크를 쓸 권리가 있다. 얼굴이 있는 곳엔 늘 가면이 있다.

최초의 가면은 이집트 미라의 가면으로, 가면은 그들에게 영원으로의 길을 열어준다. 이집트 가면을 지나면 아프리카의 제례용 가면이 등장하는데, 이들 가면은 저승과의 관계를 설정하는 기능을 지닌 것으로, 죽은 자들이 아닌 산 자들이 가면을 쓴다는 점에서 이집트 미라의 가면과는 구별된다. 가면을 쓴 산 자들은 신 또는 반신(半神) 또는 적어도 초자연적인 존재의 형상을 하게 되는 셈이다. 그리고 이때의 가면은 일반적으로 춤을 추기 위한 용도라고 볼 수 있다. 오래도록 오직 가면을 쓴 사람만이 춤을 추곤 했다.

그 무렵의 일부 신들—우선 유대교의 신, 뒤이어 이슬람교의 신—은 얼굴 없이 존재한다. 이 신들은 가면도 필요로 하지 않으며, 신도들에게도 가면 착용을 금지한다. 이들이 만에 하나 가면을 쓰더라도 그건 얼굴을 가리기 위해서일 뿐, 절대 변장을 하기 위해서는 아니다.

제례 의식이 힘을 잃게 되자, 이제 가면은 구경거리를 제공하려 할 때 사용되기 시작한다. 그리스 연극이나 일본의 노 (能) 공연 등이 대표적인 사례라 할 수 있다. 등장인물을 커보이게 하거나 왜곡시키기 위해, 보편적인 인물들의 성격을 강조해 드러내 보이기 위해 가면을 필요로 하게 된 것이다. 가면을 쓴 사람의 존재는 가면 뒤로 사라져버리니까. 프랑스어에서 등장인물을 뜻하는 '페르소나지'(personnage), 사람을 뜻하는 '페르손'(personne), 인격, 개성 등을 뜻하는 '페르소날리테'(personalité) 같은 단어들은 모두 그리스어에서 가면을 뜻하는 'prosophon'에서 파생되었음을 상기해보라.

그러다가 가면의 기능이 한 차례 더 저급해지는데, 바로 카니발, 즉 사육제와 더불어 가면의 기능이 달라지는 것이다. 사육제 동안 인간은 인격을 바꿀 수 있으므로, 짧은 동안이나마 다른 사람이 되어볼 수 있다. 원래의 사회적 신분과 필멸의 존재로서의 위상 등에서 벗어날 수 있다는 말이다.

시대가 바뀜에 따라 개인은 점점 더 많은 자유와 자율성, 투명성을 얻게 된다. 그러면서 데스마스크, 즉 자신의 모조품 (simulacre)인 죽은 얼굴 속에 삶을 보존해두려는 최후의 시도가 등장한다. 남북전쟁 당시 부상병 호송 임무를 맡았던 미국의 위대한 시인 월트 휘트먼은 훗날 죽음을 "모두가 맞닥뜨리게 되는 비극"이라고 표현했다.

개인주의, 삶을 즐기려는 취향, 죽음에 대한 거부 등과 더불어 가면은 차츰 자취를 감춘다. 이제 가면은 떠들썩한 저잣거리의 볼거리에나 등장하는 소도구로 전락하고, 진정성이 누구나 지켜야 할 규칙으로 부상한다. 적어도 외견상으로는 그렇다고 해야 맞는 말이라 할 수 있는데, 실제 현실에서는 가면이 여전히 존재하기 때문이다. 그 가면이라는 것이 때로는 모자의 형태를 취할 수도 있고, 때로는 가발이나 화장일 수도 있고, 성형수술이 될 수도 있을 뿐이다. 그런데 이 모든 건 결국 죽음을 부정하는 한 형태라 할 수 있다.

17세기 말 팬데믹으로 인해 강제로 착용하게 된 마스크로 말하자면, 다른 어느 것보다도 죽음과 밀접한 관련이 있다. 어떻게든 죽음을 뒤로 미루는 것이 마스크 착용의 이유이기 때문이다. 팬데믹이 강요하는 마스크 착용은 여전히 어떤 의식에 복종한다고 할 수 있는데, 이때의 의식이란 죽음과의 관계를 지배하는 새로운 주인이 강제하는 것이다. 이를테면 사제들이 아닌 의사들이 남들보다 먼저 마스크를 쓰는 현실이 이를 잘 설명해 준다.

의료용, 보호용 마스크는 우리를 에워싸고 있는 거추장스러운 다른 많은 물건들과 마찬가지로, 순전히 인공물이다. 생명 유지에 필수적인 인공물. 일률적이고 추상적이며 관료주의적인 인공물. 앞서 등장한 가면들처럼 의료용 마스크 또한 관찰하는 사람들이 보기엔, 그것을 착용한 사람의 인격을 부정한다. 그러나 가면들과는 달리, 인격을 부정하는 건 사실이지만 그렇다고 다른 인격으로 대체해버리는 건 아니다. 의료용 마스크는 차별화하는 기호가 아니라 단일화하는 기호다. 타인이란 차별화되지 않은 존재, 알 수 없는 존재에 불과하다. 일단 마스크를 쓰면 얼굴을 찡그리거나 미소를 지음으로써 어떤 의미를 표현하는 일이 불가능해진다. 시선마저도 마스크에 가려서 완전하게 드러나지 않는다.

개인주의적이고, 민주적이며, 자아성취, 자기 자신이 되기를 기반으로 삼는 사회에서 이는 참을 수 없는 상황이 아닐 수 없다. 심지어 그 소중한 자아가 나 아닌 타인이 되기를 꿈꾼다 하더라도 그렇다. 그렇기 때문에 우리가 사는 이 세계에서, 인간 개개인의 특성을 부정하는 사회라는 수렁 속으로 빠져들어가는 것보다 더 죽음 같은 비극은 있을 수 없다. 그럴 바엔 차라리 죽어서 사라지는 쪽이 오히려 받아들이기 쉬울 수도 있다.

민주사회에서 자기 자신이 될 권리를 구해내고 싶다면, 언제가 될지 모르겠으나 마스크를 써야만 하는 기간이 지속되는 만큼이나 오래도록 그 권리를 지켜내고 싶다면, 마스크에 의해 스스로가 부정당하는 일을 막는 것이 중요하다. 그러기 위해서는 언젠가 베네치아에 팬데믹이 돌았을 때 사람들이 잠깐 그랬던 것처럼 마스크를 개별화해야 한다. 많은 여성이, 많은 남성에 비해 훨씬 빨리 이 점을 이해했는데, 이를 여성의 경박함 때문이라는 식으로 매도해서는 안 된다. 일반적으로 여성은 남성에 비해 차이가 있는 곳, 변별력이 기능하는 곳에서만 삶이 가능하다는 사실을 훨씬 잘 이해한다.

독자적으로 생산하고, 함께 창조하기

이번 위기가 종식되면, 세계의 대부분 지역에서 사람들은 수 세기 전부터 늘 그래온 방식대로, 오래도록 일하고 싶어 할 것이다. 자본은 예전처럼 아동과 여성들을 착취할 것이고, 지옥 같은 작업 속도를 강요할 것이며, 생명 따위는 전혀 중요하게 여기지 않을 것이다.

팬데믹은 우리에게 모든 생명을 이어주는 상호의존성을 가르쳐준다. 전 지구적인 대규모 위기가 발생한 건 중국의 한 도시에 세워진 어떤 시장의 위생 상태와 식품 소비 환경이 열악했으며, 인간이 야생동물의 자연적 서식지를 파괴했기 때문이다.

그러므로 우리 각자는 세상 어디가 되었든 어느 한 사람도 전염병에 걸리지 않도록 조심해야 할 필요가 있다.

그러려면 언제나처럼 다른 무엇보다도 수익성을 가장 중요한 목표로 정할 것이 확실한 민간 기업들이, 이전과는 다른 방식으로 직원들과의 관계를 설정해야만 직원들 사이에서 전염병이 확산되는 불상사를 막을 수 있을 것이다. 민간 기업은 같은 공간에서 밀집 대형으로 일하는 인력 수를 축소해야 할 것이며, 오픈-스페이스형 사무실 공간 설계를 재고해야 할 필요가 있다. 또한 공장에서의 연속 작업 방식 또한 전폭적으로 바꿔야 하며, 산업 현장에서의 건강 감독 체제도 예방 위주, 위생 증진, 검사 확대와 치료에 집중하는 식으로 질적 향상을 꾀해야 한다. 기업이 직원들에게 모든 감염성 질병과 관련해 상시적 진단을 강제해, 이상이 발견된 직원의 출근을 막는 법이 마련될 수도 있을 것이다. 또 자신의 건강 상태를 모두에게 알리는 것을 모두의 의무로 강제할 수도 있을 것이다. 소비자들도 마찬가지겠지만, 직원들은 회사 이사회가 결정을 내리는 과정에 보다 적극적으로 참여할 수 있어야 한다. 최소한 그들의 건강이 문제되는 결정에 대해서만이라도 반드시 그렇게 되어야 할 것이다.

아울러 이번 위기는 많은 사람에게 지금까지는 그다지 눈에 띄지 않았던 간호사, 환경미화원, 계산원 같은 몇몇 인력의 중요성을 새삼 일깨워주는 계기가 될 것이다. 많은 부모들은 또한 교사라는 직업의 어려움도 통감할 수 있었을 것이다.

이러한 인식이 지속적인 것이 되려면, 그저 박수 몇 번 치고 감사 인사를 하는 정도로는 충분하지 않다. 그 이상의 것이 필요하다. 급여를 올려주고, 일할 수 있는 여건을 마련해줘야 하며, 인원을 보충해주고, 설비를 갖춰주는 노력이 뒷받침되어야 한다. 이러한 일이 공무원들에 의해 이뤄진다면, 세금을 더 올려서라도 필요한 재원을 마련해야 하며, 그렇게 해야 마땅하다. 반대로, 그런 일이 민간 기업 차원에서 수행되는 경우라면, 그 야말로 새로운 환상적인 시장이 열리는 셈이니 민간 기업과 자본엔 이익 창출과 성장의 호기를 제공하게 될 것이다.

재택근무는 격리 기간 동안 광범위하게 경험해봤으니, 앞으로 한층 자연스럽게 받아들여질 것이고, 실시 폭도 확대될 것이다.

위기가 종식되고 나면, 기업은 직원에게 적어도 부분적으로라도 집에서 근무하도록 부추기게 될 것이다. 미국은 전체 일자리 가운데 60퍼센트는 집에서 근무해도 얼마든지 가능하리라고 계산한다. 서비스 직종의 상당 부분은, 디지털 네트워크가 잘 정비된 나라의 경우라면 원격 근무로도 직무 수행이 가능할 것이다. 각종 회합이나 회견, 학회 등은 VR(가상현실) 형태로 진행할 수 있을 것이다.

지금부터 시작해 2035년까지면 지구상의 10억 명 정도는 자기 집이 되었든, 다른 곳이 되었든 유목민처럼 지정된 장소가 아닌 곳에서 일하게 될 것이다.

　이러한 추세는 당연히 신규 채용의 방식과 절차도 완전히 바꿔놓을 것이다. 미국에서 2020년 3월 이전엔 집리쿠르터(ZipRecruiter) 사이트에 올라오는 일자리 가운데 단지 1.3퍼센트만이 재택근무가 가능하다고 명시적으로 밝힌 반면, 2020년 5월엔 이미 이 비율이 11퍼센트 이상으로 올라갔다.

　이는 앞으로 기업이 필요로 하는 사무실 면적이 크게 줄어들게 되리라는 말과 다르지 않다. 기업으로서는 더 이상 땅값이 가장 비싼 도심의 사무 지역에 밀집해 있을 이유가 없어진다는 말이다. 그러면 당연히 기업으로서는 이러한 변화 추세를 환영할 것이다.

　그래도 몇 가지 유보 사항은 남는다. 기업들 입장에서 보자면, 기존 직원들이 단순히 가상 협력자들이 모인 익명의 집단으로 전락하는 것에 만족할 리가 없다. 잃는 것이 너무 많기 때문이다. 관계를 통해 이뤄지는 많은 일들, 영업 분야에서 특히 중요한 이 일들은 물리적인 만남, 회의, 점심식사, 저녁식사, 동료들, 협력업체 사람들, 고객들과의 술자리 등을 함축한다. 마찬가지로 창의력의 적지 않은 부분은 우연한 대화, 즉흥적인 의견

교환 등에서 예기치 않게 솟아오르는 경우가 빈번하므로, 사전에 계획된 가상 회합 같은 자리에서는 이를 기대하기 어렵다.

그뿐 아니라 가상이 아닌 물리적 대면 회의, 학회, 박람회, 포럼 등은 실제 만남을 가능하게 해준다는 점에서 그 중요성을 찾을 수 있는데, 이는 VR 회합으로는 얻을 수 없는 소중한 자산이다. 이를 잃게 된다는 건 기업으로서는 큰 손실이 아닐 수 없다. 가상 학회니 강연회 따위를 통해서는 오직 발제자나 연사들만 자신의 존재를 알릴 수 있을 테고, 그렇게 해서는 가상 청취자들만 만날 뿐이다.

사실 기업에서 가장 중요한 공간은 다름 아닌 커피머신 주변 또는 카페테리아일 경우가 비일비재하다. 블룸버그의 뉴욕 본사는 이 사실을 잘 이해한 결과물로, 거기서는 사무실과 카페테리아의 구분이 애매할 정도다. 그런데 이처럼 소중한 작업 공간이 사라진다면, 직무와 관련해 맺게 되는 관계는 지나치게 차갑고, 사람 냄새라고는 맡을 수 없는 무미건조한 것이 되고 말 것이다. 그리고 이렇게 되면, 그렇지 않아도 직원들이 회사를 내 집처럼 여기는 충성스러운 구성원이라기보다 돈에 팔리는 용병에 지나지 않는 경우가 만연한 마당에, 그 같은 추세가 한층 더 가속화될 것이다. 이런 관점에서 보자면, 원격 회의는 오래도록 지속되어온 집단 구조의 자동화, 사회적 관계의 파편화와 실상은 궤를 같이 한다고 볼 수 있다.

부분적으로나마 이를 보완하기 위해서는, 가상 회의를 진행할 때 참석자 개개인이 좀 더 동등한 자격으로 발언할 수 있어야 하며, 이를 통해 의견 교류의 미덕이 유지될 수 있어야 할 것이다. 직진만 할 것이 아니라 길을 잃고 방황하기, 우연히 발견하기 등을 진작시킬 수 있는 방식을 찾아내야 한다. 요컨대 가상 커피머신을 발명해내야 한다는 말이다. 어떤 의미에서는 몇몇 만남 주선 사이트들이 이러한 방식으로 운영되고 있는데, 이 기술을 기업 커뮤니케이션이나 가상 학회 등에 이식하는 것도 좋을 것이다. 물론 아직은 어설픈 수준이지만, 전문적인 애플리케이션을 통해 초보적으로나마 이미 실행하고 있는 곳들도 있다.

무엇보다도 기업이 협력자들을 놓치지 않고 유지하려면 그들이 자기가 하는 일에서 의미를 찾을 수 있도록 도와줘야 한다. 그러려면 주주들에게 돌아가는 이익이라는 숫자만으로 직원들의 실적을 평가할 것이 아니라, 다른 평가 기준들도 도입되어야 한다. 기업이 직원(협력자), 고객, 환경을 보호하며 미래에 닥칠 수 있는 위기에 충분히 준비하고 있음을, 적어도 주주들의 이익을 걱정하는 것만큼의 준비는 하고 있음을 느끼게 해줘야 한다. 보다 일반적으로는, 기업 활동이 미래 세대의 이익에도 부합되어야 한다. 기업은 그러므로 요즘 들어 유행하기 시작하는 '긍정적 기업'으로 탈바꿈해야 한다.

　중요한 건, 이러한 개념들을 이해는 하면서도 여전히 이익에만 몰두하기로 마음먹은 경영자, 다시 말해 '그린워싱'(greenwashing, 기업이 친환경 경영을 하지 않으면서 마치 녹색 경영을 표방하는 것처럼 홍보하는 것 - 옮긴이)의 대가가 내일은 '라이프워싱'(lifewashing)의 대가로 슬쩍 옮겨가면서, 전혀 실천으로 이어지지 않는 입에 발린 연설만 하는 것으로 만족해선 안 된다는 점이다. 주주들 스스로도 미래의 위기에 대비하지 않는 기업은 좋은 투자처가 되지 못한다는 사실을 깨달아 그 같은 거짓말에 만족하지 않을 때, 비로소 변화가 찾아오게 된다.

얻는 것 없이 남 좋은 일 하기

이번 위기 상황으로 말미암아 다시금 수면 위로 등장하게 된 수백 수천 가지 양상 가운데, 지금껏 너무 소홀히 다뤄졌던 것 중 하나로 비영리 단체와 자원봉사 활동 분야를 꼽을 수 있다. 비영리 단체는 주로 사회, 문화, 스포츠, 여가 등과 관련된 분야에 포진하고 있다. 이들은 위기 동안 아주 중요한 역할을 했다. 굉장히 많은 직장인이 그런 단체들을 통해 다양하게 사회에 기여

한다. 그러한 단체에서 일하는 자원봉사자들도 빼놓을 수 없다. 이들은 대부분 시간선택제로 일한다. 여기에 더해, 비영리 단체 같은 조직에도 소속되지 않고 일하는 비공식(informal) 자원봉사도 존재한다. 주로 여성들에 의해, 가정 내에서 무보수로 이뤄지는 일도 있음은 두말할 필요도 없다.

격리 생활과 위기로 말미암아 이러한 활동이 도처에서 눈에 띄게 늘어났다. 비영리 단체 소속 임금노동자와 자원봉사자는 공식(formal), 비공식을 막론하고 그 어느 때보다 그 수가 증가했다. 수백 개의 시민 단체와 새로운 형태의 협동 조직, 상호부조 모임 등이 출현했다. 가장 시급하게 도움을 필요로 하는 자들을 위한 자원봉사 활동을 활성화시키기 위한 디지털 플랫폼들도 개설되었다. 격리 생활을 강요당하고 있는 사람들 사이에서 연대의식에서 비롯되는 행동들이 자발적으로 터져나왔다. 그 행동들은 같은 처지에 있는 다른 격리 생활자들을 위한 것일 수도, 강제 격리 상태에 놓이지 않은 사람들을 위한 것일 수도 있다. 그런 구분은 중요하지 않다. 식품 지원, 일자리 찾기 지원, 특히 고령층과 노숙자들을 위한 고립 상태 탈피 등 이들의 활동은 다양한 형태로 이뤄진다. 이러한 활동의 사회적 가치는 눈에 띄게 증가했다. 위기가 닥치면 상품 총생산이 감소하고, 그에 비례해 비상품 총생산이 대칭적으로 증가하는 것과 같은 이치다.

그 증가폭은 엄청나다. 이번 위기 전에도, 유럽의 경우 비영리 단체 분야가 전체 일자리의 10퍼센트를 차지했는데, 그중 4분의 3은 교육, 건강, 사회복지 분야의 일자리였다.

프랑스엔 약 1,300개의 비영리 단체가 활동 중이며, 이 중 절반은 문화, 스포츠, 여가 분야에서 활동한다. 해마다 6만에서 7만 5,000개의 새로운 비영리 단체가 설립된다. 그중에서 유급 직원을 두고 있는 곳은 소수(15퍼센트 미만으로, 특히 사회복지 분야의 상황이 열악하다)에 불과하다. 좀 더 정확하게 말하면, 16만 3,400개의 단체가 180만 명의 유급 직원을 두고 있는데, 이는 민간 일자리의 거의 10퍼센트에 해당된다. 여기에 공익 근무 중인 8만 명의 청년과 1,200만 명의 자원봉사자를 더해야 한다.

특별히 귀감이 되는 세 나라의 예를 소개하고자 한다. 네덜란드에서는 비영리 단체가 전체 일자리의 12.3퍼센트를 책임진다. 자원봉사 일자리는 종일근무 일자리의 8퍼센트에 버금간다. 비영리 단체들은 국민총생산의 10.2퍼센트 수준으로 경제에 기여한다. 전체 인구의 70퍼센트 이상이 해마다 비영리 단체에 기부금을 내고 있다. 정부의 교부금이 비영리 단체의 가장 중요한 수입원이다.

아일랜드에서는 비영리 단체들이 전체 임금 노동 일자리의 8.8퍼센트에 해당하는 몫을 고용하고 있으며, 국민총생산의

6퍼센트를 담당한다. 정부와 공기업이 이들의 가장 중요한 수입원이다. 가계는 평균 주당 3.75유로를 비영리 단체에 기부한다.

캐나다의 경우, 자선사업 분야가 국민총생산의 8퍼센트를 담당하고 있으며 경제활동 인구의 12퍼센트가 이 분야의 종일근무자로 일하고 있다. 자선사업 부문은 시민(캐나다인의 60퍼센트는 해마다 수입의 일부를 기부한다)과 기업체의 기부, 연방정부와 지방정부의 지원금으로 살림을 꾸린다.

이러한 나라들에서 비영리 단체들은 팬데믹 대처에 중요한 역할을 했다. 이 분야는 앞으로 대대적으로 확대되어갈 것으로 예상된다. 이에 대해서는 뒤에서 다시 다루게 될 것이다.

멀리서,
그리고 가까이에서 소비하기

이번 위기로 온라인 상거래는 비약적으로 확대되는 양상을 보였다.

미국에서는 온라인 거래가 2020년 3월 초부터 4월 말까지의 기간 동안 50퍼센트 이상 증가했다. 그중에서도 특히 식품 판매는 110퍼센트라는 성장세를 과시했으며, 전자 기기 판매는

58퍼센트, 서적 판매는 100퍼센트 증가했다. 의류 판매는 4월에 34퍼센트, 의류 중에서도 잠옷 판매는 143퍼센트 증가한 반면, 재킷류 판매는 33퍼센트 감소하는 대조적인 결과를 보였다. 온라인상의 알코올 판매는 4월 74퍼센트 증가했다. 온라인으로 주문한 상품을 인근 상점으로 배달해주는 서비스인 인스타카트(Instacart)는 2012년 처음 개설된 이후 매출이 5배 증가했다.

2020년 4월 한 달 동안 프랑스에서는 720만 명이 온라인 상거래를 이용했는데, 그보다 석 달 전인 1월엔 이용자가 500만 명 수준이었다.

중국에서는 이와 반대로 테이크아웃 음식 주문이 줄어들었다. 온라인을 통한 주방 도구, 잠옷, 요가 매트 주문만 늘어났다. 도시 인근에서 농사를 짓는 농부들은 그들이 키운 농산물을 지역 소비자들에게 알리기 위해 라이브 스트리밍 마케팅을 활용했다.

위기와 더불어 우리 각자는 주변 상인의 역할에 대해 새삼스럽게 인식하게 되었으며, 조금 더 비싼 값을 치르더라도 그들을 금전적으로 지원해주는 것이 매우 중요하다는 사실도 실감했다.

일주일에 단 몇 시간씩이라도 문을 열기로 결정한 동네서점은 책을 주문하는 고객이 여전히 건재하다는 사실을 확인했다. 온라인 독서 플랫폼은 점점 더 인기를 얻어가고 있다. 3월엔 독서 스트리밍 플랫폼 유북스(Youboox)의 가입자 수가 2020년 초에 비해 4배나 늘어났다. 격리 기간 동안엔 방문 빈도가 100퍼센트 이상 치솟는 기염을 토하기도 했다.

여기서 끝이 아니다. 소상공인들의 적극적인 배달 서비스를 독려하기 위해, 앞에서도 봤듯이 개인 맞춤형으로 특화된 가상 쇼핑 수단이며 각 매장마다 고객별 가상 담당 판매원이 배치된 상거래 형태가 점점 더 발달하게 될 것이다. (온라인 판매 사이트에서 24시간 고객들을 상대하는) 챗봇들이 점차 고전적 매장 직원 또는 퍼스널 쇼퍼를 대신하게 될 것이다.

아울러 고객이 가상 도우미를 활용해 전자 상거래 상점에 주문을 하는 음성 판매 사업도 성장할 전망이다. 월마트, 코스트코, 타겟 같은 대형 유통 기업들은 벌써 구글과 연계해 고객이 원하는 상품을 음성으로 주문하는 서비스를 제공하고 있다.

미국에서는 또 다른 소비 형태가 등장해 전례 없는 상승세를 타고 있는데, 바로 '드라이브' 형태다. 2020년 4월 1일부터 4월 20일 사이 미국 전역에서 드라이브를 통한 판매는 2019년 같은 시기에 비해 208퍼센트 성장했다.

앞으로는 기업이 다수의 '팔로워'를 보유한 인플루언서들에게 자사 브랜드나 제품을 광고해 달라는 명목으로 돈을 지불하는 인플루언스 마케팅이 점진적으로 전통적 광고 산업을 대체하게 될 것이다.

배달 수단 분야에서도 향후 몇 년 사이 혁명적 변화가 있을 것으로 보인다. 현재 여러 배달 전문 업체들이 실험 중인 드론을 이용한 배달이 효율성을 인정받게 되면 이 분야의 새로운 표준으로 입지를 굳히게 될 전망이다.

다른 방식으로 정보 제공하기

팬데믹은 '인포데믹'을 동반했다. 위기를 겪는 동안 대다수의 믿을 만한 뉴스 사이트들이 방문자 폭발을 경험했다면, 이들보다 신뢰도 면에서 많이 처지는 사이트들의 트래픽도 폭등했다. 언론 매체 상당수는 그들이 제공하는 정보의 절반 이상을 팬데믹에 할애했다. 뉴스 전문 방송들의 경우, 시청률은 높아졌으나 광고 수입은 줄어들었으므로 광고를 따기 위한 이들의 경쟁은 한층 치열해졌다. 영국에서는 〈BBC〉가 다시금 높은 시청률을 확보했다. 일본의 〈NHK〉, 프랑스의 공영TV와 라디오 방송들도 마찬가지였다.

우리는 유능한 의사들이 그렇지 못한 자들과 토론을 벌이고, 경제학자들이 카페에서 이어지는 대화에 끼어들고, 정치인들이 그 어떤 전문가들도 섣불리 가질 수 없는 확신에 찬 태도로 앞날에 대한 예측을 피력하는 작태도 지켜봤다. 우리는 또 뛰어난 직업정신에 입각해 혼동 그 자체인 여러 사실들에 대해 합리적인 분석을 내놓는 기사도 접했다.

물론 헤아릴 수 없을 정도로 많은 거짓말과 가짜 뉴스들도 있었다. 브뤼노-케슬러 재단은 코로나19 팬데믹과 관련해 SNS상에 오고 간 1억 1,200만 건의 기록을 분석한 결과, 40퍼센트 이상의 메시지가 신뢰하기 어려운 출처에 토대를 두고 있음을 밝혀냈다. 코로나19 인포데믹 관측소에 따르면, 이번 팬데믹과 관련 있는 트윗들 가운데 42퍼센트 이상이 자동입력 프로그램에 의해 작성되었으며, 약 40퍼센트는 신뢰할 수 없는 내용들이었다. 또 로이터연구소가 6개국에서 실시한 여론 조사에서는 SNS 사용자의 약 3분의 1 정도가 이번 전염병과 관련해 왜곡된 정보에 노출된 적이 있다고 답했다.

그런데 안타깝게도 가장 믿을 만한 출처에서 제공한 정보가 가장 많이 읽힌 건 아니었다. 미국 대통령이 아무리 가짜 뉴스를 쏟아내도 그에 대한 지지율에는 아무런 마이너스가 되지 않는 현실은 우리 시대를 상징하는 매우 중요한 신호가 아닐까.

시간의 새로운 활용법
: 자기 자신이 되기

종합해보면, 이번 위기 동안 우리는 우선 세상에서 제일 희귀한 재화, 정말로 가치 있는 유일한 재화인 시간, 좋은 시간에 대해 진지하게 생각해야 한다는 점을 배웠다. 쓸데없는 짓을 하거나 부화뇌동하거나 피상적인 일에 몰두하느라 허비해선 안 되는 일상의 시간. 건강에 보다 많이 투자함으로써 연장할 수 있어야 하며, 좀 더 많은 시간을 배움과 학습에, 자아를 찾는 데 할애해 자기 자신이 됨으로써 한층 더 풍성하게 만들 수 있는 개별적인 삶의 시간. 금전적 보상을 주는 것에 그치지 않고 한층 더 창의적일 수 있어야 하는 일의 시간. 그리고 마지막으로, 나 아닌 다른 사람, 다른 생명체, 앞으로 태어나게 될 미래의 생명에게 지금까지와는 전혀 다른 태도를 취할 때라야만 길이 보존할 수 있는 문명의 시간.

그런데 시간 문제에 있어서도, 이번 위기는 격리 기간을 평온 속에서 보낼 수 있는 자들과 지옥 속에서 보내는 자들 사이에 극단적인 불평등이 존재함을, 그러니까 우리네 삶의 조건이 불평등하다는 사실을 극명하게 깨닫고 시인하는 계기가 될 것이다.

더 나아가, 우리 각자는 모처럼 뭔가를 사기보다 뭔가를 하는 데 더 많은 시간을 보낼 수 있을 참이다. 집안일은 여전히 번거롭고 귀찮은 의무로 여겨지면서 여성들에게 떠넘겨지는 것이 현실이긴 하나, 그럼에도 많은 사람이 음식을 만들고, 음악을 연주하고, 글을 쓰고, 그림을 그리고, 목공일을 했다. 다시 말해 언제까지고 구경꾼으로 남아 있지 않고 직접 행동에 나섰다.

이미 오래전부터 수천만 명의 지구촌 사람들이 벌써 SNS를 통해 자신들의 재능과 끼를 알리는 것이 대세로 자리 잡았다면, 이번 위기로 그러한 현상은 한층 더 급속하게 가속화하는 경향을 보인다. 아마추어 음악가들이 음악회를 개최하고, 혼자만의 일기를 공개하는가 하면, 수백 수천 가지 주제를 가진 글이며 그림, 사진 등이 마치 전시회처럼 소개되고, 역시 아마추어들이 제공하는 요리, 요가, 필라테스 강습이 넘친다. 뿐만 아니라 자신을 위해 음악을 연주하는 사람, 자신을 위해 요리하는 사람도 가득하고, 더 나아가, 상업적인 교류를 통해서가 아니라 그냥 아무런 대가 없이, 그런 장면들을 보면서 즐거워할 사람들을 상상하면서 기쁨을 얻는 사람도 많다.

이 같은 추세는 전적으로 혁명적이다. 이러한 추세는 시장경제를 위한 활동에 할애하던 시간이 축소됨으로써 생겨난 것이 확실하겠으나, 이 또한 적어도 비영리 단체를 통한 경제활동의 성장 추세만큼이나 중요하다. 더구나 이 두 가지는 절대 무관하다고 할 수 없다.

자본주의의 광적인 성장과 그것이 함축하는 인공물의 범람이 팬데믹에 의해 마침내 한계에 봉착했다고나 할까.

감시와 신뢰

하지만 우리 삶의 본질을 이루는 것이 자가생산(autoproduction), 또는 자기도취적 자급자족(autarcie)으로 축소되어서는 안 될 것이다.

중요한 건 보호받는 것이다. 우리 각자는 개인으로서, 소비자로서, 생산자로서 또는 시민으로서 점점 더 보호받고 싶어 하게 될 것이다. 그런데 생활의 보호란 무엇보다도 집단적인 차원의 일이다. 그러므로 적절한 수준에서 생활을 보호하려면 공동의 수단을 보유해야 할 필요가 있다. 이 목적을 달성하기 위해 우리는 질병에 대비하는 보험에 많은 비용을 들일 것이 아니라 예방 수단 확보에 더 많은 공을 들여야 한다.

특히 국가와 민간 기업은 사회 구성원의 건강 검사를 위해 점점 더 효과적인 장비를 마련할 것이다. 그 목적은 물론 구성원의 전염병 감염을 예방하기 위한 것이며, 그게 안 되면 확산이라도 방지해야 할 테니까.

감시는 항상 권력의 핵심이었다. 구성원을 대상으로 하는 디지털 감시는 독재의 수단이 될 수도 있고, 반대로 자유의 수단이 될 수도 있을 것이다.

감시 자료를 권력층이 장악해 보관하게 된다면, 그 자료는 소외와 검열을 위한 강력한 무기로 사용될 수 있다. 이는 또한 중국이 팬데믹을 관리하는 방식에서 이미 봤듯이 비극적인 오판으로 인도할 수도 있다. 이제까지의 모든 전체주의 체제가 보여주었듯 감시가 검열을 위한 도구로 사용될 경우, 한 나라 안에서 실제로 무슨 일이 일어나고 있는지 정확하게 알기가 매우 어려워지고, 그릇된 판단을 내리게 만드는 원천이 점점 강화되어 결국 체제 전체의 붕괴를 가져오게 된다.

그런데 이와 반대로, 각자가 자유로이 스스로를 감시하고 자신이 수집한 자료를 어떻게 활용할지 결정한다면, 감시는 자유와 신뢰를 확대하는 도구가 된다. 내가 남에게 위협이 될 수 있음을 안다면, 내가 어떤 면에서 나 자신과 다른 사람들에게 피해를 줄 수 있는지 이해한다면, 나는 누구에게도 해를 끼치지 않도록 바람직한 결정을 내릴 것이며, 내가 그렇게 함으로써 다른 사람들도 같은 방식으로 행동하게끔 유도할 수 있을 것이다.

보다 일반적으로, 자유롭기 위해서라면, 우리 각자는 최대한 스스로를 잘 아는 것이 유리하며, 따라서 스스로를 주의 깊게 감시하는 편이 자신에게 득이 된다. 말하자면 건강염려증은 자유의 토대를 만들어준다. 마찬가지로, 내가 잘 알지 못한다는 사실을 아는 것은 성공적인 교육을 위해 필요한 전제 조건이다. 교육이 우리의 무지가 얼마나 광범위하고 뿌리 깊은지를 발견하게 해준다면, 감시는 자신과 타인에 대한 신뢰를 구축하기 위한 도구다.

궁극적으로 우리는 이번 팬데믹 위기를 통해 자기 자신이 되기 위해서든, 한 나라를 제대로 운영하기 위해서든 스스로에게 거짓말하지 않고, 무능력을 교리로 포장하지 않는 것이 매우 중요하며, 진실을 말하는 것이, 비록 그 진실이 아직 알지 못하는 미지의 것으로 점철되어 있다고 해도, 필수적이라는 사실을 뼈저리게 학습하지 않을 수 없을 것이다.

그리고 그 깨달음으로부터 지혜로운 비전과 앞으로의 계획을 도출해내야 한다.

6장

생명경제로의 전환

L'économie de la vie

생명경제로의
전환

이번 위기는 우리의 경제·사회 체제가 거대한 규모의 사건에 당면해, 그 사건이 충분히 예상 가능했음에도 불구하고, 전혀 준비되어 있지 않았음을 여실히 드러냈다. 그리고 이 팬데믹은 우리의 생활 방식과 우리가 생태계에 미치는 영향으로 인해 한층 심화되었다. 아니 애초부터 그 때문에 야기되었을 수도 있다는 사실도 알았다.

자, 그러니 명백한 건 지금이라도 우리가 살아가는 방식, 또 우리가 소비하고 생산하는 방식에 대해 진지하게 재고해봐야 한다는 점이다. 우리 사회는 정말로 생산 결핍이 절실하게 드러나는 분야, 생명 유지에 필수적인 분야 쪽으로 경제의 향방을 재조정해야 할 것이다. 먼저 팬데믹과의 전투를 승리로 이끌기 위해 필요한 분야, 다음으로는 팬데믹이 그 필요성을 일깨워준 분야. 이 두 분야를 합하면 내가 이 책에서 '생명경제'라 명명한 것, 이제부터 우리가 적극적으로 추진해나가야 할 과제의 윤곽이 그려진다.

치료약과 백신

먼저, 다른 것들보다 더 시급하게 해결해야 할 절대적 과제는 당연히 치료제와 백신 개발이다. 이 두 가지만 확보하면 팬데믹은 멈출 수 있으니까.

이 두 가지를 만들어내기 위해 현재 전 세계가 백방으로 노력 중이다.

우선 대학과 기업들은 지금까지 확보된 데이터를 공유한다. 예를 들어 쉬지 않고 업데이트되고 있는 존스홉킨스대학의 데이터는 매달 1만 1,000회 이상 활용되고 있다. 인공지능 소프트웨어 제공 업체 C3.ai의 데이터는 그보다 활용 빈도가 더 높다. 팬데믹이 전파 확산되는 알고리즘은 소스코드 공유 서비스 깃허브(GitHub)와 유튜브 상에서 점점 더 많이 소개되고 있다. 미국 캘리포니아대학 샌프란시스코팀을 비롯해 여러 연구팀이 증강현실로 바이러스를 시각화하고 있다. 2020년 3월 말엔 팬데믹을 주제로 삼은 학술 논문이 2만 4,000건 넘게 발표되었으며, 6월 초엔 13만 7,000건을 넘어섰다.

6월 24일 기준, 진행 중인 141건의 백신 프로젝트 가운데 125건은 임상 전 단계, 즉 실험실에서 인간이 아닌 대상에게 실험하는 단계까지 진행되었다. 나머지 16가지 백신 — 중국제 여덟 가지, 영국제 한 가지, 미국제 네 가지(이 중 하나는 프랑스 기업 사노피에서 제조 중이다), 한국제 두 가지, 독일제 한 가지 — 은 한 단계 더 앞서나가고 있다. 미국 기업 모더나(Moderna)에서 개발 중인 백신은 3월 16일 벌써 시애틀의 지원자들에게 주사되었는데, 전망이 밝아 보인다. 그 때문에 모더나 측에서는 6월 초 1단계 임상 시험에서 긍정적인 중간 결과가 나왔다고 발표했다. 3월 중순엔 독일의 바이오엔테크(BioNTech) 연구소의 백신이 실험에 들어가기 시작했다. 제약 회사 아스트라제네카(AstraZeneca)와 공동 개발 중인 옥스퍼드대학 연구소는 6월 중순 300명의 지원자를 대상으로 백신을 테스트했다. 연구소 측은 이 결과가 고무적으로 나오면 2020년 안에 실험 집단을 6,000명으로 키워 2차 실험에 들어갈 것이라 예고했다. 사노피도 프랑스와 미국에서 백신을 개발 중이다.

일단 개발에 성공하면, 이 백신은 수십억 명에게 주사할 수 있는 분량 생산에 돌입할 것이다. 이러한 각축전 과정을 지켜보다 보면, 누가 우선적으로 백신을 맞게 될 것인지 그 순서를 놓고 치열한 전투가 벌어지리라는 예상을 하게 되는데, 장기적으로 백신은 세계의 공공재가 되어야 할 것이다.

마찬가지로 여러 종류의 치료제도 실험 중이다. 이미 존재하는 약물들 가운데 이번 팬데믹에도 유효하리라 예상되는 것들로 치료할 수도 있고, 기존에는 없던 신약을 개발할 수도 있을 것이다. 효과를 보장해주는 확실한 연구가 미비한 상태에서 하이드록시클로로퀸을 비롯해 기존의 몇몇 약물 투여를 놓고 벌어진 숱한 논란은 모두가 생생하게 기억할 것이다. 신약과 관련해서도 사정은 다르지 않다. 현재로서는 길리어드(Gilead)에서 개발한 신약은 효과가 실망스러운 상태다. 영국의 벤처기업 베네볼런트 AI(Benevolent AI)는 코로나19를 대상으로 하는 가장 적합한 치료법을 찾아내기 위한 인공지능에 토대를 둔 약물 플랫폼을 활용하고 있는데, 인공지능 덕분에 단 사흘 만에 치료 후보군에 이름을 올린 370가지 약 중에서 여섯 가지만 추려 집중 공략 중이다. 3월 22일 발족한 유럽연합 차원의 디스커버리 프로젝트는 코로나19에 감염된 환자 3,000명을 대상으로 네 가지 치료법을 실시해보려 하는데, 여러 나라에서 적절한 방식으로 지원 환자를 모집하는 데 어려움을 겪고 있는 까닭에 일정이 늦어지고 있다.

전체적으로, 이번 연구엔 아직 충분한 투자가 이뤄지지 않고 있다. 유럽연합과 G20은 한시가 급한 이 연구 활동을 위해 80억 달러의 기금을 모아 세계적인 차원에서의 백신 개발과 보급, 치료제 개발, 진단 등에 필요한 재원으로 쓸 예정이다. 여기에 몇몇 부호들이 기부한 자금도 더해야 한다(트위터 창시자 잭 도시는 개인 재산의 3분의 1, 즉 10억 달러를 기부하겠다고 약속했고, 빌 게이츠는 개발이 끝난 백신을 전 세계적으로 생산하는 비용을 대겠다고 나섰다).

그래도 여전히 매우 부족하다. WHO는 가장 빠른 시일 내에 성공적으로 연구를 진행해 결과물을 보급할 수 있으려면 530억 달러 수준의 지원이 필요할 것으로 예상한다. 그런데 이 액수는 지금까지 여기저기서 세계 경제를 지탱하기 위해 쏟아부은 총액에 비하면 사실 아무것도 아니다. 그럼에도 현재 우리는 그만한 자금마저 조달하지 못하고 있다.

결과물에 대한 확신이 있는 실재적 도전 앞에서 이렇듯 주춤거리다니 희한하지 않은가. 우리는 인간을 달에 보내기 위해 엄청난 금전과 기술, 인력 지원을 아끼지 않았다. 그리고 현재도 화성에 가겠다고 비슷한 일을 벌이고 있다. 그런데 인간이라는 종의 생존이 달린 문제 앞에서 손을 놓은 채 거의 아무것도 하지 않는 게 말이 되는가? 그럴 수 없다. 이는 생명경제가 최우선으로 매달려야 할 과제다. 그리고 시급한 과제는 그것만이 아니다.

더 많이, 더 낫게,
지금과는 다른 방식으로 보살피기

나라와 가계는 그들의 수입의 적지 않은 부분을 건강에 할애해야 할 준비를 서둘러야 한다. 그리고 그것을 부담으로 간주하지 말고, 오히려 새로운 부의 창출로 인정해야 할 것이다. 나라와 가계는 건강 비용 증가를 나쁜 소식이 아닌 나와 남, 우리 모두를 보살피는 증거로 인정하고 긍정적으로 받아들여야 한다.

수요는 엄청나다. 전 세계 인구의 절반은 현재 가장 기초적인 공중보건 서비스의 혜택조차 받지 못하고 있다. 아니, 그와 같은 의료 서비스를 받기 위해 요구되는 적절한 사회보장 체제가 미치지 못하는 곳에서 산다. 우리가 제어하지 못하는 대유행병은 굉장히 많다. 또한 수많은 질병에 대해 우리는 아직 무지한 상태이며 따라서 이 병들은 여전히 불치의 병으로 남아 있다.

그러므로 모든 질병에 대비해 보다 많은 돈을 의료 장비, 공중보건 관련 산업에 투자해야 한다. 간호사, 의사, 엔지니어 등

공중보건 관련 인력을 대폭 증원해야 한다. 감염경로 추적(이 분야는 미국에서 계속 사람을 뽑는 거의 유일한 분야이기도 하다)을 위해서는 더 많은 인력이 필요하다. 특히 팬데믹과 관련해서는 특별한 수단들이 동원되어야 할 텐데, 현재로선 마스크며 진단 검사 키트, 감염 경로 추적 수단 등이 턱없이 부족하다. 세계 어디에서나 부족하다. 그러니 도처에서 신속하게 대대적인 생산에 나서야 한다.

물론 전문 기업들이 나서야 하지만, 다른 분야의 기업들도 도와야 한다. 다른 분야 전문가들도 뛰어들어야 한다. 하버드대학과 파리 사이에서 결성된, '꼭 하나의 거대한 랩'(Just One Giant Lab)이라는 이름의 연구 공동체, 생물학자들과 공학도들이 이 주제를 가지고 함께 머리를 맞대는 그 모임이 본보기가 될 수 있을 것이다. 한 달 사이 6만 명 이상이 90가지 이상의 프로젝트를 쏟아냈는데, 마스크 모델에서부터 저가 선풍기, 진단 애플리케이션에 이르기까지 놀라울 정도로 그 면면이 다양하다. 다국적 기업에서 각기 다른 파트에서 일하는 연구원, 공학도, 생물학자, 인류학자 등 다채로운 재능의 소유자들이 한데 뒤섞인 놀라운 향연.

한편 이번 팬데믹 기간 동안 우리는 점점 더 활발하게 원격 의료를 활용하는 법을 익히게 될 것이다.

그렇게 되면 새로운 기술, 새로운 공중보건용 설비 등이 개발될 것이고, 이것들은 공히 자동차, 비행기, 의류, 통신 업계—이들 업계가 지금까지 재능 있는 인력과 돈을 싹 쓸어갔다는 사실은 새삼 언급할 필요가 없다—에서 하루가 멀다 하고 내놓는 신모델보다 훨씬 유용할 것이다.

여기서 잠깐 생각해보자. 세계를 통틀어 GAFAM만큼 큰 규모와 막강한 힘을 자랑하는 의료 장비 업체가 단 한 군데도 없다는 사실은 의미심장하다. 아일랜드에 본사를 두고 있는 메드트로닉(Medtronic)은 의료 장비 업계에서는 단연 세계 1위 기업(이 회사는 특히 심장 페이스메이커, 심장제세동기, 스텐트, 인공 보철구 등을 생산한다)으로, 2019년 매출액은 306억 달러였다. 이는 애플 매출액의 8분의 1에 해당된다. 그 뒤를 이어 존슨앤드존슨을 꼽을 수 있는데, 이 그룹의 제약과 의료 기기 부문(드퓨 신테스DePuy Synthes)의 매출액은 270억 달러 수준이다. 그리고 서열 3위인 GE 헬스케어의 경우는 매출액 197억 8,000만 달러로, 영상의학 관련 기기 등이 주종을 이룬다. 이렇듯 GAFAM을 비롯해 천문학적인 매출과 이익을 자랑하는 다른 여러 기업들에 비하면 위 기업들의 매출은 소박하다고 할 수 있다.

생명 유지에 필수적인 이 분야에서, 각 나라는 신뢰하기 어려운 외국 거래처들에 대한 높은 의존도에서 벗어나야 할 것이다.

세계 각국은 더 이상, 어떤 약품이 되었든, 어느 한 나라에만 전적으로 의존해서는 안 될 것이다. 마스크나 호흡기, 그 외 다른 모든 의료 기기도 마찬가지다. 생명 유지에 필수적인 도구들은 국제사회를 통해 신흥국가들에게 제공되어야 할 것이다. 적어도 이들 신흥국가들이 자력으로 필요한 장비며 약품들을 마련할 수 있을 때까지는 그래야 한다는 말이다. 이번 위기는 우리 각자에게, 나 아닌 남들도 건강해야 나 역시 건강을 지킬 수 있다는 사실을 일깨워주는 계기가 되어줄 것이다.

세계적인 차원의 위생 증진 프로그램 또한 실시되어야 할 것이다. 도매 시장, 하수 시설 등의 위생 수준을 끌어올리고, 지금까지는 주로 플라스틱을 원료로 1회용으로 제조되고 있는 위생 상품의 재활용 강구 방안도 진지하게 고려해봐야 할 것이다. WHO가 2012년 진행한 한 연구는 위생 부문에 1유로를 지출하면 5유로어치 이익(조기 사망자 수가 줄어들고, 치료 비용이 줄어들며, 생산성이 올라간다)이 돌아온다는 사실을 확인시켜준다. 중국의 유니세프에서 진행한 또 다른 연구는 초등학교에 비누를 보급하면 학생들의 결석률을 절반이나 줄일 수 있음을 보여줬다. 이 문제에 관해서는 많은 규정이 강화되어야 할 것이며, 세계화되어야 할 필요가 있다. 이 분야에서는 더 많은 세계화가 요구된다.

좀 더 일반적으로 말하자면, 예방에 훨씬 더 많은 노력을 들여야 한다. 이는 무엇보다도 섭생을 통해 가능하다.

새로운 형태의 대화로서의 식품

우리는 이번 위기 단계마다 식품과 만났다.

먼저, 이번 팬데믹은 십중팔구 식용이 금지된 동물을 소비한 데서 야기되었다. 사실상 감염성 질병의 60퍼센트, 인간에게서 발생하는 질병의 75퍼센트는 동물을 섭취하거나 동물과 가까이 생활함으로써 발생한다. 사스, HIV, 홍역, 그 외에 다양한 독감들이 대부분 그렇다. 기업화된 공장식 목축, 밀폐된 장소에 동물을 가둬두고 기르는 방식과 도살장과 시장의 불결한 위생 등으로 말미암아 전 방위적 저항력을 발휘하는 박테리아들은 급속도로 확산되었다. 도살장은 이러한 위험에 특별히 더 민감할 수밖에 없는 장소다. 보다 일반적으로 말하자면, 동물계의 건강이 전제되지 않고서는 인간계의 건강이 보장될 수 없다. 그리고 이 사실은 틀림없이 육류 소비를 줄여야 할 필요성을 사람들에게 설득하는 논리로 작용할 수 있다.

다음으로는, 코로나19에 감염된 환자들 가운데 과체중인 자들은 통계적으로 심각한 증세를 보이는 확률이 높았다. 이 전염병이 아니더라도, 과체중은 다른 여러 질병의 원인이 된다. 건강한 섭생이야말로 으뜸가는 예방책이다. 그러므로 설탕류 섭취는 최소한으로 줄이고, 자주 단식을 실천하며, 음식을 먹을 땐 천천히 먹으며, 가능한 한 소식(小食)해야 한다. 격리 생활 기간 동안 붙은 몇몇 좋지 않은 식습관(혼자 먹기, 운동은 하지 않으면서 끊임없이 간식 먹기 등)은 얼른 털어버려야 할 것이다.

건강하게 먹는 법에 대해서도 부단한 배움이 필요하다. 거주지 인근에서 생산된 채소, 해산물 등을 최대한 많이 소비하는 것은 생산자를 위해서도 소비자 자신을 위해서도 바람직하다. 상식적인 수준의 경제적 비용으로 누이 좋고 매부 좋은 '윈윈 방식'의 소비를 가능하게 만들기 위해, 소비자들은 위기 이전부터 중간 상인을 배제한 직접 구매, 즉 규모는 작지만 고품질의 농산물을 생산하는 농부에게 직접 공동 구매 형식으로 물건을 사왔는데, 격리라는 변수로 인해 이와 같은 느리지만 확실한 변화가 가속화되고 있는 것이다.

비록 전염병 위기 때문에 서로가 멀리 떨어져 지내야 할지라도, 식사는 어디까지나 대화의 장이 되어야 한다. 그러기 위해서는 아파트나 구내식당, 레스토랑 내의 가구들에 대해서도 혁신적인 제안들이 나와야 한다. 이건 차라리 잘된 일일 수도 있다. 꼭 팬데믹 위기가 아니더라도, 테이블이 너무나 다닥다닥 붙어 있는 식당에서 처음 보는 옆 사람들과 비좁게 붙어 앉아 식사를 하는 것만큼 불쾌한 일도 드물기 때문이다.

스페인, 이탈리아, 프랑스의 몇몇 레스토랑은 테이블 사이에 투명한 칸막이벽을 설치했고, 암스테르담에서는 비건 레스토랑 메디아마틱 에텐(Mediamatic ETEN)이 유리 상자 속으로 손님들을 안내한다. 한 개의 테이블이 놓인 이 상자 속에서는 최대 3명이 동시에 식사할 수 있다.

레스토랑들은 또한 포장 주문도 받기 시작했다. 싱가포르의 유명 식당 디 올드맨 싱가포르(The Old Man Singapore)는 일부 칵테일 종류에 대해 포장 판매를 시작했는데, 주문하고 15분 만에 음료를 받아갈 수 있다. 대규모 패스트푸드 판매점들의 경우는 비교적 손쉽게 이와 같은 서비스를 개설할 수 있을 것이다. 그런가 하면 배달 전문 기업과 연계하는 식당도 적지 않다. 이런 식당들은 다른 도시에서 프랜차이즈 식당을 개설하기도 수월할 것이다.

유럽에서는 특히 토양 건강, 부가가치 공유, 식품 낭비 최소화 등을 절대적인 우선 가치로 두는 새로운 농업 정책 수립이 필요할 텐데, 이런 정책의 현실화는 아직 요원하다.

신흥국가에서도 그들의 오랜 문화를 활성화하며, 농부들을 보다 잘 교육하고 그들에게 자신들이 경작하는 땅의 소유권을 이양해줌으로써, 조상 대대로 이어져 내려오던 자율성을 회복하기 위해 만전을 기해야 할 것이다.

거리를 둔 주거지

전염병 창궐로 해묵은 생각이 다시금 수면으로 올라왔으니, 바로 도시는 그곳에 사는 시민들에게 위험한 곳이라는 생각이다. 실제로 코로나19가 가장 많은 사망자를 낸 곳은 밀라노, 마드리드, 뉴욕 등의 거대 도시들이었다. 지난 여러 세기에 걸쳐 발생했던 여러 전염병들이 불결함을 떨쳐버리기 위해 도시의 구획을 싹 바꿔놓았듯, 이번 위기 역시 도시의 인구 밀집을 해소하기 위해서라도, 도시 풍경의 대대적인 변화를 초래할 것으로 예상된다.

도시에 거주하는 많은 사람들은 아닌 게 아니라, 이번 위기를 기회 삼아 범접할 수 없을 정도로 가격이 치솟은 데다 질식할 정도로 포화 상태가 되어버린 초거대 도시를 떠날 것으로 예상된다. 비단 격리 생활 기간 동안에 그랬던 것처럼 일시적으로 떠난다는 것이 아니라, 다시는 돌아오지 않을 작정으로 그렇게 할 것이라는 뜻이다.

대도시에서는 띄엄띄엄 거리를 둬가며 지은 주거지를 선호하게 될 텐데, 그 이유는 알다시피 바이러스가 밀폐된 공간에서, 그리고 여러 사람이 방을 함께 쓸 경우 훨씬 쉽게 확산되기 때문이다. 보다 넓은 녹색 공간, 보다 널찍한 인도, 자전거 도로 등의 인프라가 갖춰진 곳이라면 금상첨화다. 그런 곳에서는 개인 차 또는 대중교통 수단의 이용 빈도가 낮아질 것이고, 재택근무가 확산되면 이런 현상은 더욱 가속화될 것이다. 파리는 다른 많은 도시들과 마찬가지로 지난 몇 달 동안 자전거 도로를 눈에 띄게 확장했다. 보고타는 현재 117킬로미터에 이르는 임시 자전거 도로를 운행 중이다. 여기서 '임시'라는 단어는 어디까지나 임시로 붙였다. 차들이 덜 몰려드는 주차장은 원거리 배송에 참여하는 상인들이 택배 주문 상품 집하장으로 용도 변경할 수도 있을 것이다. 자동차의 주행 속도도 늦추게 될 것이다. 브뤼셀은 이미 확장된 대도시의 도심에서는 주행 속도를 시속 20킬로미터 이하로 제한하고 있다. 보행자들이 주로 찾는 장소에서는, 이케아 매장에서 하듯 일방통행이 보편화될 것이다.

교통 혼잡이 훨씬 덜한 소도시가 대도시를 떠나온 주민들의 정착지로 선호될 것이다. 팬데믹을 계기로 재택근무의 잠재성이 충분히 확인되었으므로, 대도시인들의 이주는 순조롭게 진행될 수 있다. 부동산 업계 종사자는 2020년 5월부터 벌써 유럽 전역에서 전원주택에 대한 수요가 증가하고 도심 아파트 수요가 감소하고 있음을 확인하고 있다.

상업용 부동산도 사정은 다르지 않다. 팬데믹은 이미 진행 중이던 추세를 가속화했을 뿐이다. 대형 백화점과 쇼핑몰 등은 점점 더 존재 이유를 잃고 있으므로, 그러한 시설들의 일부는 살아남기 위해 변신을 꾀해야 할 것이다. 이는 향후 몇 개월 또는 몇 년 동안 우리가 계속 주시해야 할 커다란 도전이 될 것이다.

대형 건축물, 특히 대중에게 개방된 대형 건물은 미생물 병원균 전파 차단을 보장해야 할 것이다. 현존하는 건물들은 항균 설비를 갖춰야 할 것이고, 유지 보수도 수월해야 할 것이다. 가령 출입문은 접촉 없이 개폐가 용이해야 하며, 체온 확인 절차를 거쳐 건물을 드나드는 사람들의 흐름은 한 방향으로 이뤄질 수 있어야 할 것이다. 마스크와 손소독제는 도처에 항시 비치되어 있어야 한다. 화장실은 자동으로 청소가 되어야 할 것이고 실내 공기의 질은 지금보다 훨씬 개선되어야 할 것이다.

한편 앞으로 새로 짓게 될 건물들은 탄소 에너지 중립 방식을 채택해야 할 것이다. 아울러 위기가 닥쳤을 때 신속하게 변형이 가능해야 할 것이다. 다목적실이 노숙자들을 수용하는 공간으로 탈바꿈한다거나, 컨벤션센터가 지방 의료원으로 사용되거나, 휴가용 숙박 시설이 감염 격리 시설로 활용되는 식이다.

다수의 기업이 초거대 도시를 떠나 규모가 작은 곳으로 본사를 옮길 가능성도 높다. 이미 그 같은 결정을 실행에 옮긴 회사도 여럿 된다. 가령 미국의 우버(Uber)는 댈러스로, 리프트(Lyft)는 내슈빌로, 애플은 오스틴으로 각각 본거지를 옮겼다. 몇 년 전부터 브라티슬라바, 리스본, 에든버러, 빌뉴스, 크라쿠프 같은 중간 규모의 유럽 여러 도시들이 상대적으로 저렴한 집세, 높은 삶의 질 등을 무기로 신기술 기업들을 끌어들이고 있다. 기업가들이 모임으로써 그들 사이에 맺어지는 인맥도 물론 무시할 수 없는 강점이다. 브라티슬라바엔 벌써 유럽 테크 기업 상위 5,000개에 속하는 100여 개의 벤처기업이 둥지를 틀었다. 특히 디지털과 이동 수단 분야가 이들 기업의 주종을 이룬다. 일론 머스크는 그곳에 '하이퍼루프'(Hyperloop) 기술을 적용해 비엔나를 연결하려는 야심을 갖고 있다. 2018년 구글과 우버는 빌뉴스에 사무실을 열었고, 크라쿠프는 IBM, UBS, 캡제미니(Capgemini) 같은 세계 굴지 기업들의 개발 본부를 유치했다. 유럽에서 가장 역동적인 경제 중심 가운데 하나로 꼽히는 루마니아의 부쿠레슈티도 하이테크 기업들이 선호하는 도시로 등극했다. 외국어 능력이 출중한 고학력 청년 인력과 베를린, 런

던, 파리의 절반 수준에 불과한 집세가 그곳의 강점이다. 2017
년 미국 기업 핏빗(Fitbit, 건강 관련 애플리케이션에 이용되는 센서
전문 기업)은 루마니아 기업 벡터워치(Vector Watch, 고가 스마트
시계 제조 업체)를 사들이기도 했다.

무엇보다 교육이 우선

세계 어디에서든 교수에 대한 수요는 늘어날 것이다. 우선 교수
가 되기 위해 받는 교육 자체도 예전에 비해 양질일 것이고, 그
런 교육을 받아 교수가 된 사람들은 지금보다 훨씬 나은 대접을
받게 될 것이다.

건강 분야와 마찬가지로 교육에 투자를 많이 하는 나라일수
록 건실하게 국력을 지탱해나갈 것이다. 교육은 평생 지속되어
야 하며, 실용적이고 구체적이어야 할 것이다. 더는 디지털, 생
태, 사회복지 등에 대해 모르는 사람이 있어서는 안 될 것이다.
그리고 무엇보다 손 기술을 구사하는 직업군, 다른 무엇으로도
대체 불가능한 직업군이 있다는 사실을 간과해서는 안 된다. 디
지털 기술자들이 기술이 발전함에 따라 항시 다른 디지털 기술
을 다루는 자들에 의해 대체될 위험을 안고 살아야 하는 것과

비교된다. 이들 수천만 명의 장인들을 재교육시켜야 한다. 이들에게는 먼저 그들의 직업이 사라질 것임을 이해시키고, 이어서 이들이 새로운 직업을 가질 수 있도록, 자기 자신이 될 수 있도록 적절한 교육을 제공해야 한다.

격리 생활 중에 실시된 교육 방식 ─ 온라인 교육 ─ 으로부터 많은 교훈을 이끌어낼 수 있을 것이다. 부모로부터의 도움을 기대할 수 없는 아이들이 그로 인해 뒤처지는 불이익을 받지 않게 하려면 어떻게 해야 좋을지 지혜를 모아야 할 것이다. 교사들이 이 새로운 교수법 역량을 향상시킬 수 있도록 적절한 교육 프로그램이 마련되어야 할 것이다. 팀별 원격 학습 같은 방식도 개발해야 할 것이다.

학교를 건축함에 있어서도 이러한 제반 위험 요소들이 반영되어야 할 것이다. 모든 공공장소와 마찬가지로, 학교 또한 학생과 교사의 학습 환경 보호를 위해 철저한 건축 기준이 정비되어야 한다. 모든 교수법은 지금까지 원격 수업용 애플리케이션인 칸 아카데미(Khan Academy)를 통해 얻어진 성과를 토대로 이를 향상시켜 나가야 할 것이다. 장래를 위해 이 얼마나 흥미진진한 프로젝트인가.

너무 늦기 전에
젊은 세대에 대해 생각해야 한다

위기 발발 이후 줄곧 세계의 거의 모든 대학과 고등교육 기관은 문을 열지 않았다. 그리고 그들 가운데 대다수는 빠른 시일 내에 문을 열 것으로 보이지 않는다. 다른 많은 분야에서와 마찬가지로, 우리는 이러한 사태가 향후 얼마나 심각한 결과를 초래하게 될지 가늠조차 할 수 없는 상황이다.

이들 가운데 일부는 매우 드문 경우이긴 하지만, 거리두기 규정을 철저하게 지켜가면서 다시 문을 열겠다고 장담하고 있다. 인도 시킴주립대학, 싱가포르대학, 중국 후베이주립대학 등이 여기에 속한다. 학생들과 교수들은 강의실이건, 구내식당이건 미리 배치된 구역에만 머물러야 한다.

다른 곳들은 전혀 문을 열 움직임을 보이지 않고 있으며, 온라인 강의로 교육을 진행한다. 독일은 적어도 여름 학기가 끝날 때까지, 맨체스터대학과 캘리포니아대학의 23개 캠퍼스—미국에서 가장 큰 규모의 대학 집합체—는 가을 학기까지, 영국 케임브리지대학은 최소한 2021년 여름 학기까지 온라인 강의가 이어질 예정이다.

그런가 하면 출석 수업은 실습 과정이 필요한 교육의 경우로

만 한정하고, 이를 위해 실험 실습실, 도서관, 자료실 등은 개방하고, 나머지 수업은 온라인으로 진행하는 절충안을 택한 곳도 적지 않다. 인도의 경우, 대학들은 교육 과정의 25퍼센트는 온라인으로, 나머지는 출석 수업으로 진행해야 한다. 한국에서는 대부분의 수업이 온라인으로 진행되고 있다.

현재로서는 개학을 일시적으로 미뤄가면서, 결정을 내리지 않고 상황을 관망하는 대학도 있다. 독일은 가을 학기를 2020년 10월이 아닌 11월에 시작하기로 했는데, 실제로는 더 늦어질 수도 있다. 영국의 애버딘대학과 프랑스의 시앙스포(Sciences Po, 파리정치대학) 역시 개강을 적어도 2주, 십중팔구 그보다 더 오래 연기하기로 결정한 상태다.

우리 모두가 기대하듯 이러한 위기 국면이 다 합해서 1년 넘게 지속되진 않는다 해도, 이 교육 공백 사태는 충분히 현기증을 불러일으킬 만한 결과를 낳게 될 것이다.

우선, 이런 종류의 교수법에 전혀 무방비 상태였던 교수들에게는 수강생들과 아무런 상호 작용도 기대할 수 없고 강의 끝난 후 토론 자리—학생들의 실제 수준을 판단하고 그들의 기대에 부응하는 강의를 준비하기 위해서는 절대적으로 필요한 과정—를 이어갈 수도 없는 상황이 지속될 경우, 잃는 것이 너무 많을 것이다. 요행히 1년 넘게 지속되지 않는다 해도, 그 피해는 여전히 엄청날 것이다. 그런데 만일 이러한 국면이 예상보다 훨씬 더 오래 계속된다면, 과연 누가 기꺼이 그런 직업에 종사하겠다고 할 것인가? 인간적인 면이 완전히 배제된 방식의 강의를 언제까지고 계속해야 하는데, 누가 그런 일을 좋다고 하겠는가?

이는 곧 학생들이 입게 될 피해를 짐작하게 한다. 사회적 교류나 단체 생활 학습 효과도 기대할 수 없고, 팀 작업도 꿈꾸기 힘들고, 교수와의 돈독한 관계 형성도 불가능하며, 동아리 활동이나 스포츠 활동, 학생회며 정치 참여 등의 기회도 주어지지 않는 무미건조한 대학 생활이라니. 우리는 학생들의 새로운 요구를 충족시켜줄 준비가 되어 있는가? 대학 식당의 폐쇄를 상쇄하는 데 필요한 재원은 마련되어 있는가? 학생들은 대학 캠퍼스가 주는 많은 혜택을 누릴 기회가 없는데도 과연 비좁은 대학 기숙사에 묵으려 할 것인가? 우리는 계속해서 학생들에게 이와 같은 재앙을 몰아온 사회에 적극적으로 참여하라고 가르칠 수 있겠는가? 특권층만 유일하게 자기 자신이 될 여건을 누려야 할 것인가? 우리는 학생들을 미래의 직업, 즉 생명경제 관련 직업에 적합한 인재로 기를 수 있을 것인가? 이렇듯 힘든 상황이 1년 안에 끝난다고 할지라도, 그 폐해는 어마어마할 것이다.

끝으로, 교수와 학생은 강의를 실시간으로 제공하고 시청하는

데 필요한 초고속 인터넷과 컴퓨터를 구비할 수 있을 것인가?

종합적으로, 이 분야에서도 다른 많은 분야와 마찬가지로 가장 취약한 계층, 가장 빈곤하고, 가장 도움을 필요로 하는 계층이 희생자가 될 것이다. 부잣집 자식들, 부자 나라 국민들이 누리는 특권은 다른 어느 때보다도 막강한 위력을 발휘하게 될 것이다. 이는 분노와 광분, 나아가서는 혁명을 촉발하는 기폭제로 작용하게 될 것이다.

반대로, 대학 사회 전체가 모두가 그토록 염원하던 진정한 평생 교육의 장이 되면서 승기를 잡을 수도 있을 것이다. 세계의 명교수들이 인류, 역사와 같은 미래의 분야에 관해 들려주는 수준 높은 강의를 모두가 들을 수 있게 될 것이다. 말 그대로 모두가. 출석 수업은 소그룹 강의로 점차 전환할 수 있을 것이다.

이러한 변화를 성공적으로 이뤄내기 위해서는 최대한 빨리 전 지구적인 차원에서의 공사장을 열어야 한다. 특히 이 같은 새로운 방식으로 가르칠 수 있도록 교수들을 바꿔놓는 일이 시급하다. 팬데믹에 대처하기 위해 WHO가 존재했는데, 이 기관은 본연의 임무에서 실패했다. 교육 문제에 관해서는 유네스코가 있는데, 이 기관에 부여된 흥미진진한 임무는 가장 우수한 장치들을 동원해 이 엄청난 격동을 돕는 일이라 할 것이다. 지금 감지되는 격동의 싹이 지속적이고 긍정적인 변화로 안착할 수 있도록 물심양면의 지원을 아끼지 말아야 할 것이다.

또한 좀 더 산문적으로 말하자면, 대학 사회에서 아무도 지나치게 긴 여름휴가를 보내는 일이 없어야 할 것이다. 그러려면 각국은 필요한 역량을 총동원해 여건을 조성해야 할 것이다.

팬데믹의 귀환을 미연에 방지하기 위해서는 기다렸다가 결정을 내려서는 안 된다. 하루하루가 소중하다.

원격으로 교양을 쌓고 오락 즐기기

문화와 오락은 다른 어느 때보다도 격리 기간 중에 그 존재감을 뚜렷하게 드러냈다. 아니, 문화와 오락이 팬데믹 관리에 있어서 기본적인 토대를 이루고 있음을 새삼 발견했다는 말이 더 정확하다. 이번 위기가 지나가고 나면 문화와 오락은 어떻게 될 것인가? 앞으로도 지속적으로 거리두기가 계속되어야 한다면, 우리는 이 둘을 어떻게 운영해야 할 것인가?

스포츠, 특히 축구는 매우 특별한 사례라 할 수 있다. 매우 특별하면서도 대표적인 사례.

하루가 멀다 하고 심각한 사건들이 벌어지는 이 시기에, 그깟 축구에 대해 언급하는 것은 어떻게 보면 대단히 한가한 소리로 느껴질 수도 있다. 하지만 축구라는 운동은 너무도 대중적이다 보니 항상 세계를 비추는 거울이자 대표적인 경제활동, 세계적 차원에서 결정된 규칙에 의거해 영국의 가장 명성이 자자한 프로 클럽도, 세네갈의 작은 동호인 클럽도 동일한 규칙에 따라 시합을 진행하는 아주 보기 드문 활동이다. 그러므로 이 스포츠가 위기 동안 어떤 식으로 처신해왔는지는 나머지 공연 예술뿐 아니라 우리 사회 전체가 앞으로 나아가야 할 방향에 대해 많은 것을 시사한다.

팬데믹이 완전히 사라진다면, 그것도 아주 빠른 시일 내에 그렇게 되어주기만 한다면, 우리는 최소 2년 안에 이전 상태로 돌아가게 될 것이며, 그렇게 된 후엔 모든 것을 잊게 될 것이다. 하지만 단언컨대, 안타깝게도 그렇게 될 가능성은 매우 낮다.

전염병이 질질 끌면서 영 사라질 기미를 보이지 않는다면, 그래서 우리가 지금처럼 사회적 거리두기 방침을 고수해야 한다면, 영세한 작은 클럽은 동호인 수준의 클럽이든 프로 클럽이든 살아남기 힘들 것이다. 회원들의 회비 납부 성적도 부진할 것이고 지자체나 후원 단체들의 지원금도 끊어질 것이기 때문이다.

더구나 관객들에게는 거리두기를 요구하면서 선수들에게는 몸싸움을 허락한다면, 그것도 사실 말이 되지 않는다. 유럽의 몇몇 축구 응원 단체는 관객이 운동장에 와서 경기를 참관할 수 있게 될 때까지는 문을 닫는 것을 지지한다고 발표했다. 대규모 부자 클럽들의 입장도 이와 다르지 않다.

이렇게 되면 축구에 관한 한 상위권의 대형 팀들만 살아남게 될 것이고, 이들은 경기를 계속하기 위해 적절한 경제 모델을 찾아내려 안간힘을 쓸 것이다. 관중이 없는 가운데에도 이익을 내야 할 테니까.

이들 팀에게는 TV 중계권만이 거의 유일한 수익원이 될 텐데, 그마저도 텅 빈 관중석 앞에서의 중계가 될 것이다. 유명 프로팀들과 그들의 경기를 중계하는 미디어의 생존이 오직 여기에 달렸으므로, 이들은 이 방향으로 나아갈 것이다.

그런데 살아남는 것도 중계 내용이 재미있을 때 얘기다. 그러려면 마이크와 카메라가 시합 중인 선수들에게 최대한 가까이 놓여 있어야 할 것이다. 선수들의 숨소리도, 공이 움직이는 소리도 다 들을 수 있어야 실감이 날 테니 말이다. TV 시청자에게는 점점 더 많은 통계 자료가 제공될 것이다. 독일에서는 이미 스카이와 분데스리가가 2020년 5월 17일 이후 그런 식으로 하고 있다. 가상 관중이 시합 중간중간에 박수를 치고 환호한다. 가능하다면 그러니까, 기술적으로 아주 신속한 반응이 가능하다면 이 미리 녹음된 박수와 환호 소리는 실제 TV 시청자가 보이는 반응에 비례해 개입 순간과 강도를 조절할 수도 있을 것이다. 물론 팬들이 운동장 밖에 무리지어 모여 있다가 단체로 박수치고 환호하는 일은 없어야 할 것이다. 그렇게 되면 3월 파리에서 개최된 PSG 시합 때처럼, 감염의 온상이 될 수 있을 테니 말이다.

이처럼 급작스러운 변동으로 인해 축구는 점점 더 비디오 게임과 유사한 스포츠가 되어간다. 그러고 보니 비디오 게임은 이미 오래전부터 TV의 막강한 경쟁자였다. 소비자들은 실제 선수들이 텅 빈 운동장(머지않아 축구장에선 계단식 관중석이 사라질 텐데, 쓸모가 없기 때문이다)에서, 가상 관중들 앞에서 경기하는 광경을 지켜보자고 돈을 들여가며 스포츠 채널을 구독하려 들지는 않을 것이다. 소비자들은 그보다는 차라리 재빠른 손놀림으로 조이스틱을 움직여가며 실제 선수들의 모습을 담아 점점 더 실제인지 가상인지 분간하지 못할 정도로 실감나게 제작된 게임에 몰입하는 편을 선호할 것이다.

달리 말하면, 모두가 자신이 좋아하는 시합에서 뛰거나 그 시합을 관람할 권리를 되찾게 된다면, 축구는 오늘날과 같은 운영 방식으로 되돌아갈 것이다. 그런데 만일 그 권리를 되찾을 수 없게 된다면, 축구가 더는 수십억 명의 사람이 일요일에 즐기는 국민운동의 지위를 되찾을 수 없다면 결국 사라질 것이고, 그 자리는 실제보다 더 실감나는 비디오 게임이 차지하게 될 것이다.

이러한 예상은 우리에게 무엇을 의미하는가? 세상이 점점 더 생물에서 인공물 쪽으로 기울어지게 될 위험이 매우 크다는 점, 이 둘 사이의 경계는 점점 더 희미해지고 있다는 점을 시사한다. 이는 우리가 최근 들어 겪은 대대적인 팬데믹 가운데 하나, 즉 2005년에 출시된 유명 비디오 게임인 〈월드 오브 워크래프트(World of Warcraft)〉의 등장인물들 사이에 유행한 전염병을 상기시킨다. 그 이야기는 뒤에서 다시 하겠다.

여하튼 축구의 사례는 나머지 문화 활동, 공연 예술이 처한 상황에 대해 많은 것을 말해준다.

먼저, 최대한 빠른 시일 내에 거리두기를 고려한 공연 예술의 귀환을 구상하고 실천에 옮겨야 한다. 이전보다 적은 수의 관객이 참여하는 음악회들이 다시금 개최되어야 한다는 말이다. 그러기 위해 축구 선수들이 떠나간 운동장을, 거리를 두고 드문드문 앉은 관객들과 함께하는 콘서트장으로 활용할 수 있을 것이다. 거리두기는 또한 연출을 함에 있어서 특별한 제약으로 작용할 수도 있을 것이다. 그런 일은 학교와 공사장 또는 레스토랑과 관련해서도 그렇게 했듯, 국가가 알아서 규칙을 정해야 할 것이다. 그렇게 되면 문화 접근 비용은 어쩔 수 없이 올라갈 우려가 있다.

우리는 축구 사례에서 봤듯이, 기꺼이 그런 종류의 행사에 돈을 지불할 준비가 되어 있는 관객을 위해 가상 콘서트나 가상 연극 공연 등을 개최해야 할 것이다. 바이올린 같은 악기 연주자나 코미디언 같은 사람들은 밖으로 나갈 필요 없이 자기 집에서 지구 반대편에 사는 사람들을 위한 연주회나 개그 공연을 진행할 수 있어야 할 것이고, 거기에 대해 보수를 받게 될 것이다. 공연단 또는 오케스트라 역시 기꺼이 그 같은 조건을 받아들여야 할 것이다. 공연장에서 벌어들이던 수입은 특별한 경로를 통한 방영을 통해 보충될 것이다. 이 경우, 소비자의 문화 접근 비용은 오히려 줄어들 수도 있다. 공연 예술 분야에서도 몇몇 모델이 준비되고 있는 중이다.

우리는 이 분야에서도 축구에서와 같은 진화 추이를 상상해볼 수 있다. 사람들이 결국 비디오게임에서 이미 그렇듯, 자신이 주인공이 되어 미리 정해져 있는 상황 속으로 들어가 음악을 연주하거나 영화를 만드는 편을 선호하게 될 것이며, 이것이 궁극적으로는 영화를 대체하게 되리라는 시나리오를 생각해볼 수 있다는 뜻이다. 이렇게 만들어지는 영화는 다른 사람들보다는 자신들을 위한 것이 될 테니, 디지털 자기도취를 향한 현기증 나는 진화의 가속화가 곧 우리의 현실이 될 거라고 예상해볼 수 있다.

시장이 원하는 분야와 기업

건강과 섭생, 주거지와 문화 외에, 어떤 분야가 팬데믹의 종말과 더불어 성장하게 될 것인가?

요즘 거래소 현황이 예고하는 내용으로 미뤄 짐작하건대, 앞으로 성장할 종목으로는 오락, 의료, 대규모 유통, 식품, 전자 상거래, 디지털 등을 꼽을 수 있을 것이다. 월스트리트는 이러한 분야를 묶어 새로운 지수를 만들었다. 이른바 '스테이 앳 홈'(Stay at Home)이라 불리는 이 지수엔 넷플릭스를 비롯해 이번 위기의 직접적 수혜자인 33개 기업이 포함되는데, 액티비전 블리자드(Activision Blizzard), 슬랙(Slack), 〈뉴욕타임스〉, 소노스(Sonos), 아마존, 알리바바, 캠벨 수프(Campbell Soup), 센트럴가든 앤드 펫(Central Garden & Pet), 테슬라 등 매우 다양한 업종을 두루 포함하고 있다. 여기에 시트릭스 시스템(Citrix Systems, 재택근무를 위한 가상 협업 솔루션), 줌(Zoom, 온라인 화상 회의), 일루미나(Illumina, 유전자 분석 기술), 바이오마린 파마슈티컬(BioMarin Pharmaceutical, 바이오 테크놀로지), 넷이즈(NetEase, 온라인 게임), 테이크투 인터랙티브(Take-Two Interactive, 비디오게임 유통), 일렉트로닉 아트(Electronic Arts, 비디오게임), 시스코(Cisco, 인터넷망과 서버용 장비), 인피네온 테크

놀로지(Infineon Technologies, 반도체와 마이크로칩 카드), 월마트(대형 유통), JD닷컴(텐센트 소유의 전자 상거래 플랫폼), 주미아(Jumia, 아프리카 내 전자 상거래의 주요 플랫폼), 이베이(전자 상거래)도 더해진다.

시장을 넘어서
: 생명경제

시장이 이번 위기의 승자라고 인정하는 분야를 넘어서, 앞에서 여러 차례 언급했듯 나는 이번 위기를 통해 새로운 수요로 부상한 분야들을 따로 떼어내 '생명경제'라고 명명하려 한다.

생명경제는 어떤 방식으로든, 가까이에서든 멀리에서든 우리 모두를 더 잘 살게 해주기, 우리의 삶을 더 낫게 만들어주기를 임무로 삼는 모든 기업을 다 포괄한다.

생명경제를 목표로 내거는 기업들은 대단히 많다. 건강, 예방, 위생, 스포츠, 문화, 도시 하부 구조, 주거, 섭생, 농업, 영토 보호뿐 아니라 민주주의 운영, 안전, 방위, 오물 처리, 재활용, 수자원 보급, 청정 에너지, 생태, 생물 다양성 보호, 교육, 연구, 혁신, 디지털, 상업, 물자 보급, 상품 이송, 대중교통, 정보와 언론, 보험, 저축, 신용 등의 다양한 분야가 모두 여기에 포함된다.

극히 최근까지만 해도 이런 분야들은 주로 서비스 영역이어서, 성장의 여지(성장은 주로 산업화에 따른 생산성 향상이 동반될 때 가능하다는 것이 정설이다)가 크지 않다는 평가를 받아왔으나, 이제는 혁신과 생산성 향상이 가능 — 여기엔 무엇보다 디지털화의 영향이 크다 — 한, 따라서 본연의 임무를 수행하는 역량을 끊임없이 키워갈 수 있는 제조 기업들이 점점 더 많아지고 있다. 특히 너무도 결정적이라 할 교육 분야에서 이들의 약진이 주목할 만하다. 사실 나머지 모든 것이 교육에 달려 있다고 해도 과언이 아니다.

이 분야는 서로가 서로에게 연계되어 있다. 건강은 위생을 전제로 하며, 디지털은 교육에도 유용하고, 섭생은 농업과 따로 떼어 생각할 수 없으며, 농업은 국토 구획 정리와 상업의 전면 개편과 무관할 수 없다. 또한 연구와 안전, 민주주의의 공고한 토대 없이는 그 어느 영역에서도 지속성을 기대할 수 없다는 점에서 그러하다.

생명경제는 격리 상태에서든 비격리 상태에서든 주로 여성들이 대부분의 작업을 수행하는 분야이기도 하다. 그러므로 생명경제는 남녀 간 경력의 평등성을 확립하는 데 있어서도 필수적이다. 격리 생활은 남녀 간 경력의 평등성 확립이 시급한 과

제임을 웅변적으로 보여줬으나, 이를 개선하고 향상할 수 있는 환경은 조성되지 못했다.

오늘날 이 분야는 나라에 따라 차이를 보이긴 하나, 국민총생산의 40에서 70퍼센트, 일자리에서도 40에서 70퍼센트를 차지한다. 나라별로는, 미국의 경우 국민총생산의 약 58퍼센트, 유럽 56퍼센트, 일본 51퍼센트로 집계된다. 이 비율은 앞으로 80퍼센트 수준으로 올라가야 할 것이다. 이 분야의 성장은 이제 시작되려는 조짐을 보이는 불황으로부터 지속적으로 탈출할 수 있는 가장 좋은, 그리고 가장 빠른 수단이 될 것이다.

그러려면 가계는 건강을 돌보고 식생활을 챙기며, 부단히 배우고 교양을 쌓고, 주거 환경을 개선하기 위해 지금까지보다 훨씬 많은 예산을 할애해야 할 것이다. 고용주들은 피고용인들의 급여를 올려줘야 할 것이며 이 분야에 종사하는 근로자의 사회적 지위도 끌어올려야 할 것이다. 은행과 주주들, 국가가 함께 나서서 이 분야의 기업들 ─ 대기업이든 중소기업이든 ─ 을 우선적으로 지원해야 할 것이다.

위에서 열거한 모든 영역들과 관련해서는, 그 어느 나라도 제3의 나라에 지나치게 의존하는 상황이 아니므로, 국가적 차원에서나 유럽의 경우는 유럽연합 차원에서, 모두가 일정 수준의 자율성에 도달할 수 있도록 배려해야 할 것이다.

다른 분야의 역군들을
개종시키기

다른 분야의 기업들도 생명경제 분야 쪽으로 방향을 재설정하도록 권유해야 할 것이다. 요즘 다른 분야는, 내가 보기엔 괜한 짓인 것 같은데, 시장이 이전과 똑같은 모습으로 돌아오기를 기다리고 있다. 자동차, 항공기, 기계설비, 패션, 화학, 플라스틱, 탄소에너지, 명품, 관광 산업 등은 확실히 이전 시장과 재회하기 어려울 것이다. 지금 당장 백신과 치료제를 만든다고 해도, 아니 그게 아니라 전염병이 저절로 사라져준다고 해도, 이전의 균형을 되찾기까지는 적어도 2년 정도의 시간이 필요할 것이다. 그러니 그때까지 수많은 기업이 버티지 못하고 결국 문을 닫게 될 것이다. 그러는 사이 소비자들도 이전과는 다른 것을 원하게 될 테고.

그렇다고 생명경제를 제외한 다른 분야의 기업들이 사형선고를 받은 건 아니다. 경영진과 노동조합이 힘을 모아 같은 서비스라도 다른 방식으로 제공하거나, 아니면 생명경제로 전환해 다른 종류의 서비스를 제공하는 방안을 마련한다면 사형선고를 받았다고 말하기엔 이르다는 뜻이다. 많은 기업이, 모든 것을 종합적으로 재고하려는 의지만 있다면, 그렇게 할 수 있는 역량을 보유하고 있다.

항공 산업은 방향 전환을 하지 않으면 살아남지 못할 것이다. 사람들은 주문서가 도착하기를 기다리고 있거나 주문자에게 배달될 시기를 기다리고 있는 그 많은 비행기들을 앞으로도 상당 기간 필요로 하지 않을 것이다. 그런데 이 분야 기업들은 엄청난 전문성을 지니고 있으므로, 이를 생명경제의 몇몇 영역, 특히 의료 장비 같은 영역에서 응용할 수 있을 것이다. 항공 회사는 매우 힘든 상황에 놓여 있다. 에어캐나다 같은 기업은 최근에 이미 인력의 절반을 해고했다. 더러는 다시금 비행을 재개하기도 전에 몇몇 해결책을 시도해보기 시작했다. 가령 에미레이트항공은 승객에게 감염 확인 여부 검사를 실시하고, 여행에 앞서 2~3일간의 격리를 요구한다. 하지만 26개 좌석 중 고작 4개에만 승객을 앉힌 상태로 비행을 하면서 살아남을 수 있는 회사는 이 세상에 단 한 군데도 없을 것이다. 특히 저가 항공의 경우는 말 그대로 사라질 것이 자명하다.

그러므로 앞으로는 비행기를 타고 출장 가는 횟수를 대폭 줄여야 할 것이며, 이는 격리 기간 동안 확인했듯이 불가능하지 않다. 관광을 위한 다른 교통수단도 그 사용 빈도를 줄여야 할 것이다.

경제의 투사,
관광을 살려야 한다

관광 산업은 세계적으로 3조 3,000만 개의 일자리를 제공하며 세계총생산의 10퍼센트 이상을 담당한다. 2015년부터 2020년까지 5년 동안 세계에서 늘어난 일자리 네 개 중에서 하나는 관광 분야와 연관이 있다. 유럽의 관광 산업은 세계 관광 산업의 51퍼센트를 담당하며, 관광 산업이 유럽총생산에서 차지하는 몫은 10퍼센트 수준이다. 몇몇 나라에서는 국민총생산의 30퍼센트 내지 50퍼센트까지 차지하기도 한다. 이 분야는 각국 경제에서 그만큼 중요한 버중을 차지하고 있다.

팬데믹 때문에 세계 관광객 수는 2020년 3월 57퍼센트 감소했으며, 2020년 전체를 놓고 볼 때, 2019년 대비 60퍼센트 내지 80퍼센트가량 줄어들 것으로 추산된다. 그런 까닭에 1억 개 이상의 일자리가 사라질 위험에 처해 있다. 이렇게 되면, 간접적으로 농사와 수공업, 그 외 다른 여러 분야도 타격을 입을 것이 자명하다.

관광 부문을 그저 개별적인 한 산업의 운명이거니 하고 방관한다면, 비록 다른 분야가 다시금 재가동에 들어가게 된다 해도, 세계는 심각하고 지속적인 불황에서 헤어나오지 못하는 결과가 발생할 것이다. 그러니 그런 일은 생각할 수조차 없다. 무슨 수를 써서라도 관광 산업을 구해야 한다.

그러려면 관광 산업이 재정비되어야 한다.

먼저, 해마다 10억 명이 이스터섬을 찾는다는 건 솔직히 있어서는 안 되는 일이었다. 그러므로 언젠가 가장 많은 관광객들이 찾는 곳은 입장객 수를 제한해야 할 것이다. 관광지란 생태적으로 문화적으로 사회적으로 독자 생존, 지속 생존이 가능할 때라야만 경제적으로도 생존 가능하다는 사실을 인정해야 한다. 팬데믹과 더불어 관광 도시들은 너무 많은 관광객이 그들에게 가져다준 폐해를 새삼 실감했다. 관광은 이제 환경의 적이 되었다. 이는 관광이 요구하는 막대한 양의 에너지 소비 때문만은 아니다. 상주인구가 26만 명 정도인 베네치아엔 해마다 3,000만 명의 관광객이 몰려왔는데, 이는 본래 인구의 무려 115배에 해당된다. 때문에 베네치아는 도시 전체가 거대한 호텔로 변해버려 원래 살던 주민은 적절한 가격의 주거지와 관광을 제외한 다른 분야에서의 일자리를 구할 수 없어 고향을 등져야 하는 처지가 되고 말았다.

베네치아는 다른 많은 관광지들도 마찬가지지만, 지금보다 훨씬 적은 수의 관광객만 받아들여야 할 것이다. 어쩌면 프랑스의 라스코동굴처럼 인근에 아주 흡사한 복제 도시를 건설하는 방안도 상상해봄직하다. 미국과 중국에서는 벌써 그런 계획이 현실화되기 시작했다.

앞으로는 근거리 관광 산업이 발달하게 될 것이다. 중국에서는 벌써 국내 관광이 재개되었다. 1억 1,500만 명의 중국인 관광객이 2020년 5월 1일을 전후한 휴가 기간 동안 전국을 여행했다.

대단위 호텔 단지나 바캉스촌, 캠핑촌 등은 관광객의 밀집도와 밀접성이 높아 감염 위험이 높을 수 있으므로 예전에 이런 곳을 애용했던 고객들조차 더는 찾지 않게 될 것이다. 50개 정도의 숙소를 보유한 소규모 시설이 새로운 표준이 될 가능성이 높다.

기존 호텔들 중에서 더러는 일단 리모델링을 거친 후, 햇빛 가득한 곳에서 겨울을 보내고 싶어 하는 북반구 지역 국가의 은퇴자들을 위한 지속적인 레지던스로 이용될 수 있을 것이다. 여러 가상현실 장치들을 이용해 가족들과 소통하는 데 익숙한 이들에게 물리적 거리는 크게 문제가 되지 않을 것이다. 이런 식의 재활용을 통해 스페인, 포르투갈, 이탈리아, 그리스, 스위스, 아드리아 해안 연안 국가, 프랑스의 상당 지역에 즐비한 관광 인프라는 살아남을 수 있을 것이다.

특급 호텔들도 건강관리 시설로 탈바꿈할 수 있을 것이다. 몇몇 시설은 이미 '특별 격리' 서비스, '특별 격리용 스위트룸' 같은 명분으로 강제 폐쇄 조치를 면했다. 팬데믹이 발생할 경우, 호텔 객실의 상당 부분은 즉각적으로 감염 환자들의 가족이나 밀접 접촉자들을 적어도 보름 정도 격리시킬 수 있는 거리두기 시설로 활용될 수 있으며, 지금도 그렇게 쓰이고 있다. 이는 꽤 유의미한 수입원이 될 수 있다. 홍콩에서 파크레인호텔은 한 층 전체를 격리를 필요로 하는 고객들에게 할애하는 '격리 패키지'를 1,600달러에 판매했다. 스위스 호텔 체인 '르 비주'는 소독을 마친 원룸 또는 스위트룸에서 자가 격리를 원하는 손님들에게 장기 체류(2주 또는 그 이상) 상품을 팔았다. 체류 기간 동안 직원들과의 접촉은 완전히 차단되며, 디지털화된 서비스가 제공된다. 사설 병원과의 파트너십을 통해 고객들에게는 필요할 경우, 코로나바이러스 감염 검사부터 진단, 치료에 이르는 완전한 의료 서비스를 처방할 수 있다. 오스트레일리아의 노보텔 시드니 브라이튼 비치의 경우, 선진 소독 체제와 사회적 거리두기로 위기 기간 내내 열려 있었다. 안전과 감염 위험 제로는 앞으로 특급 서비스, 건강과 체력 단련 프로그램 외에 이러한 장소의 진정한 부가가치로 자리매김하게 될 것이다.

이번 위기는 게다가 병원 근처의, 감염 환자 가족들을 위한 공간의 부재를 뼈저리게 실감하게 해줬다. 그리고 요양원은 호텔 산업이 제공하는 서비스 품질과 비교해볼 때, 입주자들에게 때로 재앙에 가까운 질 낮은 삶의 공간일 수 있음도 여실히 드러냈다. 그러므로 이 분야에서의 변신 또한 호텔 산업과 관광 지역에 있어서는 충분히 승산 있는 도전이 될 수 있을 것이다.

마지막으로, 관광은 생태 교육의 장소이자 시간이 되어야 할 것이다. 많은 호텔 체인들이 이 점을 제대로 이해했다. 이 모든 일엔 시간이 걸릴 것이다. 우리가 언급한 변화가 구체화되기를 기다리면서 그때까지 살아남기 위해서는 대대적인 공적 지원이 필요하다. 이들이 살아남는 것은 국가에도 득이 된다. 그러므로 각국은 국토의 균형 발전까지도 가능하게 하는 전략적 활동인 관광이 그대로 고사하도록 손 놓고 있어서는 안 된다. 팬데믹이 사라진 후, 위기 이전의 구태와 우왕좌왕에 습관적으로 빠져들다가 다음번 위기를 맞길 원하지 않는다면 말이다.

생명경제는
긍정적 환경 발전의 동력

생명경제에서 배제된 모든 분야는 말하자면 환경의 가장 큰 적이다. 자동차, 비행기, 화학, 플라스틱을 비롯해 많은 산업이 그러하다. 하지만 재전환을 통해 이런 분야도 생명경제에 당당하게 편입될 수 있을 것이다.

생명경제는 환경과 기후 변화 최소화에 중요한 역할을 하는 주역이다. 또한 탄소에너지를 가장 덜 쓰는 분야이기도 하다.

특히 생물 다양성 보호는 생명경제에 포함된다. 생물 다양성 보호는 전염병의 확산을 방지하기 위해서도 필수적이다. 산림 파괴, 야생 영역 축소 등은 실제로 질병의 확산 위험도를 높인다. 국토 개발과 관련한 법적 기제를 통해 보다 적극적으로 생물 다양성 보존, 동물 존엄성 존중, 유기 농업의 구체적인 발전, 토양 인공화 방지 등에 나서야 할 것이다.

7장

이 팬데믹이 사라진
이후엔?

Et après?

생명경제로의
전환

적지 않은 사람이 위기를 빠져나오면서 한시라도 빨리 이전 세계로 복귀하겠다는 광적인 열망을 불태울 것이다. 그런 마음은 당연히 이해할 만하다. 감시당할 일도 어린아이 취급받는 일도 없었던 세계로 돌아가고 싶은 그 심정을 왜 이해하지 못하겠는가. 일자리를, 점포를, 작업장을 잃게 된 사람들은 이전의 생활방식, 이전의 생활수준을 되찾을 날만 손꼽아 기다릴 것이다. 많은 사람들이 오매불망 꿈에 그리던 자동차를 사고 싶어 할 것이고, 여행을 좋아하는 사람들은 얼른 이전의 즐거움을 되찾고 세계를 누비며 볼 만한 곳들을 찾아다니고 싶어 할 것이다. 그들의 행동 방침을 처음부터 끝까지 지시하고 감시하던 공황 상태로부터 벗어났다고 믿는 기업 경영자들은, 새 직원을 뽑거나 생산품을 다른 것으로 전환하거나, 적어도 생산 방식이라도 바꿔볼 궁리 따위는 전혀 하지 않으면서, 이전의 생산 수준, 영업 이익 수준을 회복할 날만 고대할 것이다. 많은 정치 지도자들 또한, 긴박한 위기 상황이 그들에게 일시적으로 허용해줬던 권력은 언제까지고 붙들고 있으려 하면서, 거기에 더해 위기 이전에 누렸던 인기까지도 되찾겠다는 야무진 꿈에 부풀어 있을 것이다.

역으로, 격리 생활이 끝나가는 데 대해 미련을 갖는 사람들도 있을 것이다. 격리 기간 중에 자기 나름대로의 리듬에 따라 일하는 행운을 누렸거나, 고독을 좋아하는 까닭에 이번 위기를 앞만 보고 달려온 삶에서 잠깐 쉬어가는 시간으로 받아들였던 사람들이라면 격리 생활을 긍정적으로 받아들였을 테니 말이다. 급여나 퇴직연금에 있어서 아무런 불이익도 받지 않은 행운아들이랄까.

이들과는 달리 격리 생활을 지옥처럼 여기며 감내해야 했던 다른 많은 사람들은 다른 부류의 사람들을 만나, 다른 분위기 속에서 다른 종류의 이야깃거리, 다른 사랑을 찾고 싶어 할 것이다.

더 이상 존재 이유를 찾지 못해 사라지는 직업도 있을 것이고, 그 때문에 하루아침에 수백만 명이 실직자가 되어 자신을 새로운 인물로 재탄생시켜야 하는 절박함 속에 놓일 수도 있을 것이다. 나라 전체를 속속들이 바꾸지 않는다면 모를까, 빠른 시일 내에 이전의 생활수준을 되찾기엔 이번 위기로 너무도 큰 타격을 입은 나라도 많을 것이다. 다수의 민주국가들이 이번 팬데믹 시련으로 큰 피해를 입은 탓에, 뒤에서 보겠지만 내가 '전투적 민주주의'라고 명명한 것에 버금가는 뭔가를 만들어가지 않는 한, 국가 자체가 사라질 수도 있을 것이다.

같은 삶으로의 회귀를 원하는 것은 인류에게 닥칠 중대한 다음번 위기를 이번보다 한층 더 악화된 상황에서 맞아들여야 하는 길로 스스로를 몰아가는 것이다. 이는 다음번 팬데믹, 다음번 기후 변화 비극을 준비하지 않고 허송세월하는 것이다. 결정적으로 민주주의를 폐기 처분하는 것이다. 민주주의는 또 한 번 그것이 정한 원칙과 실천에 반하는 조치를 취하도록 공격을 받을 경우 다시는 재기하지 못할 것이다.

우리는 앞으로도 여러 차례 팬데믹, 또는 종류는 다르지만 그 여파는 다르지 않을 대규모 충격을 겪을 수 있다. 아니, 이번보다 훨씬 더 심각한 비극이 우리를 덮칠 수도 있다. 한 번도 아니고 여러 번씩 당할 수도 있다. 그렇게 되면 우리 경제는 붕괴될 것이고, 우리가 누리던 자유와 우리가 이룩한 문명도 함께 스러질 것이다.

그러니 그런 일을 미리 예상하고 이에 대비하려면, 우리의 상상력이 허락하는 모든 무기를 동원해야 할 것이다. 이는 단순한 예측 이상이어야 한다.

과거에서 교훈을 이끌어내고, 이전으로 돌아갈 태세를 갖춰야 하는 것은 물론이거니와, 예기치 못한 상황이나 불확실성에 대한 준비도 필요하다. 그러기 위해서는 광기의 여러 형태에 대한 분석이 장부 정리보다 훨씬 중요할 것이다. 말하자면 공상과학이 경제학 교과서보다 훨씬 유용할 수도 있다는 뜻이다.

사실 수백 수천 편의 공상과학 책이며 영화가 이미 오래전부터 우리에게 인류를 위협하는 것들에 대해 이야기해주고, 우리의 장래를 예측하는 데 필요한 수단을 제공해주고 있다. 팬데믹이라는 주제만 놓고 보더라도, 메리 셸리가 쓴 장편소설 《최후의 인간》, 장-피에르 앙드르봉(Jean-Pierre Andrevon)의 생태학적 단편소설 〈마침내 세상은 그들의 것〉, 대니 보일의 《28일후(28 Days Later)》, 마크 포스터의 〈세계대전 Z〉, 데온 메이어(Deon Meyer)의 《열병(Fever)》, 러셀 T. 데이비스의 〈이어즈 앤드 이어즈(Years & Years)〉 연작, 스티븐 소더버그 감독의 영화 〈컨테이젼〉 등을 꼽을 수 있다. 이외에도 인류 생존을 위협하는 다른 양상을 다루는 작품들도 적지 않다. 리처드 매드슨의 《나는 전설이다》, 이보다는 덜 알려졌으나 그래도 많이 읽힌 버나드 울프(Bernard Wolfe)의 《림보(Limbo)》, 아주 최근에 발표된 류츠신의 놀라운 작품《삼체》등도 주목할 만하다.《삼체》는 외계인들로부터 4세기 안에 인류를 멸망시키겠다는 경고를 받은 인류의 반응을 세 권의 책으로 밀도 있게 엮은 작품이다. 이 밖에도 오늘까지 나의 성찰의 자양분이 되어주었으며, 지금도 여전히 나에게 양분이 되어주는 작품들이 수두룩하다.

나는 경제학이나 정치학 서적보다 이러한 글을 읽으면서 훨씬 많은 것을 배웠다. 나는 이러한 글을 통해 한계를 두지 않고 생각하는 법을 익혔다. 전혀 예기치 않았던 곳에서 빛을 찾고, 어두운 길을 헤쳐나가는 법도 배웠다. 나는 또 최악의 상황을 피하는 가장 좋은 방법은 미리 준비하고, 그리고 사랑하는 것이라는 점도 새삼 깨달았다.

심지어 비디오게임도 우리에게 많은 것을 가르쳐준다. 가령 〈월드 오브 워크래프트〉에서는 버그 하나 때문에 무대가 일주일 동안 걷잡을 수 없는 팬데믹 공간으로 변해버린다. 비록 비디오게임 내부로 제한되어 있긴 하나, 게임에 등장하는 팬데믹이 너무도 복잡한 양상을 보이기 때문에 누구도 감히 앞으로 상황이 어떻게 진행될지 예측하기 힘들다. 팬데믹은 게임 개발자들이 포기하고 게임 서버를 완전히 리셋하기 전까지는 절대 끝나지 않을 것이다.

그런데 그건 비디오게임에서나 가능할 뿐, 우리는 현재 진행

중인 팬데믹에 대해서건 미래의 언젠가 닥쳐올 위협에 대해서
건, 그것이 가시적이든 그렇지 않든 코드를 뽑아버린 다음 인류
를 리셋할 수 없다. 그저 그러려니 하면서 감내하는 수밖에 없
을 것이다. 그러면서 상황이 완화되기를, 모든 것이 보다 공정
해지기를, 보다 자유로워지기를 기대할 뿐이다. 미래 세대에게
어떤 운명이 기다리고 있을지 염려하면서 말이다.

그러니 우리는 우리를 기다리고 있는 것 가운데 가장 최악이
라 여겨지는 것을 예측하는 일부터 시작해야 할 것이다. 그래야
빈틈없이 준비해서 그 최악만큼은 피할 수 있을 테니까.

미래의 팬데믹

무엇보다도, 현재의 팬데믹이 어떤 식으로 진화해나갈지는 아
직 아무도 모른다. 모든 건 격리 해제 조치의 효율성, 백신 개발
성공과 보급 바이러스의 잠정적 진화 양상에 달려 있다. 지금까
지의 모든 정황으로 보아 2차 유행이 가능할 것으로 보인다. 그
러므로 중환자실에 입원 중인 환자 수가 일정 수준을 넘어설 경
우, 기간을 미리 규정할 수 없는 새로운 격리의 필요성이 대두
될 여지도 충분하다.

새로운 격리 결정은 경제적·사회적·정치적 충격이 될 것이며, 이 충격의 여파는 현재 겪고 있는 비극에 불행을 더해줄 것이다. 특히 놀라운 용기와 헌신, 뛰어난 역량으로 사력을 다해 (문자 그대로) 팬데믹과 맞서느라 기진맥진한 의료 인력은 앞으로 또다시 같은 상황이 연출될 경우 점점 더 버텨내기 힘들 것이다. 가뜩이나 이번 위기를 겪으면서 쇠약해진 민주국가들은 전염병 감시 감독이라는 명분이 법 위에 군림하는 독재 체제로의 전환을 손쉽게 받아들이게 될 것이다. 진실을 말하기보다 스캔들을 키워 시청률을 높이는 데에만 관심이 있는 미디어들의 추임새도 여기에 한몫할 테고. 물론 예외도 있다. 독재 체제가 자리 잡는데 공을 세운 미디어까지도 결국 독재의 칼로 단죄되는 일이 생길 테니 말이다.

현재의 팬데믹을 넘어 다른 팬데믹들이 또 발발하는 상황은 얼마든지 가능하다. 가능한 정도가 아니라 거의 확실하다. 비록 우리가 그 정확한 시기까지야 알 수 없다 할지라도 말이다. 때문에 오늘날 우리를 괴롭히고 있는 팬데믹에 무방비 상태로 당한 것처럼 그때도 아무 준비를 하지 않고 있다가 당하게 된다면, 그러한 직무 유기는 정말이지 범죄에 해당된다고까지 말할 수 있을 것이다.

다른 팬데믹의 도래를 거의 확실하게 점칠 수 있는 이유는,

우선 H5N1 바이러스의 변이체 출현을 거의 피할 수 없기 때문이다. 이 바이러스의 온상은 이번에도 역시 중국일 것으로 예상되는데, 중국이 동물들의 배설물에 섞여 나오는 미생물에 대해서는 아무런 고려도 하지 않은 채 시장에서 마구잡이식으로 살아 있는 동물들을 판매하는 한, 그건 불가피하다. 이 책의 도입부에서 봤듯, 1969년 H3N2 독감으로 인한 팬데믹은 돼지에게서 시작되었고, 2013년 H7N9 바이러스가 일으킨 독감은 새들로부터 오지 않았던가. 물론 이번 바이러스도 십중팔구 그럴 것이고.

그럼에도 우리는 현재의 위기가 아시아와 유럽 등지에서 동물을 기르는 대형 목축업의 관행에 변화를 촉구하고, 새롭게 출현하는 질병들을 보다 꼼꼼하게 감시하지 않으면 안 되도록 강제할 것으로 기대해볼 수 있다. 이 기대가 실제로 결실을 맺을수 있으려면 전 지구적 차원에서 규칙을 정하고, 그 규칙을 모두가 준수하게 만들 수 있는 여건을 구비해야 할 것이다.

사실 그러한 규칙들은 팬데믹 아닌 다른 위협들과 관련해서는 이미 존재한다. 하지만 규칙은 그것이 세계적으로 통용되는 강력한 제재 수단과 병행될 때라야 정말로 효과를 발휘할 수 있다. 제재 수단까지 갖춘 사례로는 핵무기와 화학무기의 확산을 억제하기 위한 규칙이 유일하다.

또한 인류 전체의 상당 부분이 전염성이 매우 높은 — 콜레라는 환경(물)과 (또는) 개인 간 접촉을 통해 감염된다 — 질병인 콜레라의 귀환으로부터 보호받지 못하는 게 사실이다. 콜레라의 귀환이라는 현실에 제대로 준비된 사람은 단 한 명도 없을 것이다.

우리는 또 치명적인 미생물을 품고 있는 식용식물의 눈치도 봐야 할 처지다. 병원균이 되는 미생물을 품고 있는 식품을 섭취함으로써 야기되는 질병이 200가지가 넘는다고 한다. 해마다 오염된 식품을 섭취한 후 병에 걸리는 사람이 8억 명에 이르며, 이 중에서 목숨을 잃는 사람도 42만 명이나 된다. 2011년 프랑스와 독일에서는 오염된 식물과 관련이 있는 전염병이 급작스럽게 발생해 3,500명 이상이 감염되었다. 지난 10년 사이 이와 유사한 사례는 영국과 미국에서도 발생했다. 비슷한 유형의 사고가 훨씬 대규모의 감염 사태로 번지는 경우도 얼마든지 예상 가능하다. 이런 돌발 사태를 피하려면 전 지구적으로 통용되는 법규, 들판, 텃밭, 운송 체제, 저장과 보존, 식품 준비와 판매 등의 각 단계에서 빈틈없는 위생 관리를 강제할 수 있는 규칙이 반드시 있어야 한다. 그리고 그 규칙을 반드시 지키게 할 수 있는 수단도 동반되어야 한다.

우리는 바이오테러 행위, 그러니까 테러리스트나 범죄자 또는 광인이 미생물 또는 바이러스를 고의로 퍼뜨리는 경우의 수도 상상해볼 수 있다. 가장 위험하면서 가장 확률 높은 매체로는 탄저병균, 보툴리누스균, 홍역균, 각종 출혈열 바이러스 등이 지목된다. 그러한 행위는 범행을 저지른 측의 즉각적 발표가 뒤따르지 않는다면, 전염병이 공항이나 지하철역으로 퍼져나가면서 그 어떤 예방책도 무용지물로 만들어버릴 수 있을 것이다.

구소련 붕괴에 따라 일부 미생물 비축분이 테러 집단들의 손에 들어갔을 수도 있으리라는 가설을 덮어놓고 배제하기만 해서는 안 될 것이다. 더구나 이런 종류의 질병 매개체는 제조가 그다지 어려운 편도 아니다.

이런 유형의 공격에 대비하기 위해 미국을 포함한 여러 나라가 전문적인 탐지법과 조기 경보 체제를 가다듬었다.

국제적인 협약(생물무기 금지 협약으로 180개국이 가입했다)이 이러한 무기를 금지하고 있긴 하나, 가입국들이 실제로 이 내용을 준수하는지 여부를 확인할 방법은 없다. 다시 말해 협약이 있어봐야 무용지물이라는 뜻이다.

마지막으로, 사이버 공격도 경제를 붕괴시킬 수 있다. 사이버 공격은 우리의 미래를 어둡게 하는 가장 중요한 위협들 가운데 하나다. 사이버 공격은 페이스메이커 같은 기기뿐 아니라 다른 여러 미래의 보철들(임플란트, 혈류를 조절하는 배터리와 나노로봇

등)에 의해 점점 더 촘촘하게 접속되어갈 인간을 직접 공격할 수도 있다. 실제로 이러한 보철들은 개발 중이다. 사이버카이네틱스(Cyberkinetics)는 다른 여러 경쟁업체와 마찬가지로, 각종 신호를 실시간으로 해독할 수 있는 신경 임플란트 체제를 개발 중이다. 인텔은 머지않아 키보드나 마우스 없이 컴퓨터를 제어할 수 있는 전자칩을 상용화하기 위해 박차를 가하고 있다.

이러한 디지털 보철 기기를 대상으로 하는 공격은 벌써 몇 차례 일어났다. 2010년 영국의 과학자 마크 가손 박사는 고의로 자신의 왼손에 삽입한 RFID칩을 공격했다.

테러리스트 또는 비밀정보요원 같은 이들이 원거리에서 페이스메이커의 배터리를 방전시키거나 치사량의 전기를 보낼 수도 있을 것이다. 또한 파킨슨병에 걸리거나 뇌전증을 앓는 환자의 뇌 속에 심은 신경 자극기를 해킹할 수도 있다. 그 외에도 앞으로 출현할 보철들은 무궁무진하다. 이렇듯 우리 몸 안에 장치한 임플란트를 본래 목적과는 다르게 전용하거나, 심각한 손상을 초래할 수도 있는 호르몬 계통 약물을 주사하는 데 사용할 수도 있을 것이다. 어디 그뿐이겠는가. 인간의 광기에는 한계가 없다.

예측 가능하고, 그렇기 때문에 선제적으로 방비할 수 있는 팬데믹의 경우와 마찬가지로, 우리는 미래에 있을 환경 재앙에도 대비해야 한다. 그런데 팬데믹과는 달리 환경 재앙은 이미 정확하게 우리 눈앞에서 진행되고 있고, 우리는 그러한 재앙을 피하기 위해 뭘 해야 하는지 잘 알고 있기 때문에 그러한 대비는 더욱 절실하다.

환경 재앙은 벌써 현실이 되었다. 현재 지구상의 열 명 중 아홉 명은 오염된 공기를 마신다. WHO에 따르면, 해마다 1,200만 명 이상이 환경 관련 문제(공기, 수질, 화학 물질에 노출, 기후 변화 등) 때문에 목숨을 잃는다.

우리는 우려할 정도로 각종 쓰레기가 증가하고, 산호초들이 줄어들고, 다양성이 사라져가는 현상에 대해 잘 알고 있다. 지금 속도대로라면, 2050년에 물속엔 물고기보다 플라스틱이 더 많게 될 것이다.

해마다 5대양엔 800만 톤이 넘는 플라스틱이 버려진다. 지금부터 2050년까지의 30년 동안, 물새들은 종류를 구분할 것도 없이 모두 정기적으로 플라스틱을 소화시켜야 할 판이다. 게다가 현재 우리가 처한 보건 위기는 더 많은 일회용 플라스틱을 사용하도록 부추길 것으로 보여 지금까지 플라스틱 사용의 감소를 위해 들인 노력은 물거품이 되어버릴 공산이 크다. 프랑스에서는 플라스틱 연관 기업들의 활동이 위기 발발 이후 50퍼센트나 증가했다. 전 세계 생산량은 지금부터 5년 안에는 3배, 2050년까지는 5배 증가할 것으로 추정된다.

지금부터 2050년까지 토양 파괴는 농업 수익성을 평균 10퍼센트 정도 감소시킬 것이며, 지역에 따라서는, 특히 아프리카에서는 이 비율이 50퍼센트까지 올라갈 수도 있다.

뿐만 아니라 토지, 특히나 숲이 파괴됨에 따라 지구상의 균형에 필수적인 천연 온실가스 흡수원도 사라지게 된다.

이와 아울러 기후 변화도 가속화된다.

우리는 2100년이면 지표면의 온도가 4도나 상승하게 될 일을 염려하지 않을 수 없다. 2020년 초부터 프랑스의 평균 기온은 1980~2020년 사이 기간 동안의 평균 기온에 비해 2도 이상 높은 상태이며, 이는 20세기 초 온도 측정을 시작한 이래 가장 높은 온도로 기록되고 있다. 생태 변화를 위한 노력에 한층 박차를 가하지 않는다면, 평균 온도는 이 세기가 끝날 무렵 7도가량 상승할 것이다. 이 경우, 2050년엔 3억 명 이상이 적어도 한 해에 한 번씩 홍수를 겪게 될 것이고, 대양의 해수면은 지금부터 2100년까지 적어도 1.1미터가량 상승할 것이다. 아니, 가장 최악, 그러니까 가장 비관적인 시나리오의 경우는 심지어 2미터나 높아질 것이라고 예측한다.

그러므로 우리가 당장 행동에 나서지 않으면 자연 재해는 발생 빈도와 강도 면에서 모두 지금보다 강세를 보일 것이다. 습도가 높은 지역에서는 강수량이 늘어나면서 태풍도 자주 발생할 것이고, 건조한 지역에서는 강수량이 줄어들면서 심각한 가뭄을 초래할 것이다. 2100년엔 전 세계 인구의 75퍼센트가 살인적인 폭염에 노출될 것이다.

이러한 기후 변화는 토양의 피폐화를 한층 심화시킬 것이며 세계 식량 안보에 중대한 압력으로 작용할 것이다.

담수 오염은 식수원을 직접적으로 위협함으로써 가뜩이나 물 부족으로 고통받고 있는 취약 지역의 물로 인한 스트레스와 식수 부족을 첨예화할 것이다.

이외에도 많은 생태 관련 현안들이 산재해 있다. 특히 생물 다양성에 가해지는 위협에 대해선 많은 사람이 우려를 표명한다(더러는 은근히 기대를 표명하기도 한다). 이러한 위협 증대가 우리 문명의 붕괴를 가져오고, 앞으로 대량 멸종이 가시화될 경우 종국적으로는 인류의 멸망을 초래할 수도 있다는 것이 이들의 주장이다.

어찌됐든, 이 모든 문제들은 빠른 시일 내에 우리 경제에 중대한 결과를 가져올 것이다. 많은 분석가들이 기후 온난화만으로도 2030년 세계총생산이 3퍼센트 감소할 수 있다고 전망한다.

그렇다면 이러한 미래 전망 앞에서 우리는 무엇을 해야 하는가? 솔직히 그리 대단하게 할 건 없다. 탄소에너지 사용을 대폭줄여야 한다는 사실을 모르는 사람은 없을 것이다. 그러기 위해서는 어마어마한 노력이 필요한데, 2016년 온실가스 배출을 줄이자고 파리에서 체결된 협약은 전혀 지켜질 기미를 보이지 않는다. 파리협약은 지금부터 2100년까지 평균 기온 상승을 산업화 이전 시대의 평균 기온 수준과 비교해, 확실하게 2도 이상은 올라가지 않게, 다시 말해 최대 상승치 1.5도를 목표로 제시했다.

그 목표치에 도달하려면 2040년 75퍼센트에 가까운 1차 에너지가 비(非)화석 연료에서 나와야 한다. 이는 무엇보다 탄소를 제거한 전기 사용량의 대대적 증가를 통해서나 기대해볼 수 있을 것이다. 그런데 2020년 총에너지 소비량에서 화석 에너지가 차지하는 비율은 80퍼센트 부근을 맴도는 반면, 탄소 제거 전기는 전 세계에서 소비되는 에너지의 12퍼센트에 불과했다.

유엔환경계획(United Nations Environment Program, UNEP)에 따르면, 파리협약 가입국들의 현재까지의 성취 수준으로 미뤄,

이번 세기가 끝나갈 무렵 기후 온난화 수준, 즉 평균 온도 상승 분은 3.2도 정도로 예측되는데, 이는 목표치에 한참 미달이 아 닐 수 없다.

대다수 국가의 소극적 참여를 보여주는 또 다른 예를 보자. 협약 가입국들은 파리협약에서 규정하는 원칙에 따라 2020 년 2월 9일까지, 글래스고에서 11월 열릴 예정인 차기 총회 COP26(팬데믹 때문에 2021년으로 연기되었다)에 대비해 기후 온 난화를 방지하기 위해 자국 내에서 실시한 정책 사업 목록을 유 엔에 제출하기로 되어 있었다. 그런데 고작 3개국, 다시 말해 세계 온실가스 배출량의 0.1퍼센트에 해당되는 마샬 군도, 수 리남, 그리고 노르웨이, 이렇게 3개국만이 정해진 기한을 지켰 다. 이 사실은 이미 미국의 탈퇴로 휘청거리는 이 협약—원칙 적으로 2020년 가을부터 효력을 발휘할 예정이다—을 준수할 의지가 얼마나 약한지를 웅변적으로 보여준다.

플라스틱 사용 제한 건이나 쓰레기 감소와 재활용 건, 산호 보호 건, 해양보호구역 건, 농업에서 유해한 일부 화학제품 사 용을 줄이는 건 등에 있어서도 피부에 와 닿을 만한 실질적인 성과가 전혀 없기는 마찬가지다.

기후 온난화는
또 다른 팬데믹을 야기할 수 있다

생태 변화는 그 자체로서만 중요한 게 아니다. 생태 변화가 가져오는 여러 결과들 가운데 하나가 바로 팬데믹의 위험도를 증가시킨다는 사실이다. 적지 않은 전염병이 기온 상승이나 습도 상승, 쓰레기와 바다 오염 증가로 인해 그 증세가 악화되는 양상을 보인다.

더운 기후는 인간의 면역 반응을 약화시킴으로써 독감에 취약하게 만든다. 지구 온난화와 더불어 독감은 사실상 겨울만이 아니라 한 해 내내 유행하게 될 것이고, 이렇게 되면 독감 바이러스는 돌연변이를 일으킬 충분한 시간을 확보하게 되는 셈이다.

기후 온난화 때문에 습관이 뒤죽박죽 교란된 모기들이 새로운 종류의 팬데믹을 일으킬 가능성도 배제할 수 없다. 특별히 뎅기, 치쿤구니야, 지카 바이러스 등을 옮기는 숲모기속(屬) 모기들의 경우가 주목할 만하다. 아프리카와 동남아시아에 서식하는 이 모기들은 이보다 북쪽 지역에서도 지속적으로 살아남을 수 있다. 게다가 학질모기들은 한 세기 동안 자취를 감췄던 유럽에 다시금 나타나 학질을 유행시킬 수도 있을 것이다. 흰줄숲모기의 사례가 그 좋은 예라고 할 수 있다. 흰줄숲모기는

2004년 이전까지만 해도 프랑스에 서식하지 않았으나 지금은 프랑스 51개 도에 버젓이 서식하는 것으로 집계된다.

이들의 위험성은 잘 알려져 있다. 세계에서 해마다 이 모기들이 옮기는 질병으로 목숨을 잃는 사람이 무려 100만 명에 이른다. 이 숫자는 지금까지 코로나19로 인한 사망자 수를 훌쩍 뛰어넘는 것이다. 아시아와 아프리카에서는 사정이 한층 심각하다. 그리고 이들 모기들로 인한 희생자 수는 앞으로도 증가할 것이다. 흰줄숲모기 애벌레에게 더할 나위 없이 좋은 보금자리가 되어주는 논 면적이 두 배로 증가할 예정이기 때문이다.

지금부터 2100년까지 평균 기온이 4도 이상 상승할 경우, 이 모기들은 10억 명 이상의 목숨을 위협하게 될 것이다. 특히 이 모기들이 옮기는 바이러스에 노출되는 유럽인 수는 두 배로 늘어날 수 있을 것이다.

마지막으로, 기온 상승으로 인해 영구동토(적어도 2년 이상 지속적으로 얼어 있는 토양)는 지금부터 2100년까지 그 면적이 70퍼센트까지 줄어들 것이다. 그런데 그 토양 속에 들어 있는 박테리아와 바이러스는 완전히 비활성 상태라고 할 수 없다. 때문에 이미 사라졌다고 믿고 있던 질병들이 이것들로 인해 다시금 출현할 가능성도 있다. 사실 우리는 그러한 질병들에 대해서는 아무것도 알지 못한다.

그런데 이 분야에서도 역시 진지한 그 어떤 움직임도 감지되지 않는다. 심지어 몇 년 전 마스크와 관련해 관찰되었던 것과 비슷한 종류의 신종 '무사태평' 조짐마저 보인다. 모기들이 옮기는 전염병을 예방하는 데 필수적인 모기장 생산이 인도에서는 중단되었고, 베트남에서는 눈에 띄게 줄어든 것이다. 아울러, 모기들로부터 우리 몸을 보호하는 데 대단히 효과적인 수단 가운데 하나인 고인 물 없애기 운동 또한 마음처럼 신속하게 진행되지 않고 있어 답답하기만 하다.

암울하기만 한 전염병

엎친 데 덮친 격으로, 자연과 관계된 이러한 상황들과 더불어 우리는 마지막 전염병을 걱정해야 하는 처지다. 그 전염병이란 암울하기 그지없는 정치 파동으로, 세기말적인 분위기 속에서 독재 체제가 슬며시 똬리를 틀면서 노골적인 외국인 혐오, 독재 옹호를 외쳐대는 구호가 난무하는 세상이 도래할 수도 있을 것이다. 이 같은 체제의 지지자들은 명백한 사실에도 불구하고, 민주주의는 이전의 위기들을 해결하는 역량을 발휘하지 못했으며, 국경 봉쇄는 반드시 필요하다, 외국인들은 국적과 상관

없이 모두 위협적인 존재이며, 모든 것은 자국에서 생산해야 하고, 다른 나라에 기대서는 안 된다, 국내외적으로 적으로 지목된 자들에 대비해 무장해야 한다고 주장할 것이다. 그들은 모든 사람이 모든 이유로 감시받고, 모든 사람의 건강 상태와 각자의 행동 양태가 투명하게 드러나는 사회, 요컨대 민주주의 따위는 거들떠보지 않는 전체주의 사회를 원할 것이다. 그런 사회에서 미디어는 그저 오락과 정권 홍보 수단으로 치부될 뿐이다.

이미 여러 나라에서 이런 일이 벌어지고 있다. 다시금 팬데믹이 몰려온다면 그런 나라들이 더 늘어날 것이다. 이러한 행태는 많은 곳에서, 많은 사람들에 의해서, 예전에 비해 별다른 저항 없이 받아들여질 것이다. 팬데믹이 서로를 의심하고 경계하게 만드니까. 다른 사람들이 감시당하도록 하기 위해서는 자신이 감시당하는 걸 당연하게 여겨야 하니까. 두려움은 항상 자유보다는 안전을 우선하게 만드니까. 사회적 거리두기와 마스크가 상대를 비인격화하고, 이는 곧 그의 운명에 대한 무관심과 방관으로 이어질 수 있으니까….

이러한 우려는 전혀 비현실적이지 않다. 민주주의는 우리가 봤듯이 심지어 유럽 국가들에서조차 이미 경시되고 있다. 그리고 우리 자신은 민주주의가 허약하고, 현재 형태로는 세계가 직면한 여러 도전을 당당하게 헤쳐나갈 깜냥이 되지 못한다는 사실을 느끼고 있다.

기온이 서서히 올라가는 것과 마찬가지로, 우리가 눈치채지 못하는 사이 전체주의가 꾸준히, 집요하게, 때로는 독재자를 앞세우지도 않은 채, 기존 체제를 분열시키지 않으면서, 특별한 경고도 없이, 자신들이 여전히 민주주의자라고 믿지만 실상은 그렇지 않은 몇몇 정치인들의 시중을 받으며 우리 삶을 잠식해 들어올 것이다. 처음엔 신중하게 몸을 사리고 있을 몇몇 집단의 이익을 위하여. 그렇게 되면 우리는 새로운 형태의 독재, 여전히 민주주의라는 이름으로 불리고, 아무도 그런 이름으로 불릴 권리를 부인하지 않는 희한한 독재 체제를 발견하게 될 것이다. 오늘날 사람들이 너무도 경솔하게 '민주독재'라고 부르는 독재 말이다.

아니, 그보다 더 고약할 수도 있다. 우리는 기어이 인간이라는 종, 자연에 그토록 많은 해악을 가한 그 인류의 멸망을 보고 싶어 하는 욕망이 걷잡을 수 없이 솟구치는 걸 두려워해야 할 수도 있을 것이다. 마치 〈월드 오브 워크래프트〉에서 게임에 참여하는 사람들이 다른 사람들을 감염시키는 데서 희열을 느끼고, 그렇게 되면 무슨 일이 생기는지 보고 싶어 하는 현상처럼 말이다. 아니면 말기 환자가 너무 고통받지 않기 위해 아예 자살을 택하는 심정이랄까….

전투적 민주주의를
위하여

Pour une démocratie de combat

생명경제로의
전환

지금과 같이 계속하는 건, 중산층이 원동력이 되었다가 끝에는 제일 빈민층과 더불어 희생자가 되는 혁명으로 직행하는 길이다. 지금과 같이 계속하는 건, 미래에 굳건히 뿌리내릴 채비를 하고 있는 독재의 노리개가 되는 것이다.

중국은 최근 아주 영리하게 선택한 일곱 개 부문에 집중하는 경제 계획에 시동을 건다고 발표했다. 5G, 인터넷, 도시 간 고속 이동, 데이터뱅크, 인공지능, 고압 에너지, 전기자동차 충전소, 이렇게 일곱 가지다. 대중 감시 역량을 강화하고 수입 석유를 필요로 하지 않는 분야들로만 구성되어 있다.

아랍에미리트도 여섯 개 부문에 집중하는 계획을 발표했는데, 건강, 교육, 경제, 식품위생, 사회생활, 공공 행정, 이렇게 여섯 분야가 선택되었다.

민주국가들이 정신 차리고 더 잘, 그리고 더 신속하게 행동해야 한다.

그러려면 민주국가들은 앞서 언급한, 민주주의의 도구로 활용될 수 있는 생명경제를 키워야 할 것이다. 생명경제의 여러 분야 중에서도, 특히 언론 자유와 교육이 민주주의의 유용한 도구가 될 수 있다.

현 세대가 미래 세대에게 득이 되는 방향으로 생각하도록 유도하는 것도 중요하다. 우리가 저지른 잘못 때문에 오늘날의 어린이들에게 열 살 땐 팬데믹을, 스무 살 땐 독재를, 서른 살 땐 기후 재앙을 차례로 겪게 하는 건 너무도 부당하다는 점을 하루빨리 깨달아야 한다.

이러한 생각이 첫발을 내딛기 시작하고 있다. 몇몇 나라, 몇몇 국제기관이 생명경제에 관심을 보이기 시작한다. 몇몇 기업도 생명경제로의 변신을 꾀하고, 미래 세대 입장에서 그들에게 이익이 되는 것을 고려하는 일에 자신들의 생존이 달려 있음을 이해하기 시작했다. 미래 세대의 이익을 위한 생명경제를 안착시키기 위해 필요한 환경 조성에 대한 토론이 곳곳에서 개최되고 있기도 하다.

하지만 현 시점에서 대대적이거나 조직적 움직임은 전혀 관찰되지 않고 있다. 게다가 스스로 미래 세대의 이익을 위해 집

생명경제로의 전환

중하겠다거나, 대출이며 공개입찰, 혁신 비용 등에서 생명경제에 우선권을 주겠노라고 공언한 민주정부는 단 한 곳도 없다.

미래 세대에게 발언권을 주기 위한 기제를 정비하거나 선출직 후보 경선 방식을 좀 더 공정하게 만든 민주정부 역시 단 한 곳도 없다. 민주적인 전시 경제 체제로 전환한 민주정부 또한 단 한 곳도 없다.

하지만 이러한 사례는 이미 과거에도 있었다. 1917년 미국은 지극히 민주적으로 전시 경제 체제에 돌입했다. 국방부가 아직 존재하지 않던 시절, 에너지와 식량 생산을 제어하기 위해 정부에 관련 분과가 만들어졌던 것이다. 이로써 미국은 2년 만에 민주주의 체제를 굳건하게 지키면서, 경제 생산은 20퍼센트 증가시키는 성과를 올렸다. 제2차 세계대전 기간 중에는 전시 생산 기획원이 산업을 전시 체제로 전환시켰다. 때문에 이 분야에서 발생한 기업 이익과 부자들에 대해서는 세금의 대폭 인상도 가능했다. 그렇다고 해서 민주주의의 근간마저 문제시되는 일은 없었다. 물론 검열이니 교전국 출신 외국인들의 체포, 공산주의자 추방 같은 부작용마저 없었던 건 아니었지만. 영국은 미국보다 더 잘 처신했다.

오늘날의 여러 다른 민주국가들에서, 전시 경제에 대해서라면, 그럴 수밖에 없지만, 평판이 나쁘다. 가령 독일, 이탈리아,

일본 같은 나라에서는 전시 경제가 과거의 쓰라린 패전국 기억
을 되살리기 때문일 테고, 프랑스의 경우도 제1차 세계대전 기
간 동안엔 비교적 성공리에 전시 경제가 운용되었다고 해도, 제
2차 세계대전 중이었던 1940년부터는 전시 경제가 곧 점령국
을 위한 경제를 의미했기 때문이다.

이번 팬데믹이 시작됐을 때, 나는 적어도 민주적인 전시 경제
가 무엇인지를 누구보다 잘 아는 미국과 영국은 지체 없이 전시
경제 체제에 돌입해 신속하게 마스크와 호흡기, 진단 검사 키트
를 생산해내기를, 그리고 생명경제의 중요성과 이점을 이해하
기를 기대했다. 하지만 전혀 아니었다.

미국 행정부는 냉전 시대에 제정된 국방물자생산법(Defense
Production Act, DPA)을 활용했다. 이 법은 국가 비상사태 시 민
간 분야의 자원을 전략적 분야 쪽으로 전환시켜 민간 기업들
로 하여금 의료 물자를 생산하도록 하고 이의 수출을 금지하는
내용을 담고 있다. 그러나 미국 행정부 측이 보여준 태도는 전
혀 진지하지도 않고 일관성도 결여되어 있었다. 반면 감염자가
250명에 불과했던 오스트레일리아는 '전시 내각'까지 구성했
으나, 그럼에도 일관성 있고 합리적이며 포괄적인 프로젝트는
나오지 않았다.

극단적 자유주의라는 마약에 취해 70년 세월을 보내느라, 국

가는 단호하게 행동하고 구심점 역할을 할 수 있는 프로젝트를 구상하려는 의지와 수단을 모두 상실했다. 거기에 더해 지난 몇 년 동안 감시 기술 분야에서 일궈낸 성과, 유목주의와 불안정성의 확대 등은 민주주의를 보호해야 할 필요성과 총체적 프로젝트를 함께 하려는 의지를 둔화시켰다. 즉각적, 일시적, 이기적이 모든 것을 아우르는 규칙이 되어버렸다.

그렇긴 해도, 지금은 생존경제에서 생명경제로 넘어가야 할 시간이다. 방임형 민주주의에서 전투적 민주주의로 전환해야 할 시간이다.

전투적 민주주의는 다음에 제시한 다섯 가지 원칙을 내걸어야 할 것이다.

1. 대표성을 지녀야 한다. 전투적 민주국가의 선출직 대표들과 지도자들은 한 나라의 사회 계층 전체를 반영할 수 있어야 한다.
2. 생명을 보호해야 한다. 그리고, 그렇게 하기 위해서는 생명경제로 전향해야 한다.
3. 겸손해야 한다. 현재 우리가 겪고 있는 위기는 그 어떤 권력도 모든 걸 다 안다고 주장해서는 안 된다는 사실을 일깨워줬다. 전투적 민주국가는 자신의 무지함을 솔직하게

고백해야 한다. 시민들과 함께 질문하고 의문을 품어야 할 것이며, 특히 미래에 대해 고민해야 할 것이다. 비판과 적대적 제안들이 쏟아져나오도록 포용해야 하며, 이를 가지고 치열하게 토론해야 한다. 겸손함에 대한 요구는 야당과 기자, 정치평론가, 각종 전문가 또는 전문가를 자처하는 사람들에 대해서도 동일하게 적용되어야 한다.

4. 공정해야 한다. 모든 위기는 예외 없이 가장 약한 자들에게 더 큰 타격을 입힌다. 정치인들은 현재 상황, 앞으로 전개될 상황을 견딜 만한 것으로 만들기 위해, 우선적으로 사회 정의의 필요성을 인정해야 한다. 그중에서도 특히 조세 정의가 최우선이다. 민주주의는 큰 재산을 가진 자들에게 지금보다 훨씬 높은 세율을 부과하기를 거부해서는 살아남지 못할 것이다. 실제로 이번 위기로 재산이 더 늘어나게 될 부자들도 더러 있다는 사실을 상기해보라.

5. 전투적 민주주의는 민주적으로, 미래 세대의 이익을 고려해야만 한다. 미래 세대는 현재 선거권이 없으므로, 현재 세대가 어떤 면에서 미래 세대에게 이득이 될 수 있는지를 가늠해야 할 것이며, 그 결과를 가지고 토론을 벌여야 할 것이다. 단시일 내에 시급하게 결정을 내려야 한다면 거기에 맞춰서 토론 기간도 정해져야 할 것이다.

이 같은 원칙들은 나라별로 다르게 적용될 수 있을 것이다. 프랑스의 경우, 우선순위는 자명하다.

1. 팬데믹 추이를 지속적으로 관찰하면서 다음번 위협에 대비하는 조직을 정비한다.
2. 민간과 공공 투자를 생명경제 분야로 유도한다. 생명경제에 포함되는 분야의 목록은 앞서 제시했다. 이렇게 하면 성장과 일자리 부문엔 강력한 효과를 낼 수 있을 것이다. 또한 이번 팬데믹이 재유행하거나 다른 팬데믹이 발생할 경우에 미리 대비할 수도 있을 것이다.
3. 우선적으로 키워야 할 이 분야에 종사하는 인력의 급여와 경력을 대대적으로 재평가해야 한다.
4. 다른 분야의 봉급생활자들이 생명경제 분야에서 창출될 새로운 직업으로 전직할 수 있도록 광범위한 교육 프로그램을 시작해야 한다.
5. 특별히 관광 분야의 변신을 효과적으로 이끌어야 한다.
6. 모든 산업을 신속하게 탄소중립에너지 산업으로 전환해야 한다.
7. 모든 봉급생활자들과 전직 교육 중인 프리랜서들, 위기로 피해를 입은 모든 피해자들에게 최소 소득을 보장해줘야

한다.

8. 위기 피해자들에게 유리한 방향으로 세제를 개편해야 한다. 특히 거대한 재산에 대한 세금을 신설하고, 이러한 부가 생명경제에 속하는 어느 한 분야에 투자될 경우 세금 공제 한도를 두지 말아야 한다.

9. 도시 재정비 투자는 중소도시와 농촌 지역에 집중되도록 대폭 재조정한다.

10. 미래 세대의 이익에 반하는 모든 결정은 위헌으로 간주한다.

우리는 단지 팬데믹 때문에 격리된 것이 아니다. 우리는 팬데믹에 의해서 격리된 것이다. 팬데믹은 우리를 어느 한 공간에 감금할 뿐만 아니라, 정신적으로도 우리를 감금한다.

그 이후를 생각한다는 건 그러므로 광범위하게, 폭넓게 생각하는 것이다. 삶과 인간의 조건까지도 생각하는 것이다. 그토록 짧고, 약하기 그지없으며, 많은 놀라움으로 충만한, 그리고 또한 그토록 귀중한 우리 인생에서 정말로 하고 싶은 것에 대해서 생각하는 것이기도 하다.

그 이후를 생각한다는 건 다른 사람들의 삶, 인류와 모든 생명체의 삶에 대해 생각하는 것이다.

우리는 거기에 대해서 생각해야 한다. 죽을 거라는 두려움 속에서가 아니라 살아가는 기쁨 속에서 생각해야 한다. 매순간을 즐겁게 살아가기, 사형 선고를 받은 자—사실 우리 모두는 사형선고를 받은 자들이 아닌가—의 미소를 머금고서. 미래를 가능하게 해주는 사람들에 대한 감사의 마음과 새로운 세상—재앙은 분명 불가피하겠으나, 그럼에도 너무도 잘 준비되어서 재앙이 닥치기 전에도, 재앙을 겪고 있는 동안에도 걱정할 필요가 없는 세상—을 만들겠다는 결연한 의지를 가지고서. 우리를 위해서, 우리의 자식과 우리의 손자들을 위해서, 그리고 그 손자들의 손자들을 위해서라도 우리는 거기에 대해서 생각해야 한다.

너무도 많은 아름다운 것들, 가슴을 뛰게 하는 많은 것들이 미래 세대를 기다리고 있을 것이다. 오늘 우리가 그들의 기대를 헤아리고 그들을 보살피기만 한다면.

감사의 말

먼저, 세계 곳곳에서 이번 팬데믹의 수많은 양상에 대해 기꺼이
나와 함께 의견을 나누길 원한 모든 사람들, 알랭 아티아스, 리
샤르 아티아스, 니콜라 바레, 자비에 보트리, 리스 부압달라, 유
네스 부리메크, 르노 카퓌송, 장-루이 쇼사드, 다니엘 코앵 교
수, 장-미셸 다루아, 니얼 퍼거슨, 다니엘 포틴, 필리프 프로귀
엘 교수, 네이선 가델스, 안드레아스 괴르겐, 야론 허만, 앨런
하워드, 니콜라 윌로, 피에르 주, 카시타니 이치로, 쥘리앵 라
숑, 다비드 라야니, 마틸드 르무안, 엔리코 레타, 모리스 레비,
세르주 막들렌, 키쇼어 마부바니, 올리비에 마르샬, 에마뉘엘
메사스 교수, 에마뉘엘 미트리 교수, 에드가 모랭, 피에르 모스
코비치, 담비사 모요, 드니 무퀘게 박사, 장-피에르 뮈스티에,
모이제스 나임, 인드라 누이, 하리스 팜부키스, 필리프 페이라,

장 피사니-페리, 제랄딘 플레니에, 프랑수아즈 포마레, 디디에 키요, 로랑 키랭, 디디에 라울 교수, 막심 사다, 프레데릭 살드만 교수, 피에르-앙리 살파티, 뤽-프랑수아 살바도르, 데이비드 셀라, 토마스 시에벨, 오드리 체르코프, 모스타파 테랍, 샤쉬 타루르, 세르주 트리가노, 나타샤 발라, 샤힌 발레, 위베르 베드린, 파트릭 베일, 세르주 바인베르그, 에리카 울프, 조르주 여 등에게 고마움을 전한다. 그 외에도 많은 나라의 많은 사람들이 있으나, 그들이 맡은 직책 때문에 여기에 일일이 다 열거하지 못한다.

이어서, 내가 제시한 분석들을 꼼꼼히 읽고 확인해준 제레미 아탈리, 레오 오뒈리에, 플로리안 베니슈, 캉탱 부아롱, 프랑수아 코롤레, 애샤 이라키, 클레망 라미, 마리우스 마르탱, 메데릭 마스, 피에르 플라스망스, 샤농 스방 등 모든 사람에게 감사한다.

그리고 파야르 출판사의 대표 소피 드 클로제에게도, 이 책의 원고를 매서운 눈으로 읽고 또 읽으면서 예리하고 날카로운 평으로 나를 독려해준 데 대해 감사를 표한다. 그리고 파야르 사의 디안 페이엘과 토마 봉데르쉐에게도 요즘처럼 특별하고 어려운 시기에 이 책이 신속하게 독자들과 만날 수 있도록 만전을 기해준 데 대해 감사한다.

마지막으로, 그래픽 디자이너에서부터 인쇄 담당자, 원고 교정자에서 홍보 담당자, 책 배달 책임자에서 서점 담당자에 이르기까지 이번 책의 모험에 참여한 모든 사람에게도 역시 감사의 말을 전한다.

부록

Annexes

대륙별 상품 교역량과 실질 국내총생산(GDP)의 변화 추이
: 2018~2019년도 통계와 2020~2021년도 예상치

(단위: %)

구분	연도별 자료		낙관적 예상치		비관적 예상치	
	2018년	2019년	2020년	2021년	2020년	2021년
세계 상품 교역량	2.9	-0.1	-12.9	21.3	-31.9	24.0
수출						
북아메리카	3.8	1.0	-17.1	23.7	-40.9	19.3
남 · 중앙아메리카	0.1	-2.2	-12.9	18.6	-31.3	14.3
유럽	2.0	0.1	-12.2	20.5	-32.8	22.7
아시아	3.7	0.9	-13.5	24.9	-36.2	36.1
그 외 지역	0.7	-2.9	-8.0	8.6	-8.0	9.3
수입						
북아메리카	5.2	-0.4	-14.5	27.3	-33.8	29.5
남 · 중앙아메리카	5.3	-2.1	-22.2	23.2	-43.8	19.5
유럽	1.5	0.5	-10.3	19.9	-28.9	24.5
아시아	4.9	-0.6	-11.8	23.1	-31.5	25.1
그 외 지역	0.3	1.5	-10.0	13.6	-22.6	18.0
시장 환율에 따른 실질 GDP	2.9	2.3	-2.5	7.4	-8.8	5.9
북아메리카	2.8	2.2	-3.3	7.2	-9.0	5.1
남·중앙아메리카	0.6	0.1	-4.3	6.5	-11.0	4.8
유럽	2.1	1.3	-3.5	6.6	-10.8	5.4
아시아	4.2	3.9	-0.7	8.7	-7.1	7.4
그 외 지역	2.1	1.7	-1.5	6.0	-6.7	5.2

출처: WTO 사무국

연도별 GDP 변화 추이: 2020~2021년도 예상치 포함

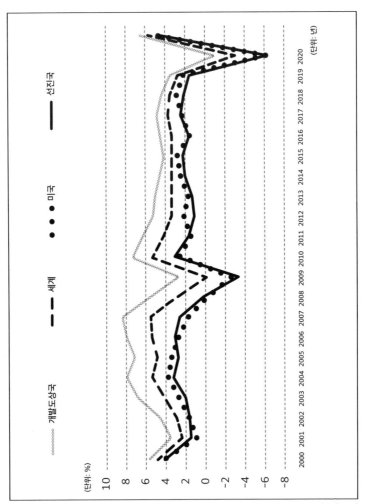

출처: 〈세계경제전망(World Economic Outlook)〉, IMF, 2020년 4월 14일

OECD와 IMF의 경제 전망
: GDP 변화율과 국가별 2020~2021년도 전망치

(단위: %)

OECD의 경제 전망(2020년 3월 기준)				IMF의 경제 전망(2020년 4월 기준)			
구분	2019년	2020년	2021년	구분	2019년	2020년	2021년
세계	2.9	2.4	3.3	세계	2.9	-3.0	5.8
G20	3.1	2.7	3.5	선진국	1.7	-6.1	4.5
오스트레일리아	1.7	1.8	2.6	미국	2.3	-5.9	4.7
캐나다	1.6	1.3	1.9	유로존	1.2	-7.5	4.7
유로존	1.2	0.8	1.2	독일	0.6	-7.0	5.2
독일	0.6	0.3	0.9	프랑스	1.3	-7.2	4.5
프랑스	1.3	0.9	1.4	이탈리아	0.3	-9.1	4.8
이탈리아	0.2	0.0	0.5	스페인	2.0	-8.0	4.3
일본	0.7	0.2	0.7	일본	0.7	-5.2	3.0
한국	2.0	2.0	2.3	영국	1.4	-6.5	4.0
멕시코	-0.1	0.7	1.4	캐나다	1.6	-6.2	4.2
터키	0.9	2.7	3.3	중국	6.1	1.2	9.2
영국	1.4	0.8	0.8	인도	4.2	1.9	7.4
미국	2.3	1.9	2.1	러시아	1.3	-5.5	3.5
아르헨티나	-2.7	-2.0	0.7	남·중앙아메리카	0.1	-5.2	3.4
브라질	1.1	1.7	1.8	브라질	1.1	-5.3	2.9
중국	6.1	4.9	6.4	멕시코	-0.1	-6.6	3.0
인도	4.9	5.1	5.6	중동	1.2	-2.8	4.0
인도네시아	5.0	4.8	5.1	사우디아라비아	0.3	-2.3	2.9
러시아	1.0	1.2	1.3	사하라 이남 아프리카	3.1	-1.6	4.1
사우디아라비아	0.0	1.4	1.9	나이지리아	2.2	-3.4	2.4
남아프리카공화국	0.3	0.6	1.0	남아프리카공화국	0.2	-5.8	4.0
-	-	-	-	세계 교역량	0.9	-11.0	8.4
-	-	-	-	유가	-10.2	-42.0	6.3

출처: '코로나19: 위험에 처한 세계 경제', 〈OECD 임시 경제 평가〉, OECD, 2020년 3월 발간, p. 2.
〈세계경제전망〉, IMF, 2020년 4월 14일 발간, p. ix

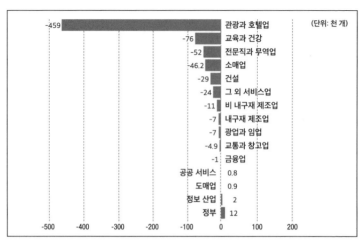

코로나19가 미국에서 분야별 일자리에 끼친 영향
: 2020년 2월에서 2020년 3월 사이

출처: 미국 노동통계청

국가별 재정적자 예상치: 2020년도 GDP 비율 대비

국가	GDP 비율 대비 재정적자(2020년도 예상치)
남아프리카공화국	13.5% (출처: 무디스)
독일	7% 이상 (출처: 독일 정부)
중국	8% (출처: 피치 레이팅스)
스페인	10.3% (출처: 스페인 정부)
미국	18.7% (출처: 연방예산담당위원회)
프랑스	9% (출처: 프랑스 정부)
이탈리아	10.4% (출처: 이탈리아 정부)
인도	2020~2021년도에 6.2% (출처: 피치 솔루션스)
일본	약 8% (출처: 피치 레이팅스)

지역별 코로나19로 인한 사망자 수 추이
: 2020년 1월부터 2020년 5월 14일까지 로그 스케일

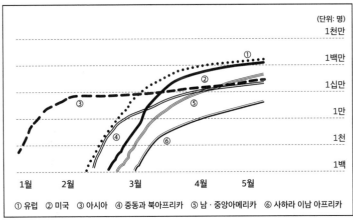

① 유럽 ② 미국 ③ 아시아 ④ 중동과 북아프리카 ⑤ 남·중앙아메리카 ⑥ 사하라 이남 아프리카

출처: 존스홉킨스대학

코로나19 확진자 및 사망자 수 추이
: 2020년 1월 22일부터 2020년 5월 19일까지 전 세계 공식 집계

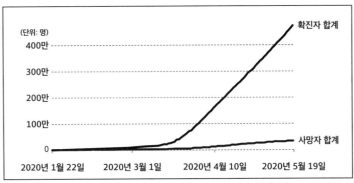

출처: 유럽질병관리센터. 아워월드인데이터(Our World in Data)

공식적으로 집계된 코로나19 감염자 수 추이
: 2020년 1월 22일부터 2020년 5월 19일까지 미국을 제외한 국가별 통계

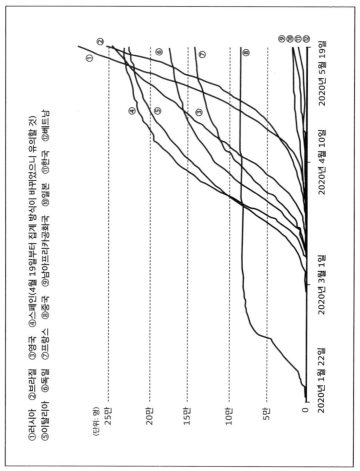

①러시아 ②브라질 ③영국 ④스페인(4월 19일부터 집계 방식이 바뀌었으니 유의할 것)
⑤이탈리아 ⑥독일 ⑦프랑스 ⑧중국 ⑨남아프리카공화국 ⑩일본 ⑪한국 ⑫베트남

출처: 아워월드인데이터, 5월 19일

코로나19 확진자, 중환자, 사망자 수: 2020년 5월 22일 기준

(단위: 명)

구분	확진자	중환자*	사망자
프랑스	181,951	1,745	28,218
중국	84,079	8	4,638
한국	11,142	15	264
이탈리아	228,006	640	32,486
독일	179,021	1,016	8,212
대만	441	0	7
영국	250,908	1,159	36,042
스페인	233,037	1,152	27,940
이스라엘	16,690	47	279
그리스	2,853	21	168
미국	1,577,758	17,907	94,729
인도	119,419	N/A	3,599
뉴질랜드	1,504	1	21
모로코	7,211	1	196
러시아	326,448	2,300	3,249
사우디아라비아	65,077	281	351
카자흐스탄	7,597	31	35
베트남	324	2	0
브라질	310,087	8,318	20,047
남아프리카공화국	19,137	119	369
이집트	15,033	41	696
스웨덴	32,172	352	3,871
세계	5,118,416	N/A	333,212

출처: 존스홉킨스대학, 2020년 5월 22일
* http://www.coronatracker.com/fr/analytics

국가별 주민 100만 명당 사망자 수 변화 추이

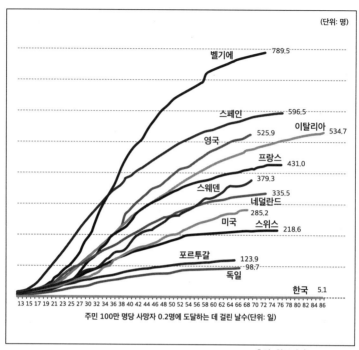

(단위: 명)

벨기에 789.5

스페인 596.5

이탈리아 534.7

영국 525.9

프랑스 431.0

스웨덴 379.3

네덜란드 335.5

미국 285.2

스위스 218.6

포르투갈 123.9

독일 98.7

한국 5.1

주민 100만 명당 사망자 0.2명에 도달하는 데 걸린 날수(단위: 일)

13 15 17 19 21 23 25 27 29 30 32 34 36 38 40 42 44 46 48 50 52 54 56 58 60 62 64 66 68 70 72 74 76 78 80 82 84 86

출처: 월도미터(Worldometer)

코로나19가 경제 각 분야에 끼친 영향

구분	현 위기가 경제 생산에 미치는 영향	기존 일자리 상황 (코로나19 발생 이전 2020년도 세계 추정치)			
		일자리 수준 (천 명)	전체 일자리에서 차지하는 비중 (%)	급여 비중 (분야별 월 급여 /전체 평균 월 급여, %)	여성의 비중 (%)
교육	약함	176,560	5.3	1.23	61.8
인체 건강과 사회복지 분야	약함	136,244	4.1	1.14	70.4
공직과 국방, 의무적 사회복지	약함	144,241	4.3	1.35	31.5
공공 서비스	약함	26,589	0.8	1.07	18.8
농업, 임업, 어업	약함-보통	880,373	26.5	0.72	37.1
건설	보통	257,041	7.7	1.03	7.3
금융업, 보험업	보통	52,237	1.6	1.72	47.1
광업, 채굴	보통	21,714	0.7	1.46	15.1
예술, 공연, 여가, 그 외 서비스	보통-강함	179,857	5.4	0.69	57.2
운송업, 창고업, 커뮤니케이션	보통-강함	204,217	6.1	1.19	14.3
호텔업, 요식업	강함	143,661	4.3	0.71	54.1
부동산, 행정업무, 비즈니스 업무	강함	156,878	4.7	0.97	38.2
제조업	강함	463,091	13.9	0.95	38.7
도소매업, 자동차, 오토바이 수리업	강함	481,951	14.5	0.86	43.6

출처: 국제노동기구 통계(ILOSTAT)의 데이터를 토대로 산정한 추정치

경제 지표에 따른 국가별 경제 예측: 2020년 봄 기준 예상치

(단위: %)

구분	실질 GDP			인플레이션			실업률			경상수지			균형예산		
	2019	2020	2021	2019	2020	2021	2019	2020	2021	2019	2020	2021	2019	2020	2021
벨기에	1.4	-7.2	6.7	1.2	0.2	1.3	5.4	7.0	6.6	-0.7	-0.1	-0.3	-1.9	-8.9	-4.2
독일	0.6	-6.5	5.9	1.4	0.3	1.4	3.2	4.0	3.5	7.6	6.1	7.4	1.4	-7.0	-1.5
에스토니아	4.3	-6.9	5.9	2.3	0.7	1.7	4.4	9.2	6.5	2.3	1.1	2.2	-0.3	-8.3	-3.4
아일랜드	5.5	-7.9	6.1	0.9	-0.3	0.9	5.0	7.4	7.0	-9.4	4.6	4.4	0.4	-5.6	-2.9
그리스	1.9	-9.7	7.9	0.5	-0.6	0.5	17.3	19.9	16.8	-0.3	0.1	-1.2	1.5	-6.4	-2.1
스페인	2.0	-9.4	7.0	0.8	0.0	1.0	14.1	18.9	17.0	2.0	3.2	2.7	-2.8	-10.1	-6.7
프랑스	1.3	-8.2	7.4	1.3	0.4	0.9	8.5	10.1	9.7	-0.1	-0.1	-0.4	-3.0	-9.9	-4.0
이탈리아	0.3	-9.5	6.5	0.6	-0.3	0.7	10.0	11.8	10.7	3.0	3.4	3.3	-1.6	-11.1	-5.6
키프로스공화국	3.2	-7.4	6.1	0.5	-0.2	1.0	7.1	8.6	7.5	-5.7	-10.9	-10.1	1.7	-7.0	-1.8
라트비아	2.2	-7.0	6.4	2.7	0.2	1.9	6.3	8.6	8.3	0.6	1.1	1.2	-0.2	-7.3	-4.5
리투아니아	3.9	-7.9	7.4	2.2	0.8	1.5	6.3	9.7	7.9	3.5	2.2	2.9	0.3	-6.9	-2.7
룩셈부르크	2.3	-5.4	5.7	1.6	0.7	1.6	5.6	6.4	6.1	4.5	4.5	4.5	2.2	-4.8	0.1
몰타	4.4	-5.8	6.0	1.5	0.7	1.1	3.4	5.9	4.4	10.7	7.6	9.7	0.5	-6.7	-2.5
네덜란드	1.8	-6.8	5.0	2.7	0.8	1.3	3.4	5.9	5.3	10.2	9.0	8.4	1.7	-6.3	-3.5
오스트리아	1.6	-5.5	5.0	1.5	1.1	1.3	4.5	5.8	4.9	2.3	0.9	1.6	0.7	-6.1	-1.9
포르투갈	2.2	-6.8	5.8	0.3	-0.2	1.2	6.5	9.7	7.4	0.0	-0.6	-0.2	0.2	-6.5	-1.8
슬로베니아	2.4	-7.0	6.7	1.7	0.5	1.2	4.5	7.0	5.1	6.8	6.8	6.8	0.5	-7.2	-2.1
슬로바키아	2.3	-6.7	6.6	2.8	1.9	1.1	5.8	8.8	7.1	-2.6	-2.9	-2.4	-1.3	-8.5	-4.2
핀란드	1.0	-6.3	3.7	1.1	0.5	1.4	6.7	8.3	7.7	-0.8	-1.3	-1.5	-1.1	-7.4	-3.4
유로존	1.2	-7.7	6.3	1.2	0.2	1.1	7.5	9.6	8.6	3.3	3.4	3.6	-0.6	-8.5	-3.5
불가리아	3.4	-7.2	6.0	2.5	1.1	1.1	4.2	7.0	5.8	5.2	3.3	5.4	2.1	-2.8	-1.8
체코공화국	2.6	-6.2	5.0	2.6	2.3	1.9	2.0	5.0	4.2	0.7	-1.5	-1.0	0.3	-6.7	-4.0
덴마크	2.4	-5.9	5.1	0.7	0.3	1.3	5.0	6.4	5.7	7.9	6.2	6.7	3.7	-7.2	-2.3
크로아티아	2.9	-9.1	7.5	0.8	0.4	0.9	6.6	10.2	7.4	2.4	-1.7	0.5	0.4	-7.1	-2.2
헝가리	4.9	-7.0	6.0	3.4	3.0	2.7	3.4	7.0	6.1	-0.9	1.3	1.5	-2.0	-5.2	-4.0
폴란드	4.1	-4.3	4.1	2.1	2.5	2.8	3.3	7.5	5.3	0.4	0.6	0.9	-0.7	-9.5	-3.8
루마니아	4.1	-6.0	4.2	3.9	2.5	3.1	3.9	6.5	5.4	-4.6	-3.3	-3.4	-4.3	-9.2	-11.4
스웨덴	1.2	-6.1	4.3	1.7	0.4	1.1	6.8	9.7	9.3	4.4	3.7	4.0	0.5	-5.6	-2.2
유럽연합	1.5	-7.4	6.1	1.4	0.6	1.3	6.7	9.0	7.9	3.2	3.1	3.4	-0.6	-8.3	-3.6

출처: 〈유럽경제전망: 2020년 봄〉, 유럽연합집행위원회, 2020년 5월

역사 자료와의 비교
: 현 코로나19 팬데믹과 인류 역사상 가장 살인적이었던 15개 팬데믹 비교

구분	시기 (년)	하한 추정치 (천 명)	평균 추정치 (천 명)	상한 추정치 (천 명)	세계 인구 (백만 명)	세계 인구 대비 사망자 수 (평균 추정치, %)
아테네 역병	429 av. J.-C.~ 426 av. J.-C.	70	88	100	50	0.18%
안토니우스 역병	165~180	5,000	7,500	10,000	202	3.71%
키프로스 역병	250~266	1,000	1,000	1,000	205	0.49%
유스티니아누스 역병	541~542	25,000	62,500	100,000	213	29.3%
덴표 역병	735~737	2,000	2,000	2,000	226	0.88%
흑사병	1331~1353	75,000	137,500	200,000	392	35.1%
천연두	1520	5,000	6,500	8,000	461	1.41%
코코리출리 역병	1545~1548	5,000	10,000	15,000	461	2.54%
코코리출리 역병(1576)	1576~1580	2,000	2,250	2,500	554	0.41%
이탈리아 역병	1629~1631	280	640	1,000	554	0.12%
나폴리 대역병	1656~1658	1,250	1,250	1,250	603	0.21%
페르시아 역병	1772	2,000	2,000	2,000	990	0.2%
중국 역병	1855~1960	15,000	18,500	22,000	1,263	1.46%
스페인 독감	1918~1920	17,000	58,500	100,000	2,307	3.47%
VIH	1920~	25,000	30,000	35,000	3,712	0.81%
코로나19	2019~	328(2020년 5월 19일 기준)			7,643	0.0042%

출처: P. 시릴로·N. N. 탈레브, 〈전염병의 테일 리스크〉, 2020년 3월 23일

코로나19를 유발하는 사스-코로나바이러스-2(SARS-CoV-2)의 확산 요인

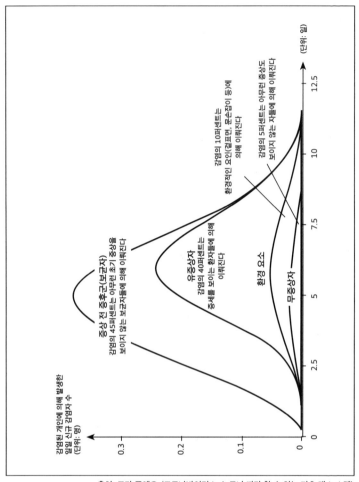

출처: 토마 푸에요, '코로나바이러스: 누구나 따라 할 수 있는 기초 댄스 스텝',
〈미디엄〉, 2020년 4월 23일

산업 분야별 디지털화 비율

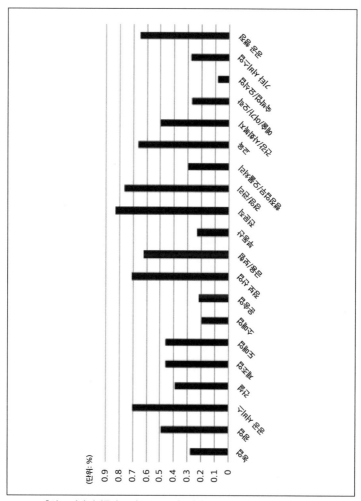

출처: 조반니 갈리폴리·크리스토스 A. 마크리디스, 〈구조 변화와 정보 기술의 부상〉, 2018년

참고문헌

단행본

Harper (Kyle), *Comment l'Empire romain s'est effondré: Le climat, les maladies et la chute de Rome*, La Découverte, 2019.

Khazan (Olga), *Weird: The power of being an outsider in an insider world*, Hachette Go, 2020.

Testot (Laurent), Norel (Philippe), *Une histoire du monde global*, Éditions Sciences humaines, 2012.

Thucydide, *Histoire de la guerre du Péloponnèse*, Robert Laffont, 1990.

Voltaire, *Dictionnaire philosophique*, tome 19, Classiques Garnier, 2008.

기관 및 NGO 발표 보고서

Action contre la faim, 《Lutter contre le choléra》, sept. 2013: https://www.actioncontrelafaim.org/wp-content/uploads/ 2018/01/manuel_pratique_cholera_acf.pdf

Agence internationale de l'énergie, 《World Energy Outlook》, 2014 et 2019.

Agence nationale de sécurité sanitaire de l'alimentation, de l'environnement et du travail (Anses), 《Risques microbiologiques dans l'alimentation》, 6 septembre 2016: https://www.anses.fr/fr/content/risques-microbiologiques-dans-l%E2%80%99alimen-tation

Bank of Korea, 《Policy Response to COVID-19》: https://www.bok.or.kr/eng/bbs/B0000308/list.do?menuNo=400380

Banque mondiale, 《"Déchets: quel gâchis 2.0": un état des lieux actualisé des enjeux de la gestion des ordures ménagères》, 20 septembre 2018: https://www.banquemondiale.org/fr/news/immersive-story/2018/09/20/what-a-waste-an-updated-look-into-the-future-of-solid-waste-management

Carbon Brief, 《Analysis: Coronavirus set to cause largest ever annual fall in CO2 emissions》, 9 avril 2020: https://www.carbonbrief.org/analysis-coronavirus-set-to-cause-largest-ever-annual-fall-in-co2-emissions

Carnegie Endowment for International Peace, 《How will the Coronavirus reshape the Democracy and Governance globally?》, 6 avril 2020: https://carnegieendowment.org/2020/04/06/how-will-coronavirus-reshape-democracy-and-gover-nance-globally-pub-81470

Commission européenne, 《European Economic Forecast》, mai 2020: https://ec.europa.eu/info/sites/info/files/economy-finance/ip125_en.pdf

Copenhagen Balance, 《How Danish Work Design Creates Productivity and Life Quality》, mai 2013: https://www.super-navigators.com/Case.pdf

Eurostat, 《GDP downby 3.8% in the euro area and by 3.5% in the EU》, 30 avril 2020: https://ec.europa.eu/eurostat/documents/

2995521/10294708/2-30042020-BP-EN.pdf/526405c5-289c-30f5-068a-d907b7d663e6

Fondation Heinrich-Boll *et alii, Atlas du plastique*: https://fr.boell. org/sites/default/files/2020-02/Atls%20du%20Plastique%20VF.pdf

Fonds des Nations unies pour la population(UNFPA), 《Impact of the Covid-19 Pandemic on Family Planning and Ending Gender-based Violence, Female Genital Mutilation and Child Marriage》, 27 avril 2020: https://www.unfpa.org/fr/node/24179

Global Network Against Food Crises et Food Security Information Network, 《2020 Global report on food crises: Joint analysis for better decisions》, 2020: https://www.carbonbrief.org/analysis-coronavirus-set-to-cause-largest-ever-annual-fall-in-co2-emissions

IQAir, 《COVID-19 air quality report》, 22 avril 2020.

Ministère des Solidarités et de la Santé, 《Risques infectieux d'origine alimentaire》, 23 octobre 2017: https://solidarites-sante.gouv.fr/sante-et-environnement/risques-microbio logiques-physiques-et-chimiques/article/risques-infectieux-d-origine-alimentaire

Organisation des Nations unies, 《A UN framework for the immediate socio-economic response to Covid-19》, avril 2020: https://www.un.org/sites/un2.un.org/files/un_framework_report_on_covid-19.pdf

Organisation internationale du travail(OIT), 《Observatoire de l'OIT: le Covid-19 et le monde du travail. Deuxième édition. Estimations actualisées et analyses》, 7 avril 2020: https://www.ilo.org/wcmsp5/groups/public/---dgreports/---dcomm/documents/briefingnote/wcms_740982.pdf

Organisation mondiale de la santé, 《Nouveau coronavirus - Chine: Bulletin

d'information sur les flambées épidémiques》, 12 janvier 2020: https://
www.who.int/csr/don/12-january-2020-novel-coronavirus-china/fr/

—, 《Sécurité sanitaire des aliments》, 3 avril 2020: https://www.who.int/fr/
news-room/fact-sheets/detail/food-safety

—, 《Archives de l'Office international d'hygiène publique(OIHP)》: https://
www.who.int/archives/fonds_collections/bytitle/fonds_1/fr/

—, 《VIH/sida》, 15 novembre 2019: https://www.who.int/fr/news-
room/fact-sheets/detail/hiv-aids

—, 《La lèpre》, 10 septembre 2019: https://www.who.int/fr/news-room/
fact-sheets/detail/leprosy

—, 《Tuberculose》: https://www.who.int/topics/tuberculosis/fr/

Project Syndicate, 《The Moral Crisis of the Pandemic, by Jeremy Adelman》,
15 avril 2020: https://www.project-syndicate.org/commentary/
pandemic-global-moral-crisis-threatens-re-fugees-by-jeremy-
adelman-2020-04

The AIRE centre, 《COVID-19 and the Impact on Human Rights》,
28 avril 2020.: https://www.airecentre.org/Handlers/Download.
ashx?IDMF=3dc95ef1-0ab4-4a12-9751-0a7f460f1aaa

The Boston Consulting Group, 《Covid-19: BCG Perspectives, Facts,
scenarios, and actions for leaders》, 20 avril 2020: https://media-
publications.bcg.com/BCG-COVID-19-BCG-Perspectives-Version2.
pdf

TheGlobalFund, 《COVID-19 Impact on Health Product Supply: Assessment
and Recommendations》, 18 mai 2020: https://www.theglobalfund.
org/media/9440/psm_covid-19impactonsupply-chainlogistics_report_
en.pdf?u=637196033260000000

United Nations Office for Disaster Risk Reduction(UNDRR), 《Combating the dual challenge of COVID-19 and climate-related disasters》, 27 avril 2020: https://www.undrr.org/publication/undrr-asia-pacific-covid-19-brief-combating-dual-challenges-climate-related-disasters

Unesco, 《Journalism press freedom and COVID-19》, 2020: https://en.unesco.org/sites/default/files/unesco_covid_brief_ en.pdf

Unicef, 《Gender-Responsive Social Protection during COVID 19: technical note》, 23 avril 2020: https://www.unicef.org/documents/gender-responsive-social-protection-during- covid-19

World Resources Institute, 《Reefs at risk》: https://sustainable-development.un.org/content/documents/1809Reefs_Summary_low.pdf

통계 자료

《Covid-19 Map》, Johns Hopkins Coronavirus Resource Center, données mises à jour en temps réel.

《Southern France morning post, SARS-CoV-2》, Méditerranee-infection.com, données mises à jour quotidiennement.

《Coronavirus(Covid-19)》, OurWorldInData.org, données mises à jour quotidiennement.

연구논문

Burger (Ary) et Dekker (Paul), 《The nonprofit sector in the Netherlands》, Sociaal en Cultureel Planbureau, Den Haag, April 2001: https://www.researchgate.net/publica-tion/240320830_The_Nonprofit_Sector_in_

the_Netherlands

Dingel (Jonathan I.) et Neiman (Brent),《How Many Jobs Can be Done at Home?》, avril 2020: https://bfi.uchicago.edu/wp-content/uploads/ BFI_White-Paper_Dingel_Neiman_3.2020.pdf

Dupont (Louis), 《Le tourisme est-il aujourd'hui sur une trajectoire de développement durable à la Guadeloupe? Nécessité de concilier compétitivité, productivité et durabilité》, oct. 2019: https://www. researchgate.net/publication/336968198_Le_tou-risme_est-il_ aujourd'hui_sur_une_trajectoire_de_developpe-ment_durable_a_la_ Guadeloupe_Necessite_de_concilier_com-petitivite_productivite_et_ durabilite

Elsland (Dr. Sabine L. van) et O'Hare (Ryan), 《Coronavirus pandemic could have caused 40 million deaths if left unchecked》, Imperial College, 26 mars 2020: https://www.imperial.ac.uk/news/196496/coronavirus-pandemic-could-have-caused-40/

Harden (Victoria), 《Typhus, Epidemic》, in Kenneth Kiple (éd.), *The Cambridge World History of Human Disease*, New York, Cambridge University Press, 1993.

Hillemand (Bernard), Ségal (Alain), 《Les six conférences sanitaires internationales de 1851 à 1885: Prémices de l'Organisation mondiale de la santé》, in *Histoire des Sciences médicales*, Tome XLVII, n° 1, Paris-Descartes, 2013.

Kulp (Scott A.) et Strauss (Benjamin H.), 《New elevation data triple estimates of global vulnerability to sea-level rise and coastal flooding》, *Nature Communications*, vol. 10, 2019: https://www.nature.com/articles/ s41467-019-12808-z

Kumar (S.) *et alii*, 《Handwashing in 51 Countries: Analysis of Proxy Measures of Handwashing Behavior in Multiple Indicator Cluster Surveys and Demographic and Health Surveys, 2010-2013》, *American Journal of Tropical Medicine and Hygiene*, vol. 97, n° 2, août 2017, p. 447-459: https://www.ncbi.nlm.nih.gov/pubmed/28722572

Lenzen (Manfred) *et alii*, 《The carbon footprint of global tourism》, *Nature Climate Change*, vol. 8, 2018, p. 522-528: https://www.nature.com/articles/s41558-018-0141-x

Lofgren (Eric T.) et Fefferman (Nina H.), 《The untapped potential of virtual game worlds to shed light on real world epidemics》, *The Lancet*, sept. 2007: https://www.thelancet.com/journals/laninf/article/PIIS1473-3099(07)70212-8/fulltext

Nau (Jean-Yves), 《Grippe aviaire: la France disposera de 13 millions de doses de Tamiflu à la fin de l'année》, in *Revue médicale suisse*, volume 1, n° 1668, 2005: https://www.revmed.ch/RMS/2005/RMS-13/1668

Noymer (Andrew) et Garnier (Michel), 《The 1918 Influenza Epidemic's Effects on Sex Differentials in Mortality in the United States》, *Popul Dev Rev*, vol. 26, n° 3, 2000 ; p. 565-581: https://www.ncbi.nlm.nih.gov/pmc/articles/PMC2740912/

Santolini (Marc), 《Covid-19: the rise of a global collective intelligence?》, TheConversation.com, 24 avril 2020: https://theconversation.com/covid-19-the-rise-of-a-global-collective- intelligence-135738

Sun (Yun), 《China and Africa's debt: Yes to relief, no to blanket forgiveness》, Brookings.edu, 20 avril 2020: https://www.brookings.edu/blog/africa-in-focus/2020/04/20/china- and-africas-debt-yes-to-relief-no-to-blanket-forgiveness/

《L'hygiène internationale: les ancêtres de l'OMS》: http://theses.univ-lyon2.fr/documents/getpart.php?id=lyon2.2009.frioux_s&part=165173

신문기사

《The world needs masks. China makes them, but has been hoarding them》, Brasher (Keith) et Alderman (Liz): https://www.nytimes.com/2020/03/13/business/masks-china-coronavirus.html

《Des cas de Covid-19 dès les Jeux mondiaux militaires d'octobre 2019?》, Buxeda (Yann): https://www.france24.com/fr/20200506-covid-19-armee-jeux-militaires-wuhan-chine-temoignages-coronavirus

《Cambodia adopts law to allow for emergency powers to tackle coronavirus》, Chan Thul (Prak): https://www.reuters.com/article/us-health-coronavirus-cambodia/cambodia-adopts-law-to-allow-for-emergency-powers-to-tackle-coronavirus-idUSKCN21S0IW.

《Coronavirus: quels sont les pays confinés?》, Charpentier (Stéphane): https://information.tv5monde.com/info/coronavirus-quels-sont-les-pays-confines-352330

《Skepticism rife following introduction of 'State of Emergency' draft law》, Chhengpor (Aun): https://www.voacambodia.com/a/skepticism-rife-following-introduction-of-state-of-emergency-draft-law/5355113.html

《The world sees a public health crisis. Beijing sees a political threat》, Cook (Sarah): https://thediplomat.com/2020/03/the-world-sees-a-public-health-crisis-beijing-sees-a-political-threat/

《Chinese social media censoring 'officially sanctioned facts' on coronavirus》,

Davidson (Helen): https://www.theguardian.com/world/2020/mar/05/chinese-social-media-censoring-officially-sanctioned-facts-on-coronavirus

《Diamond Princess Mysteries》, Eschenbach (Willis): https://wattsupwiththat.com/2020/03/16/diamond-princess-mysteries/

《Coronavirus death predictions bring new meaning to hysteria》, Fumento (Michael): https://www.realclearmarkets.com/articles/2020/04/01/coronavirus_death_predictions_bring_new_meaning_to_hysteria_487977.html

《For autocrats, and others, Coronavirus is a chance to grab even more power》, Gebredikan (Selam): https://www.nytimes.com/2020/03/30/world/europe/coronavirus-governments-power.html

《A coronavirus test can be developed in 24 hours. So why are some countries still struggling to diagnose?》, Hollingsworth (Julia): https://edition.cnn.com/2020/03/24/asia/testing-coronavirus-science-intl-hnk/index.html

《China confirms human-to-human transmission of coronavirus》, Kuo (Lily): https://www.theguardian.com/world/2020/jan/20/coronavirus-spreads-to-beijing-as-china-confirms-new-cases

《WHO: Nearly all Coronavirus deaths in Europe are people aged 60 and older》, Lardieri (Alexa): https://www.usnews.com/news/world-report/articles/2020-04-02/who-nearly-all-co-ronavirus-deaths-in-europe-are-people-aged-60-and-older.

《Coronavirus: où sont les principaux foyers épidémiques?》, Le Guen (Viviane): https://www.francebleu.fr/infos/sante-sciences/carte-coronavirus-ou-sont-les-principaux-foyers-epidemiques-1583510906

《A Wuhan doctor says Chinese officials silenced her coronavirus warnings in December, costing thousands their lives》, Mahbubani (Rhea): https://www.businessinsider.fr/us/wuhan-doctor-chinese-sounded-alarm-coronavirus-outbreak-december-2020-3.

《The fragility of the global nurse supply chain》, McLaughlin (Timothy): https://www.theatlantic.com/international/archive/2020/04/immigrant-nurse-health-care-coronavirus-pandemic/610873/

《Avant le coronavirus, les ravages de la grippe asiatique et de la grippe de Hong Kong》, Paget (Christophe): http://www.rfi.fr/fr/podcasts/20200419-avant-le-coronavirus-les-ravages-la-grippe-asiatique-et-la-grippe-hong-kong

《As Coronavirus Surveillance Escalates, Personal Privacy Plummets》, Singer (Natasha) et Sang-Hun (Choe): https://www.nytimes.com/2020/03/23/technology/coronavirus-surveillance-tracking-privacy.html

《How personal contact will change post-Covid-19?》, Stoker-Walker (Chris): https://www.bbc.com/future/article/20200429-will-personal-contact-change-due-to-coronavirus

《Bad masks: China clamps down on suppliers after European outcry》, Tabeta (Shunsuke): https://asia.nikkei.com/Spotlight/Coronavirus/Bad-masks-China-clamps-down-on-suppliers-after-European-outcry

《Coronavirus: quelles leçons tirer de l'expérience chinoise?》, Testard (Hubert): https://asialyst.com/fr/2020/04/05/chine-apres-coronavirus-longue-marche-reprise-economique/

《Petite histoire des grandes maladies (6): Le typhus, l'autre peste…》: https://www.legeneraliste.fr/actualites/article/2014/08/09/le-typhuslautre-peste_248696

《Plus de quatre milliards d'humains appelés à se confiner》: https://www.letelegramme.fr/monde/plus-de-quatre-milliards-d-humains-appeles-a-se-confiner-07-04-2020-12536679.php

《Solitude has always been both a blessing and a curse》: https://www.economist.com/books-and-arts/2020/04/30/solitude-has-always-been-both-a-blessing-and-a-curse

《Coronavirus: 4,6 milliards de personnes toujours appelées à rester chez elles》, lemonde.fr avec AFP: https://www.lemonde.fr/planete/article/2020/05/03/coronavirus-plus-de-240-000-morts-dans-le-monde_6038486_3244.html

《Comment la peste affecta l'histoire: première pandémie (VIᵉ-VIIIᵉ siècle)》, Testot (Laurent): http://blogs.histoireglobale.com/comment-la-peste-affecta-l'histoire-premiere-pandemie-6e-8e-siecle_613

《S. Korea Forecast to Suffer Less Economic Impact from COVID-19》: http://world.kbs.co.kr/service/news_view.htm?lang=e&Seq_Code=153301

《Le Covid-19 bouleversera durablement le rapport au travail des Français》: http://www.odoxa.fr/sondage/covid-19-bouleverse-deja-modifiera-durablement-rapport-francais-travail/

《Landmark partnership announced for development of COVID-19 vaccine》: http://www.ox.ac.uk/news/2020-04-30-landmark-partnership-announced-development-covid-19-vaccine

《Coronavirus: quelles leçons tirer de l'expérience chinoise?》, Testard (Hubert): https://asialyst.com/fr/2020/03/19/coronavirus-chine-quelles-lecons-tirer-exprience-chinoise-chine/

《La Chine après le coronavirus: la longue marche vers la reprise économique》, Payette (Alex): https://asialyst.com/fr/2020/04/05/chine-apres-coronavirus-longue-marche-reprise-economique/

《Amazon has hired 175,000 additional people》: https://blog.aboutamazon.com/company-news/amazon-hiring-for-additional-75-000-jobs

《The impact of COVID-19 (Coronavirus) on global poverty: Why Sub-Saharan Africa might be the region hardest hit》, Gerszon Malher (Daniel), Lakner (Christoph), Castaneda Aguilar (R. Andres), Wu (Haoyu): https://blogs.worldbank.org/opendata/impact-covid-19-coronavirus-global-poverty-why-sub-saharan-africa-might-be-region-hardest

《Danish society and the business environment》: https://denmark.dk/society-and-business/work-life-balance-

《2020 is a catastrophe for tourism businesses. Here's what the industry needs to get back on its feet》, Ziady (Hanna): https://edition.cnn.com/2020/05/13/business/travel-and-tourism-recovery-coronavirus/index.html

《Europe promises to reopen for summer tourism in wake of coronavirus》, Hardingham (Tamara): https://edition.cnn.com/travel/article/europe-summer-coronavirus-tourism/index.html

《60% still go to office despite state of emergency over virus: survey》 : https://english.kyodonews.net/news/2020/04/561bce3df47f-60-still-go-to-office-despite-state-of-emergency-over-virus-survey.html

《Pfizer begins coronavirus vaccine testing in US; Mich. lab could mass produce it》, Baldas (Tresa): https://eu.usatoday.com/story/news/local/michigan/2020/05/05/pfizer-covid-19-vaccine-testing-michigan/3084526001/

《Virus respiratoires: SRAS, MERS, H1N1, grippe saisonnière… Que disent les chiffres?》, Pavy (Julien): https://fr.euronews.com/2020/01/29/virus-respiratoires-sras-mers-h1n1-grippe-sai-sonniere-que-disent-les-chiffres

《Pologne: report controversé des élections》: https://fr.euronews.com/2020/05/07/pologne-report-controverse-des-elections

《For our (many) foreign friends》, Gasparinetti (Marco): https://gruppo25aprile.org/for-our-many-foreign-friends/

《Global Demand for Food Is Rising. Can We Meet It?》, Elferink (Maarteen) et Schierborn (Florian): https://hbr.org/2016/04/global-demand-for-food-is-rising-can-we-meet-it

《Do insurers have COVID-19 covered?》, Hay (Laura): https://home.kpmg/xx/en/home/insights/2020/03/do-insurers-have-covid-19-covered.html

《COVID-19: confortée par l'OMS, la Suède maintient le cap》, Kouaou (Ahmed): https://ici.radio-canada.ca/nouvelle/1699986/suede-coronavirus-strategie-anders-tegnell

《Country Risk of China: Economy》: https://import-export.societegenerale.fr/en/country/china/economy-country-risk

《COVID-19 to push up UK poverty levels - state aid expert explains why》, Wintle (Thomas): https://newseu.cgtn.com/news/2020-04-09/COVID-19-is-pushing-up-poverty-levels-according-to-aid-expert-Pv1VXlqcKc/index.html

《Climate Change Could Mean Shorter Winters, But Longer Flu Seasons》, Cimons (Marlene): https://nexusmedianews.com/climate-change-could-mean-shorter-winters-but-longer-flu-sea-sons-bd632a8b3ba0

《Sida: un traitement préventif approuvé》, le figaro.fr avec AFP: https://
sante.lefigaro.fr/actualite/2012/05/11/18171-sida-traite ment-
preventif-approuve

《"COVID-19" Thermal Cameras Start to Hit the Marketplace》, Jensen
(Ralph C.): https://securitytoday.com/articles/2020/04/24/covid19-
thermal-cameras-start-to-hit-the-marketplace.aspx

《US e-commerce sales jump 49% in April, led by online grocery》, Perez
(Sarah): https://techcrunch.com/2020/05/12/us-e-commerce-sales-
jump-49-in-april-led-by-online-grocery/

《Need to self-isolate? These hotels are offering 'quarantine packages'》
Walker (Victoria M.): https://thepointsguy.com/news/hotel-quarantine-
packages-coronavirus/

《China says its economy shrank after coronavirus lockdown-for the first time
in decades》: https://time.com/5823118/china-economy-contracts-
coronavirus/

《South Korea's May 1-10 exports dive as coronavirus wipes out global
demand》, Navaratnam (Shri) et Kim (Cynthia): https://uk.reuters.
com/article/uk-southkorea-economy-trade/south-koreas-may-
1-10-exports-dive-as-coronavirus-wipes-out-global-demand-
idUKKBN22N0HA

《Covid-19: comment les producteurs agricoles se réorganisent》, Meghraoua
(Lila): https://usbeketrica.com/article/covid-19-comment-les-
producteurs-agricoles-se-reorganisent

《Les moustiques pourraient apporter des maladies tropicales en Europe》,
Kloetzli (Sophie): https://usbeketrica.com/article/rechauffement-
climatique-europe-bientot-maladies-tropicales

《WTTC now estimates over 100 million jobs losses in the Travel & Tourism sector and alerts G20 countries to the scale of the crisis》: https://wttc. org/News-Article/WTTC-now-estimates-over-100-million-jobs-losses-in-the-Travel-&-Tourism-sector-and-alerts-G20-countries-to-the-scale-of-the-crisis

《Tendances e-commerce 2020》, Avenier (Michel): https://www.abime-concept.com/blog/2020/03/13/tendances-e-commerce-2020/

《Deuxième loi de finance rectificative pour 2020》: https://www.aft.gouv.fr/fr/budget-etat

《Les assureurs, grands gagnants de la crise?》, Ferry (Jasmine): https://www.alternatives-economiques.fr/assureurs-grands- gagnants-de-crise/00092455

《The chemical industry is leading expansion in U. S manufacturing》: https://www.americanchemistry.com/Shale-Infographic/

《Sondage: Inquiétudes sur la gestion des données personnelles par les GAFA》: https://www.amnesty.fr/liberte-d-expression/actualites/gafa-gestion-des-donnees-personnelles

《South Korea, China to lead travel recovery》, Worrachaddejchai (Dusida): https://www.bangkokpost.com/business/1917092/south-korea-china-to-lead-travel-recovery

《Délinquance d'opportunité》: comment la criminalité s'adapte au confinement》, Paolini (Esther): https://www.bfmtv.com/police-justice/delinquance-d-opportunite-comment-la-criminalite-s-adapte-au-confinement-1881131.html

《How the Pandemic Wiped Out Oil Demand Around the World》, Sell (Christopher): https://www.bloomberg.com/news/articles/

2020-04-09/how-the-pandemic-wiped-out-oil-demand-around-the-world?sref=Zyy3Rj10

《Italy Sees Deficit Above 10% of Economy in 2020, Official Say》, Follain (John) et Migliaccio (Alessandra): https://www.bloomberg.com/news/articles/2020-04-22/italy-sees-deficit-above-10-of-economy-in-2020-officials-say?sref=Zyy3Rj10

《Taiwan Dodges the Worst Economic Impacts of Coronavirus》, Wang (Cindy) et Ellis (Samson): https://www.bloomberg.com/news/articles/2020-04-30/taiwan-dodges-worst-economic-impacts-of-virus-and-keeps-growing?sref=Zyy3Rj10

《Five Charts Show he Economic Risks that China is now Facing》: https://www.bloombergquint.com/business/five-charts-show-the-economic-risks-that-china-is-now-facing

《Italy's Shuttered Industry Sees Output Plunge by Almost 30%》, Miggliaccio (Alessandra) et Salzano (Giovanni): https://www.bloombergquint.com/global-economics/italy-s-shuttered-industry-sees-output-plunge-by-almost-30

《China Oil Demand Has Plunged 20% Because of the Virus Lockdown》, Cho (Sharon), Blas (Javier) et Cang (Alfred): https://www.bloombergquint.com/markets/china-oil-demand-is-said-to-have-plunged-20-on-virus-lockdown

《The Hydrogen Economy's Time is Approaching》, Fickling (David): https://www.bloombergquint.com/opinion/hydrogen-merits-stimulus-support-in-post-coronavirus-economy

《Emirates is giving passengers rapid coronavirus tests before flights that produce results in minutes》, Slotnick (David): https://www.

businessinsider.fr/us/emirates-tests-passengers- coronavirus-covid19-flights-2020-4

《Les usines de Renault à l'arrêt, sauf en Chine et en Corée du Sud》: https://www.capital.fr/entreprises-marches/renault-toutes-les-usines-sont-a-larret-sauf-en-chine-et-en-coree-du-sud-1366100

《Analysis: Coronavirus set to cause largest ever annual fall in CO2 emissions》, Evans (Simon): https://www.carbonbrief.org/analysis-coronavirus-set-to-cause-largest-ever-annual-fall-in-co2-emissions

《Coronavirus may infect up to 70% of world's population, expert warns》, Axelrod (Jim): https://www.cbsnews.com/news/coronavirus-infection-outbreak-worldwide-virus-expert-warning-to-day-2020-03-02/

《Coronavirus: le grand retour des emballages en plastique!》, Kunin (Anton): https://www.consoglobe.com/emballages-en-plastique-coronavirus-cg

《Covid-19: quarantaines de luxe dans des hôtels suisses》: https://www.courrierinternational.com/article/privileges-covid-19-quarantaine-de-luxe-dans-des-hotels-suisses

《Leading UK professor warned of coronavirus type outbreak two years ago – and now blasts government for lack of 'decisive action' while praising China's 'ambitious' containment of bug》, Hussain (Danyal): https://www.dailymail.co.uk/news/article-8139491/Leading-UK-professor-warned-coronavirus-type-outbreak-two-years-ago.html

《Alphabet (Google) annonce qu'il va mettre fin cette année au "Double Irlandais"》: https://www.developpez.com/actu/289329/Alphabet-Google-annonce-qu-il-va-mettre-fin-cette-annee-au-Double-Irlandais-sa-technique-d-optimisation-fiscale-qui-lui-a-permis-d-economiser-des-dizaines-de-milliards-d-euros-en-impots/

《1854/1855: Cernay frappée par une épidémie de choléra》, Job (Emmanuel): https://www.dna.fr/actualite/2020/03/29/1854-1855-cernay-frappee-par-une-epidemie-de-cholera

《Solitude has always been both a blessing and a curse》: https://www.economist.com/books-and-arts/2020/04/30/solitude-has-always-been-both-a-blessing-and-a-curse

《Coronavirus: en Italie, 700.000 enfants sont en difficulté alimentaire》: https://www.europe1.fr/international/coronavirus-en-italie-700000-enfants-sont-en-difficulte-alimen-taire-3967589

《3,2 milliards d'euros de mesures exceptionnelles pour faire face à la crise du COVID-19》: https://www.ffa-assurance.fr/actualites/32-milliards-euros-de-mesures-exceptionnelles-pour-faire-face-la-crise-du-covid-19

《Japan's Coronavirus Response Increases Public Debt Challenge》: https://www.fitchratings.com/research/sovereigns/japan-coronavirus-response-increases-public-debt-challenge-15-04-2020

《Korea Election Bolsters Govt's Expansionary Fiscal Stance》: https://www.fitchratings.com/research/sovereigns/korea-election-bolsters-govt-expansionary-fiscal-stance-22-04-2020

《Oil And Gas Giants Spend Millions Lobbying To Block Climate Change Policies》, McCarthy (Niall): https://www.forbes.com/sites/niallmccarthy/2019/03/25/oil-and-gas-giants-spend-millions-lobbying-to-block-climate-change-policies-infographic/#1b7454eb7c4f

《Le pouvoir d'achat des Français a t-il baissé depuis le confinement?》, Manceau (Jean-Jacques): https://www.forbes.fr/finance/le-pouvoir-dachat-des-francais-a-t-il-baisse-depuis-le-confinement/?cn-reloaded=1

《Covid-19: 60 millions d'emplois menacés en Europe》: https://www.franceinter.fr/emissions/histoires-economiques/histoires-economiques-22-avril-2020

《La crise du Covid-19 montre à quel point Amazon n'est pas une entreprise comme les autres》, Fabrion (Maxence): https://www.frenchweb.fr/la-crise-du-covid-19-montre-a-quel-point-amazon-nest-pas-une-entreprise-comme-les-autres/398500

《How Romania became a popular tech destination》, MacDowall (Andrew): https://www.ft.com/content/a0652dba-632f-11e7-8814-0ac7eb84e5f1

《Loss of working hours to equal 195m full-time jobs, UN agency warns》, Strauss (Delphine): https://www.ft.com/content/d78b8183-ade7-49c2-a8b5-c40fb031b801

《Wuhan reports first new coronavirus cases since of lockdown》, Sheperd (Christian), Liu (Xinning) et White (Edward): https://www.ft.com/content/fbb9a1bb-9656-4023-aa97-01ff1dae4403

《Le soleil et la chaleur vont-ils faire disparaître le coronavirus》, Hernandez (Julien): https://www.futura-sciences.com/sante/actualites/coronavirus-soleil-chaleur-vont-ils-faire-dispa-raitre-coronavirus-80070/

《Global overview of COVID-19: Impact on elections》: https://www.idea.int/news-media/multimedia-reports/global-overview-covid-19-impact-elections

《Why Business Is Booming in These 6 Unlikely European Cities》, Henry

(Zoë): https://www.inc.com/zoe-henry/6-emerging-eu-hot-spots. html

《Why This Tiny Slovakian City Is a Hidden Startup Gem》, Henry (Zoë): https://www.inc.com/zoe-henry/bratislava-slovakia-top-city-for-startups-inc-5000-europe-2017.html

《Covid-19: Les villes mobilisées dans la police du confinement》, Malochet (Virginie): https://www.institutparisregion.fr/amenagement-et-territoires/chroniques-des-confins/covid-19-les-villes-mobilisees-dans-la-police-du-confinement.html

《Which Industry Spends the Most on Lobbying?》, Frankenfield (Jake): https://www.investopedia.com/investing/which-industry-spends-most-lobbying-antm-so/

《Government and public bodies largest source of income for charities, says report》, Burns (Sarah): https://www.irishtimes.com/news/social-affairs/government-and-public-bodies-largest-source-of-income-for-charities-says-report-1.3575503

《La taxe Gafa est démagogique et une aberration économique》, Rolland (Sylvain), Jules (Robert): https://www.latribune.fr/technos-medias/internet/la-taxe-gafa-est-demagogique-et-une-aberration-economique-810448.html

《Comment les Français (re)voyageront, selon Jean-François Rial》, Lainé (Linda): https://www.lechotouristique.com/article/comment-les-francais-revoyageront-selon-jean-francois-rial

《Google a transféré 20 milliards d'euros aux Bermudes en 2017》, Braun (Elisa): https://www.lefigaro.fr/secteur/hightech/2019/01/04/32001-20190104ARTFIG00294-google-a-transfere-20-milliards-d-eurosaux-bermudes-en-2017.php

《Petite histoire des grandes maladies (6) : Le typhus, l'autre peste…》 :
https://www.legeneraliste.fr/actualites/article/2014/08/09/le-typhus-
lautre-peste_248696

《Et si on piratait votre pacemaker?》, Demey (Juliette) : https://www.
lejdd.fr/Societe/Sante/risque-de-piratage-quand-le-pacemaker-ne-
repond-plus-3740987

《En Chine, la reprise se fait à un rythme très modéré》, Leplâtre (Simon) :
https://www.lemonde.fr/economie/article/2020/04/04/en-chine-la-
reprise-se-fait-a-un-rythme-tres-modere_6035547_3234.html

《Coronavirus : "La fermeture générale des établissements scolaires est
une première historique"》, Lelièvre (Claude) : https://www.lemonde.
fr/education/article/2020/03/16/coronavirus-la-ferme-ture-
generale-des-etablissements-scolaires-est-une-premiere-his-
torique_6033288_1473685.html

《Petit guide de lobbying dans les arènes de l'Union européenne》, Dagorn
(Gary) : https://www.lemonde.fr/les-decodeurs/article/2019/05/23/
petit-guide-de-lobbyisme-dans-les-arenes-de-l-union-
europeenne_5466056_4355770.html

《Pourquoi Google n'a payé que 17 millions d'euros d'impôts en France en
2018》, Vaudano (Maxime) : https://www.lemonde.fr/les-decodeurs/
article/2019/08/02/pourquoi-google-paie-si-peu-d-impots-en-
france_5496034_4355770.html

《Coronavirus : en Italie, l'épidémie donne des signes de ralentissement》,
Dagorn (Gary) : https://www.lemonde.fr/les-decodeurs/article/
2020/04/10/coronavirus-en-italie-l-epidemie-donne-des-signes-

de-ralentissement_6036271_4355770.html

《MERS Coronavirus: la Corée du Sud annonce la fin de l'épidémie》, lemonde.fr avec AFP: https://www.lemonde.fr/planete/article/ 2015/07/28/merscoronavirus-la-coree-du-sud-annonce-la-fin-de-l-epidemie_4701460_3244.html

《Les relations complexes entre climat et maladies infectieuses》, Rosier (Florence): https://www.lemonde.fr/planete/article/2019/04/13/ les-relations-complexes-entre-climat-et-ma-ladies-infectieuses_5449708_3244.html

《Jusqu'à +7°C en 2100: les experts français du climat aggravent leurs projections sur le réchauffement》, Garric (Audrey): https://www. lemonde.fr/planete/article/2019/09/17/jusqu-a-7-c-en-2100-les-experts-francais-du-climat-aggravent-leurs-pro-jections-sur-le-rechauffement_5511336_3244.html

《D'ici la fin du siècle, les vagues de chaleur mortelles toucheront 75% de l'humanité》, Marchand (Leïla): https://www.lesechos.fr/2017/06/dici-la-fin-du-siecle-les-vagues-de-chaleur-mortelles-toucheront-75-de-lhumanite-173924

《Coronavirus: la banque centrale chinoise décide sa plus forte baisse de taux depuis 2015》, Benoit (Guillaume): https://www.lesechos.fr/finance-marches/marches-financiers/coronavirus-la-banque-centrale-chinoise-applique-sa-plus-forte-baisse-de-taux-depuis-2015-1190312

《Comment le coronavirus menace de contaminer la chaîne de production mondiale》, Schaeffer (Frédéric): https://www.lesechos.fr/industrie-services/automobile/comment-le-coronavirus-menace-de-contaminer-la-chaine-de-production-mondiale-1169018

《Thierry Breton: "Il faut un plan Marshall du tourisme européen"》, Perrotte (Derek): https://www.lesechos.fr/industrie-services/tourisme-transport/coronavirus-thierry-breton-il-faut-un-plan-marshall-du-tourisme-europeen-1196945

《Coronavirus: le tourisme affronte une crise historique》, Palierse (Christophe): https://www.lesechos.fr/industrie-services/tourisme-transport/coronavirus-la-pandemie-impose-une-nouvelle-donne-pour-le-tourisme-mondial-1195401

《Coronavirus: le géant du tourisme TUI envisage de supprimer 8.000 postes》, Palierse (Christophe): https://www.lesechos.fr/industrie-services/tourisme-transport/coronavirus-le-geant-du-tourisme-tui-envisage-de-supprimer-pres-de-8000-postes-1202600

《Coronavirus: le chèque-vacances au coeur de la relance du tourisme》, Palierse (Christophe): https://www.lesechos.fr/industrie-services/tourisme-transport/coronavirus-le-cheque-vacances-au-coeur-de-la-relance-du-tourisme-1202488

《Virus: en Chine, un confinement à grande échelle pour tenter d'éradiquer l'épidémie》, Schaeffer (Frédéric): https://www.lesechos.fr/monde/chine/la-ville-de-wuhan-epicentre-du-virus-chinois-coupee-du-monde-1165382

《Coronavirus: Chine, Allemagne, Danemark⋯ les pays déconfinés connaissent-ils un rebond épidémique?》, Clinkemaillié (Tifenn): https://www.lesechos.fr/monde/enjeux-internationaux/coronavirus-chine-allemagne-danemark-les-pays-deconfines-connaissent-ils-un-rebond-epidemique-1202324

《Cookies: le consentement biaisé des internautes》, Dumoulin (Sébastien),

Dèbes (Florian): https://www.lesechos.fr/tech-medias/hightech/
cookies-le-consentement-biaise- des-internautes-1162585

《Plus de quatre milliards d'humains appelés à se confiner》: https://www.
letelegramme.fr/monde/plus-de-quatre-milliards-d-humains-
appeles-a-se-confiner-07-04-2020-12536679.php

《Coronavirus: le pouvoir d'achat des Français va baisser après le confinement,
selon l'agroalimentaire》: https://www.lunion.fr/id145872/
article/2020-04-18/coronavirus-le-pouvoir-dachat-des-francais-va-
baisser-apres-le-confinement-selon

《COVID-19: Implications for business》: https://www.mckinsey.com/
business-functions/risk/our-insights/covid-19 -implications-for-
business

《Les trois quarts de l'humanité menacés de mourir de chaud en 2100》, Leahy
(Stephen): https://www.nationalgeographic.fr/environnement/les-trois-
quarts-de-lhumanite-menaces-de-mourir-de-chaud-en-2100

《Le plastique en 10 chiffres》: https://www.nationalgeographic.fr/le-
plastique-en-10-chiffres

《Les stocks de Tamiflu disponibles en Europe》: https://www.nouvelobs.
com/monde/20051014.OBS2238/les-stocks-de-tamiflu-disponibles-
en-europe.html

《FACTBOX: COVID-19 lockdowns depress fuel demand worldwide》,
Ghaddar (Ahmad), Donovan (Kirsten): https://www.reuters.com/article/
global-oil-demand-fuels/factbox-covid-19-lockdowns-depress-fuel-
demand-worldwide-idUSL5N2C45XG

《China cuts medium-term rate to soften coronavirus hit to economy》,
Coghill (Kim), Holmes (Sam): https://www.reuters.com/article/

us-china-economy-mlf/china-central-bank-cuts-one-year-mlf-rate-by-10-basis-points-to-support-virus-hit-economy-idUSKBN20B04B

《South Korea's exports suffer worst slump in 11 years as pandemic shatters world trade》, Roh (Joori), Kim (Cynthia): https://www.reuters.com/article/us-southkorea-economy-trade/south-koreas-exports-suffer-worst-slump-in-11-years-as-pandemic-shatters-world-trade-idUSKBN22D439

《Google, Facebook spend big on U.S. lobbying amid policy battles》, Dave (Paresh): https://www.reuters.com/article/us-tech-lobbying/google-facebook-spend-big-on-u-s-lobbying-amid-policy-battles-idUSKCN1PG2TD

《Des hackers démontrent qu'un pacemaker peut être aisément piraté》: https://www.rts.ch/info/sciences-tech/medecine/9772308-des-hackers-demontrent-qu-un-pacemaker-peut-etre-aisement-pirate.html

《E-commerce drives China's stay-at-home economy in coronavirus aftermath》, Chen Kang (Soon): https://www.spglobal.com/marketintelligence/en/news-insights/latest-news-head-lines/e-commerce-drives-china-s-stay-at-home-economy-in-coronavirus-aftermath-57642723

《Live-streaming helped China's farmers survive the pandemic. It's here to stay.》, Hao (Karen): https://www.technologyreview.com/2020/05/06/1001186/china-rural-live-streaming-during-cornavirus-pandemic/

《Amazon reaps $11,000-a-second coronavirus bonanza》, Neate (Rupert):

https://www.theguardian.com/technology/2020/apr/15/amazon-lockdown-bonanza-jeff-bezos-fortune-109bn-coronavirus

《China confirms human-to-human transmission of coronavirus》, Kuo (Lily): https://www.theguardian.com/world/2020/jan/20/coronavirus-spreads-to-beijing-as-china-confirms-new-cases

《Chinese social media censoring 'officially sanctioned facts' on coronavirus》, Davidson (Helen): https://www.theguardian.com/world/2020/mar/05/chinese-social-media-censoring-officially-sanctioned-facts-on-coronavirus

《Obesity could shift severe COVID-19 disease to younger ages》, Kass (David A.), Duggal (Priya), Cingolani (Oscar): https://www.thelancet.com/journals/lancet/article/PIIS0140-6736(20)31024-2/fulltext

《Climate change may hamper response to flu: Study》, Wilke (Carolyn): https://www.the-scientist.com/news-opinion/climate-change-may-hamper-response-to-flu--study-65430

《Un grand "plan Marshall" pour soutenir et développer le tourisme en France》: https://www.tourhebdo.com/actualites/economie/un-grand-plan-marshall-pour-soutenir-et-developper-le-tourisme-en-france-552163.php

《Quels produits français sont menacés de rétorsion par les Etats-Unis à cause de la taxe GAFA?》: https://www.usinenouvelle.com/editorial/quels-produits-francais-sont-menaces-de-retorsion-par-les-etats-unis-a-cause-de-la-taxe-gafa.N909594

《Half of US workers could earn more while unemployed》, Bredemeier (Ken): https://www.voanews.com/usa/half-us-workers-could-earn-more-while-unemployed

《The pandemic's lasting effects on luxury fashion》, Arnett (George): https://www.voguebusiness.com/fashion/pandemics-lasting-effects-luxury-fashion

《Le commerce vocal est-il l'avenir du e-commerce?》: https://www.webotit.ai/le-commerce-vocal-est-il-lavenir-du-e-commerce/

《Charities in Ireland play a vital role in society: they make a difference to millions of lives here and across the world》: https://www.wheel.ie/policy-and-research/about-our-sector

《Gates Foundation to Invest Up to $140 Million in HIV Prevention Device》, Winslow (Ron): https://www.wsj.com/articles/gates-foundation-to-invest-up-to-140-million-in-hiv-prevention-device-1483023602

유럽 최고 석학 자크 아탈리,
코로나 비극에서 인류를 구하는 담대한 비전과 전망

생명경제로의 전환

제1판 1쇄 인쇄 | 2020년 11월 13일
제1판 1쇄 발행 | 2020년 11월 23일

지은이 | 자크 아탈리
옮긴이 | 양영란
펴낸이 | 손희식
펴낸곳 | 한국경제신문 한경BP
책임편집 | 김종오
교정교열 | 이근일
저작권 | 백상아
홍보 | 서은실 · 이여진 · 박도현
마케팅 | 배한일 · 김규형
디자인 | 지소영

주소 | 서울특별시 중구 청파로 463
기획출판팀 | 02-3604-590, 584
영업마케팅팀 | 02-3604-595, 583   FAX | 02-3604-599
H | http://bp.hankyung.com   E | bp@hankyung.com
F | www.facebook.com/hankyungbp
등록 | 제 2-315(1967. 5. 15)

ISBN 978-89-475-4666-9 03320